파이썬으로 시작하는 01
데이터 분석

이 책을 집필하면서 세팅한 프로그램은 아래와 같습니다.

- 컴퓨터 운영체제: Windows 11, 64Bit
- 파이썬 배포 플랫폼: 아나콘다(Anaconda 3)
  - 파이썬 버전 : Python 3.13.7
  - 에디터 : 주피터 노트북(Jupyter Notebook)
- 소스코드 다운로드 및 Q/A
  (아이리포 블로그) https://blog.naver.com/ilifo_book
  (아이리포 카페) https://cafe.naver.com/ilifobooks
  (저자 깃허브) https://github.com/zzhining/python_data_basic2

파이썬으로 시작하는 데이터 분석
: 지금 당장 데이터를 분석해야 하는 당신을 위한 책

초판 1쇄 발행 · 2025년 11월 1일
지은이 · 강지영
펴낸이 · 이동철
펴낸곳 · (주)아이리포
주소 · 서울시 마포구 월드컵북로 396 누리꿈스퀘어 비즈니스타워 8층
전화 · 02-6356-0182 / **팩스** · 070-4755-3619
등록 · 2020년 12월 23일 제 2020-000352호
ISBN · 979-11-93747-07-0 93000
기획 / 편집 · 송성근
표지 / 내지디자인 / 조판 · 로아스

이 책에 대한 의견이나 오탈자 및 잘못된 내용에 대한 수정 정보는 (주)아이리포의 홈페이지나
아래 이메일로 알려주십시오. 잘못된 책은 구입하신 서점에서 교환해 드립니다.
책값은 뒤표지에 표시되어 있습니다.
아이리포 블로그 blog.naver.com/ilifo_book / 이메일 books@ilifo.kr

Published by ILIFO, Inc. Printed in Korea
Copyright © 2025 강지영 & ILIFO, Inc.
이 책의 저작권은 강지영과 (주)아이리포에 있습니다.
저작권법에 의해 보호를 받는 저작물이므로 무단 복제 및 무단 전재를 금합니다.

책으로 펴내고 싶은 아이디어나 원고를 메일(books@ilifo.kr)로 보내주세요.
(주)아이리포는 여러분의 소중한 경험과 지식을 기다리고 있습니다.

＊이 책의 인세는 전액 기부됩니다.

파이썬으로 시작하는 데이터 분석

강지영 지음

아이리포

프롤로그

우대 경력
- ✓ 데이터 마이닝, 머신러닝, 딥러닝 경험
- ✓ 빅데이터 분석 플랫폼 운영 경험
- ✓ 정형/비정형 데이터 수집 기술 경험
- ✓ 데이터 분석 업무 경험

요즘 기업 채용 공고에서 흔히 볼 수 있는 문구입니다. 불과 몇 년 전만 해도 소수의 전문가 영역이라고 생각했던 데이터 분석 기술이 이제는 교양필수 과목처럼 누구나 알아야 하는 필수 역량이 되었습니다. 특히, 생성형 AI의 등장으로 코딩 진입장벽은 크게 낮아졌지만, 동시에 데이터를 올바르게 이해하고 활용하는 능력은 더욱 중요해졌습니다. AI가 코드를 작성해주더라도 문제를 정의하고 결과를 해석하는 것은 여전히 사람의 몫이기 때문입니다.

지금 이 글을 읽고 계신 여러분은 본인에게 데이터 분석이 필요한 상황이 생겼거나, '데이터 분석을 배워야 한다'는 요구를 받은 경험이 있을 것입니다. 이런 경험은 앞으로 누구나 하게 될 것입니다. 데이터 분석은 현대사회를 이해하는 핵심 도구가 되었기 때문입니다. 데이터 분석은 마케팅 담당자부터 영업직원, 제조업 엔지니어, 쇼핑몰 운영자까지 직업과 연령을 불문하고 모든 분야에서 필수적인 기술입니다. 이제, 우리는 데이터 분석 능력을 갖춰야 하는 시대에 살고 있습니다.

■ 개정판의 주요 특징

이번 개정판에서는 급변하는 기술 환경에 맞춰 내용을 대폭 개선했습니다. 기존의 웹 크롤링 내용을 과감히 제외하고, 대신 Streamlit을 활용한 대시보드 생성을 새롭게 추가했습니다. 이는 최근 풀스택 개발자에 대한 수요 증가와 데이터 시각화의 중요성을 반영한 것입니다.

실전 역량 강화를 위해 실제 데이터를 활용한 다양한 실습 문제와 단원별 퀴즈를 대폭 확충했습니다. 독자 스스로 학습 진도를 점검하고 실력을 확인할 수 있도록 구성했습니다. 동시에 본문의 예시는 초보자도 쉽게 이해할 수 있도록 간결하고 직관적인 데이터로 구성했습니다.

또한 각 단원별로 동영상 강의를 제공하여 책에서 다루지 못한 심화 내용과 실무 팁을 보완할 수 있도록 했습니다.

■ 이 책의 독자

이 책을 읽는 독자는 본인에게 데이터 분석이 필요한 상황이 생겼거나, '데이터 분석을 배워야 한다'는 요구를 받은 경험이 있는 사람일 것입니다.

- 보다 구체적으로 데이터 분석에 필요한 파이썬 핵심 문법(NumPy, Pandas)을 이해할 수 있거나,
- 직접적으로 시각화 방법(seaborn, matplotlib)으로 데모용 대시보드(Streamlit)를 보여주고 싶거나.

■ 이 책의 목표

이 책의 목표는 독자 여러분이 스스로 데이터 분석 결과를 대시보드(Streamlit)에 내보이는 것입니다.

> "비전공자도 스스로 데이터 분석 결과를 대시보드(Streamlit)에 내보일 수 있다"

■ 학습 접근법

데이터 분석 학습은 자동차 운전과 같습니다. 기본 지식을 습득하고 충분한 연습을 통해 실력을 쌓아 가는 과정입니다. 엔진 구동원리를 완벽히 알아야 운전할 수 있는 것이 아니듯, 복잡한 수학 이론을 모두 익혀야 데이터 분석을 할 수 있는 것은 아닙니다. 중요한 것은 일단 시작하는 것입니다. 어설프더라도 데이터 분석을 직접 경험해보고, 필요에 따라 이론을 보완해 나가면 됩니다. 이런 방식으로 접근하면 머신러닝, 딥러닝 등 고급 기법으로의 진입장벽이 훨씬 낮아집니다. 데이터 분석 능력은 어떤 업종에서든 강력한 경쟁력이 됩니다. 새로운 사업 기획, 기존 사업의 효율성 개선, 혁신적 솔루션 발굴까지 가능하게 합니다.

■ 이 책의 구성

이 책은 데이터 분석에 필요한 파이썬 핵심 문법을 체계적으로 다룹니다. 프로그래밍 입문자도 쉽게 이해할 수 있도록 일상 용어와 개념을 활용해 설명했습니다. 복잡한 전문 용어보다는 친숙한 표현으로 코딩의 본질을 전달하는 데 집중했습니다. 차근차근 따라가신다면 누구나 파이썬으로 기본적인 데이터 분석을 할 수 있게 될 것입니다. 이 책이 여러분의 데이터 분석 여정에 든든한 동반자가 되기를 확신합니다.

부족한 저를 항상 격려해주시는 왕멘토 이춘식 대표님의 진심 어린 응원과 지지가 없었다면 이 책도 지금의 저도 없었을 것입니다. 지식 전달의 노하우를 아낌없이 알려주신 전혜경 부대표님, 부족한 글을 다듬어주시고 따뜻한 말로 원고를 끝까지 완성할 수 있도록 힘을 주신 송성근 팀장님, 제가 무슨 일을 벌이든 항상 곁에서 제 편이 되어주고 지지해준 가족들 덕분에 이 책을 완성할 수 있었습니다. 감사합니다.

_2025. 강지영

일러두기 – 『파이썬으로 시작하는 데이터 분석, 전면개정판』 100% 학습하기

1. 이 책을 집필하면서 세팅한 프로그램은 아래와 같습니다.

- 컴퓨터 운영체제: Windows 11, 64Bit
- 파이썬 배포 플랫폼: 아나콘다(Anaconda 3)
  파이썬 버전: Python 3.13.7
  에디터: 주피터 노트북(Jupyter Notebook)
- 소스코드 다운로드 및 Q/A
  (아이리포 블로그) https://blog.naver.com/ilifo_book
  (저자 깃허브) https://github.com/zzhining/python_data_basic2

2. 이 책은 '탐색적 데이터 분석'을 위한 '파이썬' 프로그래밍 '입문서'입니다.

시중에는 이미 파이썬 기본에 대해 설명해주는 책, 데이터 분석 이론을 다룬 책이 많이 출간되어 있습니다. 대부분의 서적은 파이썬에서 제공하는 많은 내용에 대해 상세하게 설명해주고 있어서 깊이 있게 내용을 학습하기에는 좋습니다. 그러나, 데이터 분석 과정을 빠르게 살펴보기 위해서는 그만큼 시간 투자가 필요합니다.

그래서 이 책을 준비했습니다. 이 책은 파이썬에서 제공하는 수많은 기능 중 데이터 분석에 자주 사용하는 핵심 기능에 대해서만 다루고 있습니다. 정확하게는 본격적인 데이터 분석을 진행하기에 앞서 데이터를 수집, 탐색하고 정제하는 '탐색적 데이터 분석' 과정에 대해서 설명합니다. 그리고 다양한 실습 예제를 해결하면서 탐색적 데이터 분석의 전반적인 과정을 이해할 수 있도록 구성했습니다.

3. 이 책은 파이썬으로 데이터 분석을 시작하려고 하는 독자에게 최적화되었습니다.

이제 막 파이썬 입문서를 떼고, 기초적인 파이썬 문법을 익혔고, 그 다음 학습 과정을 데이터 분석으로 잡은 독자에게 이 책은 최적화되었습니다. 이 책은 여러분이 지금까지 배웠던 기초 파이썬을 데이터 분석에 빠르게 활용할 수 있게끔 안내합니다. 그렇기 때문에 데이터 분석의 깊이 있는 수치 알고리즘, 성능을 고려한 빅데이터 처리 알고리즘, 고급 Pandas 문법 등을 학습(고급 활용)하려는 독자에게는 다소 적합하지 않습니다. 이러한 목적을 가진 독자에게는 『파이썬으로 시작하는 머신러닝+딥러닝, 전면개정판』(2025, 아이리포)을 추천합니다.

4. 프로그래밍이 처음이라면 책의 순서대로 읽는 것을 권장합니다.

이 책은 파이썬 기본 문법(2장) – 데이터 분석을 위한 문법(3장: NumPy, Pandas) – 데이터 탐색을 위한 시각화 방법(4장: seaborn, matplotlib) – 데이터 분석 결과를 표시하기 위한 대시보드 생성 방법(5장: Streamlit)을 순차적으로 설명합니다. 각 장은 이전 장의 내용을 이해했다는 것을 전제로 구성했기 때문에, 프로그래밍이 처음이라면 책의 순서대로 읽는 것이 내용을 이해하기 수월합니다.

- Chapter 1: 개발 환경을 설치합니다.
- Chapter 2: 파이썬 기본 문법을 배웁니다. 영어에 빗대어 설명하자면 2장에서는 문장의 5형식에 해당하는 기본 표현을 배우는 것에 해당합니다.
- Chapter 3: 기존에 저장된 데이터를 불러와서 수정하는 다양한 방법을 배웁니다. 2장과 다른 점은 3장에서는 특정 상황(데이터 분석)에서 자주 사용하는 영어 표현(파이썬 문법)을 배우는 것에 해당합니다.
- Chapter 4: 다양한 그래프를 그려서 데이터의 분포와 경향을 쉽게 확인하기 위한 시각화 방법을 배웁니다.
- Chapter 5: Streamlit을 활용한 대시보드 생성을 배웁니다.

5. 파이썬이 처음이 아니라면 3장부터 읽어도 좋습니다.

웹 프로그래밍이나 다른 목적으로 파이썬을 사용한 경험이 있다면 파이썬 기본 문법을 다룬 2장은 빠르게 넘겨도 좋습니다. 파이썬이 아닌 다른 프로그래밍 언어의 경험만 있는 경우라면 2장도 훑어보는 것을 권장합니다. 파이썬은 기존 프로그래밍 언어를 쉽고 간결하게 만드는 것을 목적으로 만들었기 때문에, Java나 C 언어와 같이 전통적으로 많이 사용하는 프로그래밍 언어가 익숙한 사용자는 오히려 간결한 파이썬 문법이 어색하게 느껴질 수 있습니다. 아무리 토종 한국인이라도 '케바케, 따아, 답정너'… 같은 줄임말을 처음 보면 어색한 것처럼요. 그러니 파이썬이 다른 언어의 문법과 어떻게 다른 지는 확인해야 합니다.

6. 실습 문제와 단원별 퀴즈는 꼭 스스로 해결해보세요.

프로그래밍 언어는 그야말로 컴퓨터와 사람이 의사 소통하는 수단일 뿐, 정말 필요한 것은 문제 해결을 위해 로직을 만들어내는 것입니다. 이 책은 이론에 대한 설명은 최대한 간결하게 줄이고, 실습을 통해서 문법을 활용하도록 구성하였습니다. 처음이기 때문에 어렵고 낯선 것은 당연합니다. 그렇지만 책에서 제공하는 솔루션을 보기 전에 꼭 어떻게 로직을 구성할지 생각해보고 코드를 작성해본다면, 훨씬 더 빠르게 실력이 쌓일 것입니다.

일러두기 – 『파이썬으로 시작하는』 시리즈 안내

『파이썬으로 시작하는』 시리즈는 1권(데이터 분석)과 2권(머신러닝+딥러닝)으로 구성되어 있다.

* 1권 : 『파이썬으로 시작하는 데이터 분석(전면개정판)』
* 2권 : 『파이썬으로 시작하는 머신러닝+딥러닝(전면개정판)』

1권은 파이썬 기초부터 데이터 탐색 및 대시보드 생성까지 데이터를 이해하고 다루기 위한 준비 과정이고, 2권은 본격적으로 데이터 분석 모델을 만들며 머신러닝과 딥러닝 알고리즘을 다룬다.

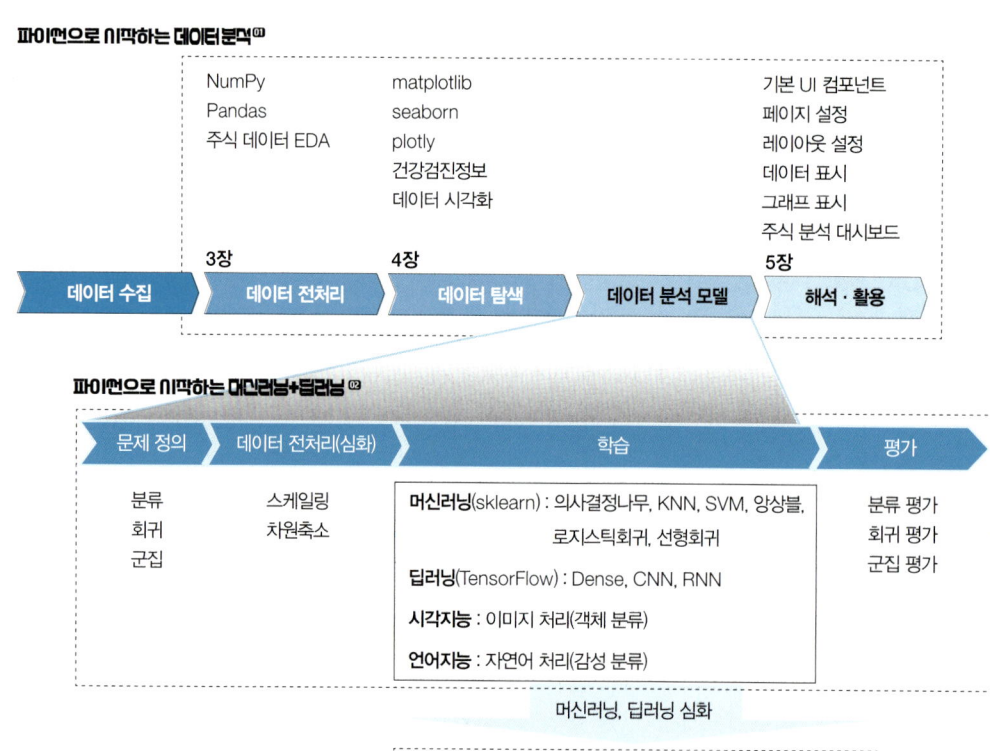

1권의 데이터 탐색 과정만으로도 충분히 데이터를 이해하고 분석할 수 있다. 그러나 2권의 데이터 분석 모델을 사용하면 고도화된 수학, 통계 알고리즘을 적용하여 더 깊이 있는 데이터 분석이 가능하다. 이를 통해 대량의 데이터를 활용해 사람의 경험이나 직관으로는 발견하지 못했던 새로운 분석 결과를 얻을 수 있다. 머신러닝, 딥러닝이라고 부르는 것이 바로 데이터 분석 모델이다. 사이킷런과 텐서플로우가 데이터 분석 모델을 만드는 데 사용하는 대표적인 파이썬 프레임워크다.

데이터 분석 모델을 생성하는 과정은 해결할 문제를 정의하고 데이터 전처리를 수행하는 것으로 시작된다. 당연히 데이터 탐색을 통해 데이터를 이해하는 과정도 진행된다. 그 후 전처리가 완료된 데이터를 사용하여 문제를 해결할 수 있는 모델을 생성한다. 이렇게 주어진 데이터를 활용하여 컴퓨터가 스스로 모델을 생성하는 것을 학습이라고 한다. 학습은 컴퓨터가 주어진 데이터를 가지고 스스로 분석하고 이해하는 과정이기 때문에 학습 이후에는 모델을 검증하는 작업이 필요하다.

데이터 모델은 단순히 패키지 사용법만 알아서는 제대로 활용하기 어렵다. 데이터 분석 모델 생성 절차와 알고리즘의 주요 특징을 이해하고 모델을 설계하는 과정이 필요하다. 다양한 데이터 타입인 수치형, 범주형, 이미지, 텍스트 등을 사용하여 분석 모델을 만드는 과정에 대한 전반적인 이해가 선행된 상태에서 특정 목적을 수행하는 알고리즘을 깊이 있게 이해하는 것을 추천한다.

데이터 분석을 배우는 것을 일반인이 요리를 배우는 것에 비유할 수 있다. 시작 단계에서는 상황에 따라 적절한 수준의 음식을 만들 수 있는 것을 목표로 삼아 쉽게 만들 수 있고 널리 알려진 대표적인 요리 레시피를 배우는 것으로 시작한다. 시간이 흘러 요리에 대한 기본기가 점차 갖춰지면 만들기 어려운 요리를 만들 수 있게 된다. 또한 다양한 요리를 만들어보는 과정에서 관심 분야(한식, 양식, 중식, 일식 등)도 생기게 된다.

데이터 분석도 마찬가지다. 데이터 분석을 하기 위한 구체적인 목적이 있다면 로드맵을 세우기가 더 수월하다. 예를 들어 AI 챗봇을 만들기 위해 자연어 분석을 하려는 목적이 있다면 자연어 처리 분야에 초점을 맞추어 학습을 진행하면 되고, 객체 인식이 주요 목적이라면 이미지 처리에 초점을 맞추어 학습을 진행하면 된다. 그런 경우가 아니라면 예측 알고리즘이나 분류 알고리즘 학습을 통해 보편적으로 사용할 수 있는 학습 모델부터 차근차근 학습해 나가면서 관심 영역을 구체화하고 해당 영역에 초점을 맞추어 학습하는 것을 추천한다. 다양한 유형의 데이터에 대해 기본기를 갖추게 되면 어떤 어려운 데이터 분석 문제라도 도전할 수 있는 여유가 생기게 될 것이다.

일러두기 – IT 분야 취업을 위한 학습 로드맵

■ IT 분야 취업을 위한 학습 로드맵

IT 산업은 상대적으로 높은 연봉을 제공하는 경우가 많고, 기술 발전에 따라 더욱 안정적인 직업군으로 자리잡고 있다. 소프트웨어 개발, 데이터 분석, 웹 개발, UX/UI 디자인, IT 컨설팅, 시스템 관리 등 다양한 직무가 있고, 각 직무에 맞는 역량만 갖추면 진입할 수 있기 때문에 비전공자도 적성에 맞는 분야를 선택할 수 있다. 기술적인 배경이 없어도 비전공자를 위한 교육 프로그램이나 부트캠프도 많이 제공되고 있어 진입장벽이 낮은 편이다.

IT 분야의 취업을 고민하고 있는 이들을 위해, IT 직무에 대한 이해와 스터디 플랜을 정리했다. 정리한 내용은 IT 직무 중 일부로, 초보자가 일정 기간 학습을 통해 도전해 볼 수 있는 분야이다. 각 직무를 이해하기 위해, 일상 생활에서 흔히 접할 수 있는 웹 사이트의 검색 서비스가 동작하는 흐름을 살펴보자.

IT 직무로 풀어보는 검색 시스템 동작 플로우

사용자가 검색창에 특정 검색어를 입력했을 때, 검색 시스템이 어떻게 작동하는지를 바탕으로 IT 직무를 이해해보자. 예를 들어, 사용자가 검색창에 "맛있는 피자 집"이라고 입력했다고 가정하자.

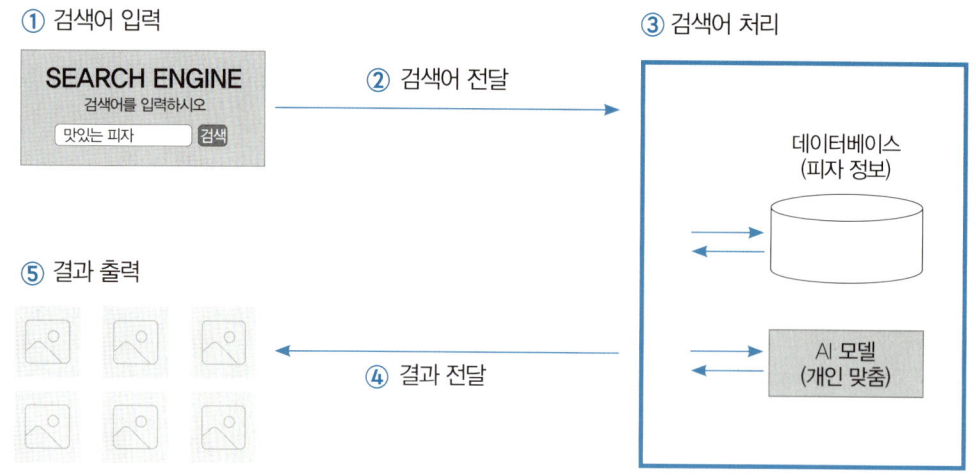

① 프론트엔드는 사용자가 검색어를 입력할 수 있도록 화면을 표시한다. 사용자가 "맛있는 피자 집"을 검색창에 입력하고 [검색] 버튼을 클릭한다.

② 프론트엔드는 사용자가 입력한 검색어를 백엔드로 전달한다.

XII

③ 백엔드는 검색어를 처리하고, 관련 정보를 데이터베이스에 요청한다. 데이터베이스는 저장된 피자 가게 정보를 찾아 백엔드에 전달한다. AI 모델을 사용하여 사용자 맞춤 검색 결과를 제공할 수 있다.

④ 백엔드는 사용자에게 전달할 결과 데이터를 프론트엔드로 전달한다.

⑤ 프론트엔드는 사용자에게 검색 결과를 표시한다.

위의 검색 시스템의 동작 플로우에서는 크게 4가지의 IT 직무에 대해서 확인할 수 있다.

IT 직무	설명
[1] 프론트엔드 개발	사용자가 직접 보는 화면과 인터페이스를 개발
[2] 백엔드 개발	서버와 데이터베이스를 관리하며, 사용자 요청을 처리하는 시스템을 개발
[3] 데이터베이스 관리	데이터를 저장하고 관리하는 시스템을 설계하고 운영
[4] AI 모델 개발	데이터를 기반으로 문제를 해결할 수 있는 지능형 모델 개발

IT 취업 성공! 왕초보를 위한 맞춤 스터디 플랜

IT 관련 취업에 관심이 있다면, 다음의 내용을 스터디하는 것이 도움될 것이다. IT 직무가 구분되어 있기는 하지만, 시스템의 큰 동작을 이해하고 세부 분야에 전문성을 기르는 것이 좋다. AI 모델 개발자도 프론트엔드와 백엔드 동작에 대한 기본적인 이해가 필요하고, 프론트/백엔드 로직을 개발하는 개발자라고 하더라도 앞으로 AI를 모르고 업무를 하는 데에는 한계가 있기 때문이다. 다음은 왕초보 기준으로 6개월 동안의 스터디 플랜을 제시한 것이다.

 주의

- 매일 8시간 이상 학습하는 것을 전제로 한 매우 강도 높은 플랜이다.
- 기초 수준의 지식을 습득하여 간단한 웹 서비스를 제작하는 수준을 목표로 한다.

프론트엔드 개발(2개월) — 백엔드 개발(2개월) — 데이터베이스 관리(1개월) — AI 모델 개발(1개월)

[1] 프론트엔드 개발(2개월)

프론트엔드는 사용자와 직접 상호작용하는 부분을 개발하는 것으로, 웹 사이트나 앱의 디자인과 기능을 만드는 역할을 한다.

주차	스터디 항목
1주차	웹 기초(HTML, CSS)
2주차	CSS 고급 기법
3~5주차	JavaScript 기초
6~8주차	JavaScript 고급 및 프레임워크 학습(React)

[2] 백엔드 개발(2개월)

백엔드는 웹 애플리케이션의 서버와 데이터를 처리하는 부분이다.

주차	스터디 항목
1~2주차	Python 기초(Python 기반으로 동작하는 백엔드 프레임워크를 선택한 경우)
3~5주차	Flask 또는 Django(Python 웹 프레임워크), RESTful API
6~7주차	데이터베이스 연동(SQLite 또는 PostgreSQL 또는 MySQL)
8주차	서버 배포, 사용자 인증

[3] 데이터베이스 관리(1개월)

데이터베이스는 다양한 애플리케이션에서 사용하는 심장부와 같은 역할을 하기 때문에 데이터를 안전하게 관리하는 것이 중요하다.

주차	스터디 항목
1~2주차	데이터베이스 기초(SQL, 정규화 등)
3주차	고급 SQL과 쿼리 최적화(JOIN, 서브 쿼리, 성능 최적화 등)
4주차	NoSQL 데이터베이스

[4] AI 모델 개발(1개월)

AI 모델 개발은 데이터를 기반으로 예측, 분류 등의 문제를 해결하는 데 필요한 기술을 배운다.

주차	스터디 항목
1~2주차	Python을 활용한 데이터 분석 기초(Pandas, 데이터 시각화 등)
3주차	머신러닝 기초(데이터 전처리, Scikit-learn 등)
4주차	딥러닝 기초(Tensorflow 또는 PyTorch)

기초 지식을 습득한 이후에는 이론 공부뿐만 아니라 프로젝트와 공모전에 적극적으로 참여해보는 것을 강력히 추천한다. 이를 통해 실무 경험을 쌓고, 실제 현장에서 필요한 능력과 자신감을 얻을 수 있을 것이다. 공모전은 실력을 점검하고, 다른 사람들과 경쟁하면서 자신이 어떤 부분에서 부족한지 깨닫는 기회가 된다. 특히, 공모전에서는 주어진 제한된 시간 안에 해결책을 도출해야 하므로 시간 관리 능력과 문제 해결 능력을 키울 수 있다. 또한, 공모전 결과물을 포트폴리오로 활용할 수 있기 때문에 취업 시 자신을 효과적으로 어필할 수 있다.

목차

프롤로그 ... VI
일러두기 ... VIII

Chapter 1 파이썬 시작하기

1.1 파이썬으로 무엇을 할 수 있나요? ... 003
    1.1.1 왜 파이썬으로 데이터 분석을 시작하는 것이 좋을까요? ... 003
    1.1.2 파이썬, 어떤 특징이 있나요? ... 004
    1.1.3 파이썬으로 무엇을 할 수 있나요? ... 006
    1.1.4 이 책을 학습하면 무엇을 할 수 있나요? ... 008

1.2 개발 환경 구축 ... 009
    1.2.1 아나콘다가 뭐예요? ... 009
    1.2.2 아나콘다 설치 파일 내려받기 ... 010

1.3 주피터 노트북 ... 014
    1.3.1 Hello Python ... 014
    1.3.2 주피터 노트북의 특징 ... 022
    1.3.3 주피터 노트북 주요 기능 ... 024
    1.3.4 주피터 노트북 사용하기 ... 027

요약 ... 033

Chapter 2 데이터 분석을 위한 파이썬 기본 문법

2.1 변수와 데이터 타입 ... 037
    2.1.1 변수 ... 038
    2.1.2 기본 데이터 타입(자료형) ... 042
    2.1.3 컨테이너 자료형 – 리스트 ... 045
    2.1.4 컨테이너 자료형 – 튜플과 세트 ... 050

2.1.5 컨테이너 자료형 – 딕셔너리   053

2.2 조건문과 반복문   057
2.2.1 조건문   058
2.2.2 반복문   065

2.3 함수와 모듈   076
2.3.1 함수   077
2.3.2 람다식   086
2.3.3 입출력(input/output)   090
2.3.4 파일 입출력   093
2.3.5 문자열   097
2.3.6 모듈, 패키지, 클래스   102
2.3.7 예외 처리   108

Chapter 3 데이터 분석을 위한 파이썬 응용 문법

3.1 NumPy   115
3.1.1 배열의 개념   115
3.1.2 배열의 생성 및 조작   121
3.1.3 배열의 인덱싱과 슬라이싱   129
3.1.4 배열의 연산과 변형   136

3.2 Pandas   141
3.2.1 Series와 DataFrame의 개념   141
3.2.2 생성 및 삭제   145
3.2.3 데이터 선택 – 인덱싱과 조건 기반 선택   156
3.2.4 데이터 변환 – 파생변수 생성 및 함수 적용   165
3.2.5 데이터 탐색 및 집계 연산   174

3.3 주가 데이터 탐색 실습   182

목차

    3.3.1 라이브러리 설치 및 문제   182

    3.3.2 주식 데이터 EDA   186

요약   194

Chapter 4 데이터 시각화

4.1 데이터를 시각화하는 방법   199
    4.1.1 파이썬 데이터 시각화 패키지   199

4.2 seaborn   201
    4.2.1 Tips 데이터셋   201
    4.2.2 산점도(scatterplot)   206
    4.2.3 회귀선(regplot)   211
    4.2.4 선그래프(lineplot)   213
    4.2.5 막대그래프(barplot)   217
    4.2.6 박스 플롯(boxplot), 바이올린 플롯(violinplot)   221
    4.2.7 히스토그램(histplot)   225
    4.2.8 히트맵(heatmap)   229

4.3 matplotlib   233
    4.3.1 그래프 그리기   233
    4.3.2 도화지 설정하기   235
    4.3.3 자주 마주하는 문제   243

4.4 plotly   247
    4.4.1 인터랙티브 그래프   247
    4.4.2 기본 그래프 유형   249

4.5 데이터 시각화 실습   265
    4.5.1 건강검진정보 데이터 시각화   265

요약   274

Chapter 5 데이터 분석 대시보드

5.1 Streamlit   **279**

    5.1.1 Streamlit이란?   **279**

    5.1.2 기본 UI 컴포넌트   **281**

    5.1.3 페이지 설정과 레이아웃   **287**

    5.1.4 데이터 표시와 시각화   **294**

5.2 주식 분석 대시보드   **306**

    5.2.1 기본 설정 및 라이브러리 import   **309**

    5.2.2 주식 데이터 가져오기   **310**

    5.2.3 기업 정보 표시 함수   **312**

    5.2.4 주가 차트 생성 함수   **313**

    5.2.5 거래량 차트 생성 함수   **316**

    5.2.6 기술적 지표 계산 함수   **317**

    5.2.7 메인 애플리케이션 함수   **319**

요약   **324**

    에필로그   **328**

Chapter 1

파이썬 시작하기

1장에서는 학습을 위해 필요한 여러 환경을 세팅한다. 먼저 파이썬이라는 프로그래밍 언어가 어떠한 특징을 가지고 있는지 살펴보고, 아나콘다(Anaconda)라는 프로그램을 설치해서 데이터 분석을 위한 환경 설정을 진행한다. 마지막으로 설치된 아나콘다의 여러 파일 중 주피터 노트북(Jupyter Notebook)을 살펴본다.

이 장에서는 무엇을 배우나요?

– 파이썬 특징 이해: 데이터 분석에 적합한 파이썬의 특성 파악
– 아나콘다 설치: 데이터 분석 환경 구축을 위한 필수 도구 설치
– 주피터 노트북 활용: 실제 분석 작업을 위한 개발 환경 숙지

가벼운 마음으로 시작해보세요

다음과 같은 상황을 생각해 보겠다. 나이가 지긋한 어르신이 여러분에게 다가와서 "요새 SNS가 유행이라던데, 나도 한번 해보고 싶다"라며 가르쳐 달라고 하신다. 어떻게 알려 드리면 좋을까?

나라면 먼저 수많은 SNS앱 중에 어르신이 가장 사용하기 편하고, 보편적으로 많이 사용하는 앱이 무엇인지 알아볼 것이다. 그리고 그 앱을 어르신 스마트폰에 설치하고, 자주 사용하는 몇 가지 기능을 알려 드릴 것이다.

1장에서는 '요새 데이터 분석이 유행이라던데, 나도 한번 해보고 싶다'는 여러분과 함께 데이터 분석을 할 때 유용한 프로그램이 무엇인지 살펴보고, 설치하는 방법을 알아본다.

파이썬 특징 알아보기 → 아나콘다 설치하기 → 주피터 노트북 살펴보기

파이썬으로 무엇을 할 수 있나요?

이것만은 기억하세요
- ✓ 파이썬은 데이터 분석, 머신러닝, 딥러닝 알고리즘에 최적화된 언어이다.
- ✓ 파이썬으로 웹 프로그램을 만든다.
- ✓ 파이썬을 사용하여 만든 딥러닝 모델은 이미지 인식에서 뛰어난 성과를 보인다.
- ✓ 파이썬은 데이터를 쉽게 확인할 수 있는 시각화 솔루션을 제공한다.

들어가면서

파이썬은 배우고, 쓰기가 쉽다. 이것이 가장 큰 장점이다. 그렇지만 프로그램 실행 속도가 컴파일 방식을 사용하는 언어에 비해서 느리기 때문에 불과 10여년 전까지도 프로그래머 사이에서 인기있는 언어가 아니었다. 그런데 인공지능(AI) 관련 기술이 발달하고, 대용량의 데이터 처리를 효율적으로 하려는 니즈가 많아지면서 파이썬에 대한 관심이 크게 늘었다. 파이썬이 이 분야에서 뛰어나기 때문이다. 이러한 장점이 배우고 쓰기 쉽다는 기존의 장점과 함께 부각되면서 가장 주목받는 언어가 되었다.

1.1.1 왜 파이썬으로 데이터 분석을 시작하는 것이 좋을까요?

데이터 분석을 시작하기 위해서 정보를 찾아봤다면 데이터 분석에 파이썬과 R이 많이 사용된다는 것을 알고 있을 것이다. 그러나 비슷비슷하게 많이 사용되는 것 같아 보이는 두 언어가 어떤 차이점이 있는지 정확하게 이해하기는 쉽지 않다. 그래서 본격적으로 데이터 분석을 시작도 하기 전에 어떤 언어를 선택해야 할 지 고민하는 경우가 많다. 데이터 분석을 위해 파이썬을 배우는 것이 나을까, R을 배우는 것이 나을까?

사실 파이썬과 R 모두 데이터 분석에 좋은 프로그래밍 언어이기 때문에 정답은 없다. 그러나 여러분이 데이터 분석을 시작하는 목적이 다음과 같은 경우라면 파이썬을 선택하는 것을 추천한다.

① IT 엔지니어로 일하고 싶다.

파이썬으로 작성한 프로그램은 기존 IT 시스템에 이식하기 좋은 장점이 있다. 세상에는 포털 사이트, 쇼핑몰, 금융거래 시스템 등 다양한 IT 시스템이 존재한다. 파이썬으로 작성한 프로그램은 이미 만들어진 IT 시스템에 덧붙이기에 좋다.

② 인공신경망 기반의 딥러닝을 배우고 싶다.

최근에 각광받고 있는 딥러닝 알고리즘은 대부분 파이썬을 사용하여 작성되었다. 그렇기 때문에 통계적인 데이터 분석뿐 아니라, 머신러닝, 딥러닝 알고리즘을 최종적으로 배우고자 한다면 파이썬으로 데이터 분석을 시작하는 것을 추천한다.

③ 아직 목적은 못 정했지만, 많이 사용하는 언어를 선택하고 싶다.

전 세계적으로 파이썬은 가장 많이 사용하는 프로그래밍 언어이다. 사람들이 많이 사용하는 언어는 정보를 많이 얻을 수 있다는 장점이 있다. 내가 필요한 알고리즘이 이미 패키지로 제공되는 경우가 대부분이고, 끊임없이 성능이 좋은 알고리즘이 나오고 공유되기 때문에 내가 프로그램의 모든 부분을 구현해야 하는 수고를 덜 수 있다. 그렇다면 파이썬은 얼마나 많이 사용하는 프로그래밍 언어일까?

티오베(Tiobe)라는 커뮤니티에서는 전 세계 엔지니어, IT 교육 기관 등을 통해 조사한 결과를 바탕으로 프로그래밍 언어 인기 순위를 나타내는 지수(티오베 인덱스, tiobe-index)를 보여준다. 티오베 인덱스에 따르면 2025년 8월 기준, 파이썬은 1위이다. 흥미로운 것은 상위에 랭크되어 있는 대부분의 프로그래밍 언어의 변화율(Change)은 감소하는 경향이 많은데, 파이썬은 증가하고 있다는 점이다.

Aug 2025	Aug 2024	Change	Programming Language	Ratings	Change
1	1		Python	26.14%	+8.10%
2	2		C++	9.18%	-0.86%
3	3		C	9.03%	-0.15%
4	4		Java	8.59%	-0.58%
5	5		C#	5.52%	-0.87%

그림 1-1 티오베, 프로그래밍 언어 인기 순위

1.1.2 파이썬, 어떤 특징이 있나요?

파이썬은 탄생부터 흥미롭다. 네덜란드의 귀도 반 로썸(Guido van Rossum)이 1989년 크리스마스 무렵, 자신이 출근하던 연구실의 문이 닫혀 있어서 취미 삼아 프로그래밍 언어를 만들기 시작했다고 한다. 크리스마스 연휴에 프로그래밍 언어를 취미삼아 만들었다는 이야기가 황당하게 들릴 수 있지만,

> **📢 참고:** 데이터 분석, 머신러닝, 딥러닝은 무엇이 다른가?
>
> 보통 데이터 분석이라고 하면 '데이터의 통계적인 수치를 활용하여 데이터의 경향성을 분석하는 과정'이라고 할 수 있다. 예를 들어 평균, 표준편차와 같이 우리가 흔히 사용하는 통계 지표부터 t-검정, F-검정, p-value 등 데이터 확률 분포에 기반하여 가설을 검정하는 과정에 이르기까지 다양한 방법이 존재한다.
>
> 머신러닝은 '수많은 데이터를 기계에게 입력시켜서 알고리즘을 찾아내는 과정'을 말한다. 이러한 알고리즘을 사용해서 데이터 간의 경향성을 파악해서 분류를 하거나 값을 예측하기도 하고, 연관성을 찾을 수 있다.
>
> 딥러닝은 머신러닝 방법 중의 하나로 '알고리즘을 찾아내는 과정에서 복잡한 인공신경망이라는 구조를 사용하는 것'이다. 최근 자연어 인식, 이미지 인식 등 다양한 분야에서 딥러닝 알고리즘이 좋은 성능을 보이고 있는 추세이다.

귀도가 이전에 참여했던 프로젝트를 살펴보면 조금은 이해가 간다.

귀도는 ABC라는 프로그래밍 언어를 개발하는 프로젝트에 참여했는데, ABC 프로젝트의 목적이 배우고 쓰기 쉬운 프로그래밍 언어를 만드는 것이었다고 한다. 과거에 자신이 참여했던 프로젝트에 아쉬움이 있었던 것일까? ABC를 개선하기 위한 자신만의 취미 프로젝트를 만들고, 프로젝트 이름을 자신이 즐겨보던 코미디 프로그램 〈Monty Python's Flying Circus〉에서 인용해서 '파이썬'이라고 지었다.

여기서 눈여겨 볼 것은 '배우고 쓰기 쉬운' 프로그래밍 언어라는 것이다. 실제로 귀도는 코드 가독성을 굉장히 강조하고 있으며, 코드 가독성을 높이기 위해 기존 프로그래밍 언어에서 구문을 그룹핑하기 위해 사용하던 중괄호를 없애고, 들여쓰기를 사용한다. 이러한 파이썬의 철학은 초보자가 프로그램을 쉽게 시작하도록 도와줄 뿐 아니라 읽기 쉬운 프로그램을 만듦으로써 코드의 재사용을 높여 준다.

표 1-1 파이썬의 특징

Simple & Easy	간결한 코드, 코드의 재사용, 쉬운 유지보수, 객체지향
Interpreter	인터프리터 방식 언어: 코드를 한 줄씩 읽어 내려가며 실행하는 프로그램, (참고) 컴파일 방식: 코드를 기계가 읽을 수 있는 언어로 바꾼 후 실행하는 프로그램
Glue language	다른 언어(C/C++ 등)로 만든 프로그램과 결합하여 사용 가능
Science friendly	복잡한 수치와 큰 데이터를 다루는 다양한 연산 지원(NumPy, Pandas, SciPy 등)
Abundant packages	다양한 기능을 지원하는 패키지를 제공 기계학습(scikit-learn), 딥러닝(TensorFlow, PyTorch), 얼굴 인식(OpenCV), 웹 서버(Django, Flask), 데이터 시각화(matplotlib, seaborn, follium), 웹 데이터 수집 및 처리(request, beautifulsoup, selenium) 등

아래 문장은 파이썬의 쉽고 간결함을 표현한 것이다. 파이썬에 대한 설렘이 밀려오지 않는가?

"Life is short (You need Python)"
− *Bruce Eckel*

표 1-1에서 소개한 파이썬의 다양한 특징 중 몇 가지를 좀 더 살펴보겠다.

① Glue language(잘 붙는 언어)

아무리 좋은 프로그래밍 언어라도 기존에 있는 시스템에 적용하기 어렵다면 아무도 사용하지 않을 것이다. 현재 많은 IT 시스템이 C와 Java 기반으로 만들어져 있다. 파이썬은 다른 언어로 만든 프로그램과 결합하여 사용하기 용이하기 때문에 파이썬으로 만든 데이터 분석 알고리즘을 기존 시스템에 붙이는 작업 또한 어렵지 않게 진행할 수 있다.

② Science friendly(과학 친화적)

또한 파이썬은 NumPy, Pandas, SciPy 등 복잡한 수치와 큰 데이터를 다루는 다양한 연산이 가능한 패키지를 제공한다. 패키지는 특정 기능을 수행하는 함수들을 모아 놓은 꾸러미이다. 즉 대용량 데이터에 포함된 복잡한 수치들을 빠른 속도로 처리할 수 있는 기능을 제공하기 때문에 데이터 분석에 매우 효과적이다.

③ Abundant packages(풍부한 패키지)

파이썬은 데이터 분석 분야 외에도 다양한 패키지를 제공한다. 기계학습, 딥러닝, 데이터 시각화, 데이터 수집 등 데이터 관련 패키지 외에도 웹 서버, 이미지 처리 등을 위한 패키지를 제공하기 때문에 다양한 목적으로 활용할 수 있다.

1.1.3 파이썬으로 무엇을 할 수 있나요?

파이썬으로 구현할 수 있는 프로그램은 무궁무진하다. 우리가 흔히 볼 수 있는 프로그램 중에 파이썬으로 구현한 사례를 살펴보겠다.

① 웹 서비스

인스타그램, 핀터레스트 등 파이썬 기반의 웹 프로그램을 자주 접할 수 있다.

그림 1-2 파이썬 기반의 웹 서비스, 인스타그램

② 이미지 인식

최근에 이미지 인식은 카메라, 자동차, CCTV 등 다양한 분야에서 사용되고 있다. 이미지 인식에 좋은 성능을 보이는 알고리즘 중 대다수는 파이썬을 사용하여 만든 딥러닝 모델을 사용하는 경우가 많다.

그림 1-3 파이썬 기반의 이미지 인식 알고리즘

③ 시각화 솔루션

파이썬은 그래프, 워드클라우드, 지도를 활용한 시각화 등 다양한 데이터를 쉽게 확인할 수 있는 시각화 솔루션을 제공한다.

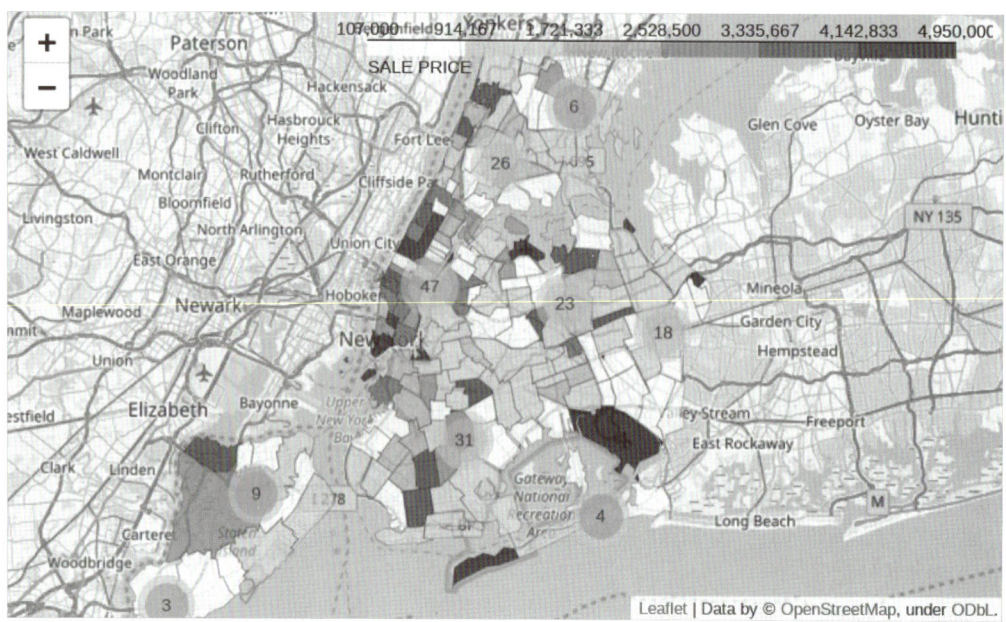

그림 1-4 파이썬 기반의 지도 시각화

1.1.4 이 책을 학습하면 무엇을 할 수 있나요?

파이썬의 능력과 가능성은 이제 충분히 이해했을 것이라 생각한다.

그렇다면 '나는 이 책을 다 학습하면 무엇을 할 수 있을까?'하는 의문이 들 텐데, 아래의 일을 할 수 있다.

- ✔ 대용량 데이터의 수치 연산
- ✔ 데이터 집계, 피봇 테이블 생성 등을 데이터 구조 변경
- ✔ 최근 5년 간 A회사의 주가의 움직임을 그래프로 그리기
- ✔ 기온과 매출의 상관관계가 있는지 그래프로 살펴보기
- ✔ 데이터 분석 대시보드 웹페이지 만들기

1.2 개발 환경 구축

이것만은 기억하세요
- ✓ 아나콘다는 데이터 분석을 위한 파이썬 패키지가 모두 들어 있는 배포 플랫폼이다.
- ✓ 아나콘다 설치 파일을 내려받는다.
- ✓ 아나콘다를 설치한다.

들어가면서

이번 절에서는 아나콘다를 사용하여 파이썬을 설치한다. 아나콘다(Anaconda)는 파이썬 설치 파일, 데이터 분석에 필요한 주요 패키지, 그리고 주피터 노트북을 한 번에 설치할 수 있다. 데이터 분석을 위한 종합 선물 세트라고 할 수 있다. 데이터 분석을 목표로 삼은 우리에게 딱 적합한 방법이다.

1.2.1 아나콘다가 뭐예요?

요즘 마트에 가보면, 요리를 손쉽게 할 수 있는 밀키트가 자주 눈에 보인다. 밀키트의 장점은 요리를 하기 전에 갖추어야 하는 자잘한 재료를 포장용기에 담아서 제공하기 때문에 이것저것 준비해야하는 부담을 줄여주는 것이다.

사실 데이터 분석을 시작하기 전에 설치해야 할 프로그램이 많다. 파이썬부터 시작해서 다양한 수치계산에 필요한 NumPy, 데이터 전처리를 쉽게 도와주는 Pandas, 데이터 시각화를 위한 matplotlib, 그리고 소스코드 편집기에 이르기까지다. 일반적으로 파이썬을 설치하는 가장 일반적인 방법은 파이썬 홈페이지(www.python.org)에서 설치 파일을 내려받아 설치하는 것이다. 그리고 웹 서버 개발, 데이터 분석 등 목적에 따라 추가 패키지를 별도로 설치하여 개발 환경을 구성한다. 또한 개발의 편의를 위해 소스코드를 작성하고 실행하기 위한 별도의 IDE(통합 개발 환경) 프로그램을 설치한다.

그런데, 이렇게 복잡한 설치 과정을 아나콘다를 사용하면 한 번에 설치할 수 있다. 이 책은 데이터 분석을 하기 위해 파이썬을 배우는 것을 목표로 하고 있다. 그래서 파이썬 설치 파일과 데이터 분석에 필요한 주요 패키지, 그리고 소스코드 편집기인 주피터 노트북을 한 번에 내려받을 수 있는 파이썬 배포 플랫폼, 아나콘다를 사용하여 파이썬을 설치하겠다.

그림 1-5 파이썬 개발 환경 구축 방법

> **참고:** IDE(Integrated Development Environment, 통합 개발 환경)란?
>
> 문서를 작성할 때 메모장을 활용해서 작성할 수도 있지만, 보통 문서 작성의 편리한 기능을 제공하는 MS 워드, 한글과 같은 프로그램을 사용한다. 프로그램을 개발할 때에도 마찬가지로 개발의 편의성을 위해 부가적인 기능을 제공하는 소프트웨어를 사용하는데 이런 소프트웨어를 IDE라고 한다. 파이썬 프로그래밍 시 많이 사용하는 IDE로는 PyCharm, VSCode, Jupyter 등이 있다.

1.2.2 아나콘다 설치 파일 내려받기

아나콘다 사이트의 다운로드 페이지에 접속하여 사용하고 있는 컴퓨터의 운영체제(OS)에 따라 인스톨러를 선택한다.

https://www.anaconda.com/download/success

아나콘다는 윈도우(Windows), 맥(Mac), 리눅스(Linux) 운영체제에서 사용할 수 있다. 이 책은 윈도우 64bit Windows 환경에서 설치하는 방법에 대해 설명한다.

01 윈도우 64bit Windows 버전을 내려받는다.

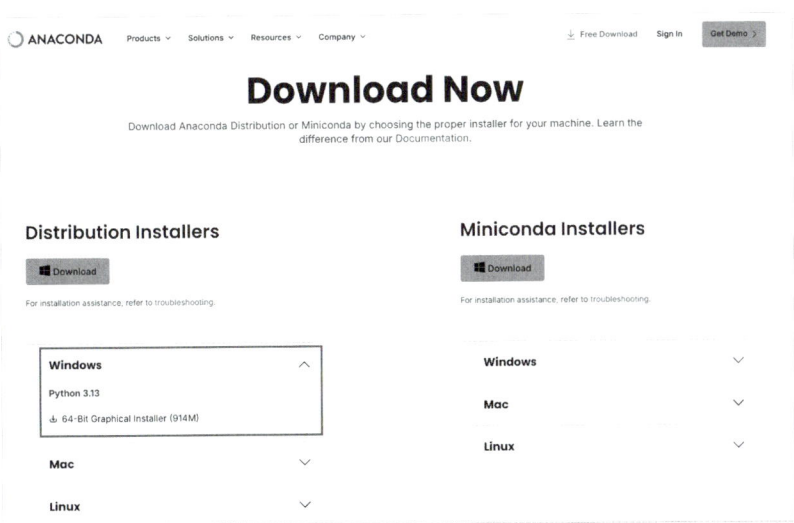

그림 1-6 아나콘다 설치(1)

02 내려받은 설치 파일(예: Anaconda3-2025.06-0-Windows-x86_64.exe)을 실행한다. [Next] 버튼을 선택한다.

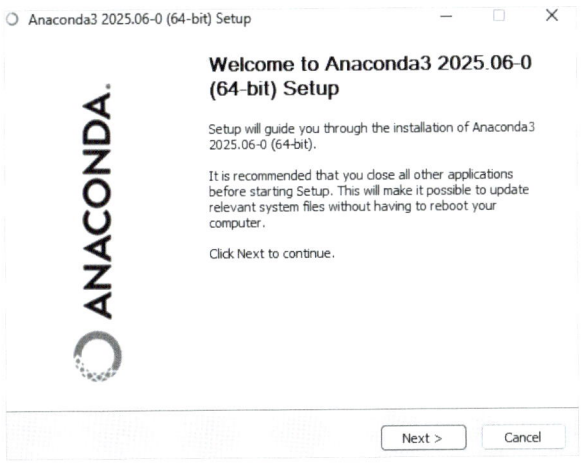

그림 1-7 아나콘다 설치(2)

03 라이선스 동의를 위해 [I Agree] 버튼을 클릭한다.

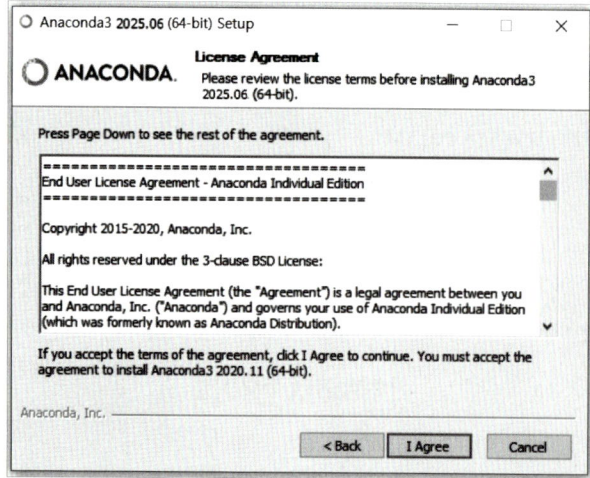

그림 1-8 아나콘다 설치(3)

04 사용자는 PC를 사용하는 모든 계정의 사용자가 아나콘다를 사용하는 것을 허용하고 싶다면 [All Users]를 선택한다. 그렇지 않은 경우 [Just Me)를 선택한다.

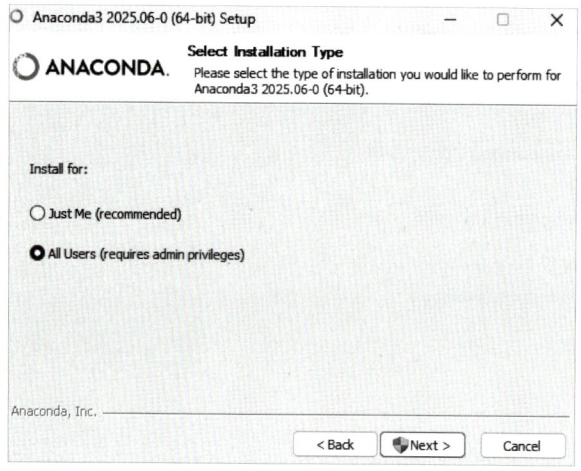

그림 1-9 아나콘다 설치(4)

05 설치 경로를 지정한다. [Browse…] 버튼을 사용하여 구체적인 설치 경로를 지정할 수 있다. 이 책에서는 기본으로 설정되어있는 경로를 그대로 사용한다. 경로 지정 후 [Next] 버튼을 클릭한다.

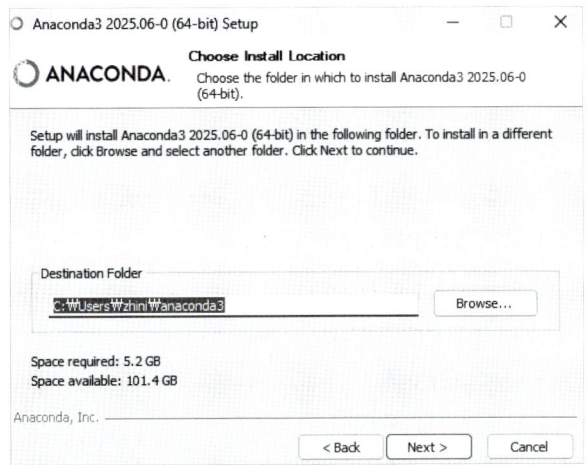

그림 1-10 아나콘다 설치(5)

06 Anaconda로 설치하는 파이썬 프로그램을 컴퓨터에서 사용하는 기본 파이썬으로 지정할 것인지를 지정하는 팝업이다. 한 컴퓨터에서 다양한 파이썬 버전을 설치하여 사용할 수 있기 때문에 지정하는 것이다. 이 책에서는 Anaconda의 파이썬을 기본 프로그램으로 등록하기 위해 세 번째 체크박스를 선택하였다. [Install] 버튼을 선택한다.

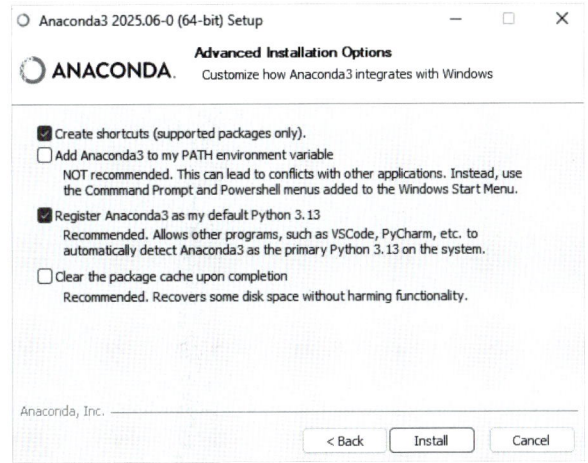

그림 1-11 아나콘다 설치(6)

07 설치가 시작된다. Anaconda 설치 시 특정 구간에서 오래 머무르게 되는데, 문제가 있는 것은 아니니 설치 시 참고하자. 아나콘다 설치가 완료되면 [Finish] 버튼을 클릭한다.

1.3 주피터 노트북

이것만은 기억하세요
- ✓ 주피터 노트북이 다른 IDE와 다른 점은 코드와 함께 '마크다운'을 작성할 수 있다는 것이다.
- ✓ 마크다운 모드를 활용하여 이미지, 동영상, 수식, 도표, 프로그램 수행 결과를 함께 저장할 수 있어서 별도의 코드 실행 없이도 코드를 이해하는 데 큰 도움을 준다.

들어가면서

주피터 노트북은 현업에서 파이썬 프로그래머가 많이 사용하는 IDE는 아니다. 그럼에도 주피터 노트북을 이 책에서 소개하는 이유는 주피터 노트북이 파이썬, R 등의 언어로 작성된 데이터 과학 애플리케이션으로 개발되어 데이터 분석에서 뛰어난 성과를 보이면서도 초보자가 사용하기 쉽기 때문이다. 주피터 노트북은 코드 이외에도 다양한 크기의 텍스트, 수식, 이미지, 비디오, 테이블, 차트 등을 삽입하고 이를 문서 형태로 작성할 수 있어 마치 MS-Word 문서처럼 사용할 수 있다. 그렇기 때문에 단순히 코드 작성뿐 아니라 보고서나 프리젠테이션 도구로도 훌륭하다.

1.3.1 Hello Python

이 업계에서 통용되는 말이 있다.

"백문이 불여일타"

소스코드를 직접 타이핑해 보고 실행하는 것이 그 어떠한 설명보다도 낫다는 의미이다. 그리고 이 업계에서는 처음 입력하는 소스코드로 "Hello World"를 선택하는 경향이 있다. 평화를 사랑하는 마음에서 비롯된 것인지는 모르겠다(^^). 우리는 약간 변형해서 "Hello Python"을 한번 찍어보겠다.

01 (Hello Python 출력하기) 윈도우 시작 메뉴에서 [Anaconda3] 폴더 안에 있는 ② [Jupyter Notebook(Anaconda3)]을 실행한다.

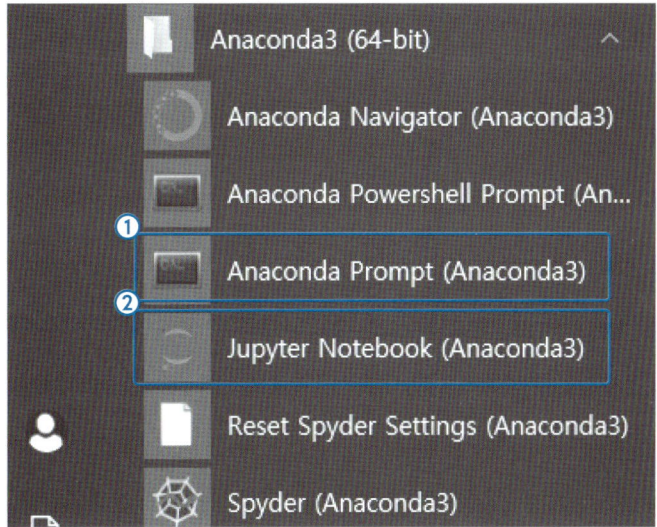

그림 1-12 아나콘다 설치 프로그램

⚠ 파이썬 패키지 이외에 추가적으로 패키지를 설치할 때 ① [Anaconda Prompt(Anaconda3)]를 사용하고, 파이썬 코드 작성 및 실행은 ② [Jupyter Notebook(Anaconda3)]에서 진행한다. 이때 함께 실행되는 커맨드 창은 파이썬 가상머신이 동작하기 위한 커널(서버 역할)이다. 주피터 노트북은 웹 브라우저에서 커맨드 창에서 실행한 서버(http://localhost:8888/)에 접속하여 파이썬 연산 결과를 받아와 화면에 보여준다. 즉, 파이썬 코드를 실행하기 위해서는 반드시 커널이 동작하고 있어야 하니, 사용 중에 커널 창을 종료해서는 안 된다.

02 Jupyter Notebook(Anaconda3)을 실행하면 먼저 검은 화면의 커맨드 창이 하나 실행되고 동시에 브라우저가 열린다. 브라우저에 보여지는 화면이 주피터 노트북의 대시보드이다.

그림 1-13 주피터 노트북의 대시보드

03 "Hello Python"을 출력해보겠다. ① [Files] 〉 ② [New] 〉 ③ [Python 3]을 선택한다.

그림 1-14 새 파일(노트북) 만들기

04 새로운 노트북이 생성되었다. 녹색 테두리가 있는 네모 박스에 print("Hello Python")을 입력한다. 코드 출력을 위한 준비는 다 끝났다.

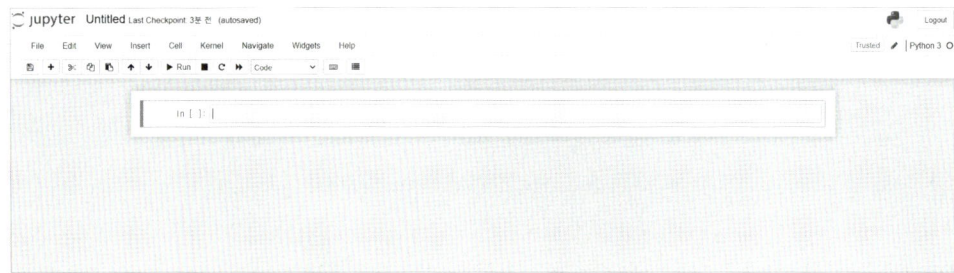

그림 1-15 print("Hello Python") 입력하기

05 화면 상단에 ▶ Run 버튼을 클릭한다. 그러면 네모 박스 아래에 Hello Python이 출력된 것을 확인할 수 있다. 축하한다. 첫 번째 소스코드를 성공적으로 수행했다!

그림 1-16 print("Hello Python") 실행하기

"Hello Python"을 출력하는 과정이 너무 쉬워서 당황스러울 수도 있겠다. 이처럼 주피터 노트북은 사용하기가 매우 쉽다. 이제 우리는 지금 실습했던 첫 소스코드를 저장해보려고 한다. 저장하는 방법 역시 간단하다. 위쪽 아이콘 중에 맨 왼쪽에 있는 디스크 모양의 아이콘을 클릭하면 된다. 클릭한다. 아이콘을 클릭해서 저장한다.

그러면 방금 저장한 소스코드는 어디에 저장이 된 것일까? 대시보드가 보여주고 있는 디렉토리인 'C:(아래 그림에서는 iLifo)' 아래에 있다.

그림 1-17 기본 파일 저장 위치 'C:₩Users₩사용자'

보통 '사용자' 디렉토리는 사진, 음악, 동영상 등 다양한 파일을 관리하기 위한 기본 디렉토리로 사용된다.

> **참고:** 소스코드 저장 위치를 바꾸고 싶다면?
>
> 'C:' 저장 위치는 찾기가 너무 불편하다. 그래서 코드를 효율적으로 관리하기 위해서 작성한 코드를 저장하는 별도의 디렉토리를 지정하는 것을 권장한다. 이 책에서는 'C'에 앞으로 실습할 모든 파일을 저장하겠다. 주피터 노트북 대시보드 역시 'C'를 기본 경로로 시작하도록 환경 설정을 진행하겠다.
>
> **01** 탐색기를 이용해서 C 드라이브에 'workspace' 폴더를 생성한다.
>
> **02** 윈도우 시작 메뉴에서 [Jupyter Notebook(Anaconda3)] 리스트 항목에서 마우스 오른쪽 버튼을 클릭한다. 이후 [자세히]를 선택하고 [파일 위치 열기]를 선택한다.
>
>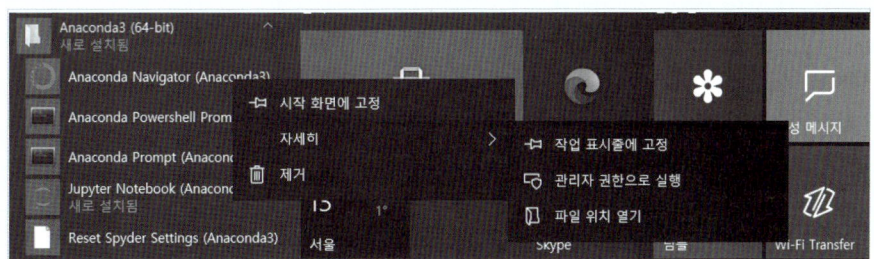
>
> 그림 1-18 Jupyter Notebook(Anaconda3)의 파일 위치 열기
>
> **03** 파일 위치의 탐색기가 열리면 [Jupyter Notebook (Anaconda3)]에서 마우스 오른쪽 버튼을 클릭하고 [속성]을 선택한다.

참고: 소스코드 저장 위치를 바꾸고 싶다면?

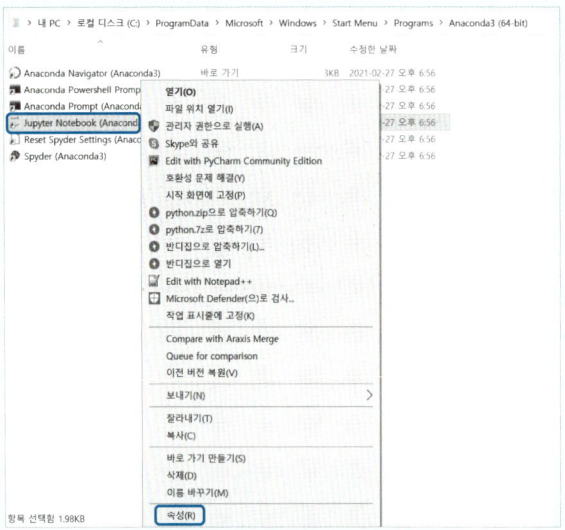

그림 1-19 Jupyter Notebook(Anaconda3)의 속성 선택

04 [바로가기] 탭의 [대상(T)]에 쓰여 있는 텍스트에서 가장 뒤에 있는 '%USERPROFILE%'를 삭제하고, [시작 위치(S)]에 있는 텍스트를 지운다.

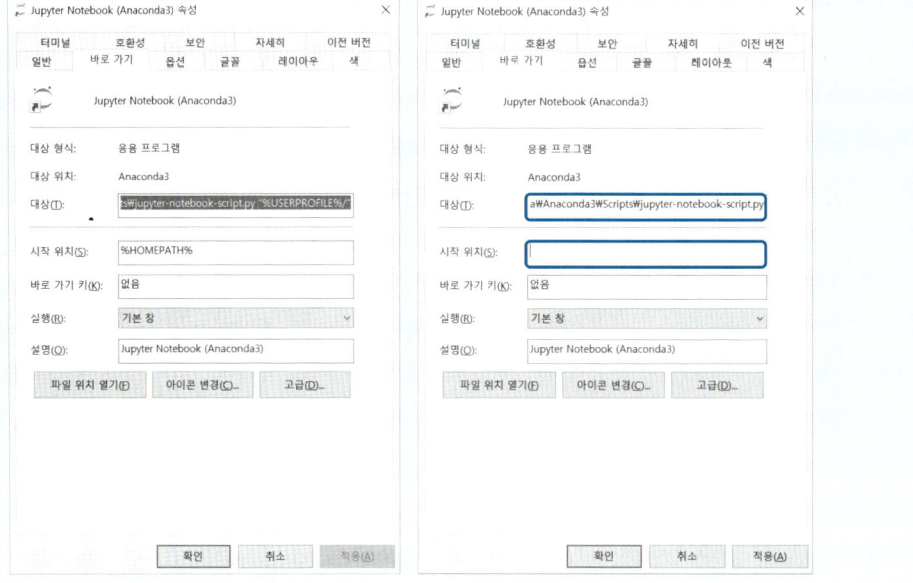

그림 1-20 Jupyter Notebook(Anaconda3)의 시작 위치 설정

 **참고:** 소스코드 저장 위치를 바꾸고 싶다면?

05 다시 윈도우 시작 메뉴로 돌아가서 [Anaconda Prompt(anaconda3)]을 실행하고, jupyter notebook-generate-config를 입력한다.

그림 1-21 Jupyter Notebook(Anaconda3) 시작 경로 설정을 위한 설정 파일 생성

06 탐색기를 열어서 위의 Anaconda Prompt가 실행된 경로(C:)로 이동한다. [jupyter] 폴더를 선택하고, jupyter_notebook_config.py 파일을 실행한다(실행 가능한 파일이 없을 경우는 메모장을 사용해서 파일을 연다).

07 jupyter_notebook_config.py 파일에서 c.NotebookApp.notebook_dir에 앞에 있는 '#'을 삭제하고, 'C:'를 입력하고 저장한다.

```
## Dict of Python modules to load as notebook server extensions.Entry values can
#  be used to enable and disable the loading ofthe extensions. The extensions
#  will be loaded in alphabetical order.
#c.NotebookApp.nbserver_extensions = {}
                              (주의 : 파일 경로시 ₩가 아닌 /로 표시!)
## The directory to use for notebooks and kernels.
c.NotebookApp.notebook_dir = 'C:/workspace'
```

그림 1-22 jupyter_notebook_config.py 파일 편집

08 주피터 노트북을 재실행하면, 주피터 노트북 대시보드에 새로 지정한 경로(C:)가 보여지는 것을 확인할 수 있다.

 참고: 가상환경을 활용한 주피터 노트북 실행하기

아나콘다를 설치한 후 처음으로 주피터 노트북을 실행할 때는 가상환경을 설정하여 사용하는 것을 권장한다. 가상환경은 프로젝트별로 독립적인 파이썬 실행 환경을 만들어 패키지 충돌을 방지하고 깔끔한 개발 환경을 유지할 수 있게 해준다.

참고: 가상환경을 활용한 주피터 노트북 실행하기

가상환경은 컴퓨터 안에 여러 개의 별도 공간을 만들어 각각 다른 파이썬 버전이나 패키지를 설치할 수 있게 해주는 기능이다. 마치 하나의 컴퓨터에서 여러 개의 독립적인 작업 공간을 사용하는 것과 같다.

아나콘다 설치 시 기본으로 생성되는 (base) 환경이 있지만, 프로젝트별로 별도의 가상환경을 만들어 사용하는 것이 좋다. 이렇게 하면 프로젝트마다 필요한 패키지만 설치하여 관리할 수 있고, 패키지 간 버전 충돌도 방지할 수 있다.

01 Anaconda Prompt 실행 윈도우 시작 메뉴에서 [Anaconda Prompt (Anaconda3)]를 찾아 실행한다. 실행하면 다음과 같이 (base)가 표시된 커맨드 창이 나타난다.

```
(base) C:\Users\사용자명>
```

02 새로운 가상환경 생성 데이터 분석을 위한 새로운 가상환경을 생성한다. 다음 명령어를 입력한다.

```
conda create -n dataanalysis python=3.9 pandas numpy matplotlib jupyter
```

dataanalysis	가상환경 이름 (원하는 이름으로 변경 가능)
python=3.9	파이썬 버전 지정
pandas numpy matplotlib jupyter	기본으로 설치할 패키지들

설치 확인 메시지가 나타나면 y를 입력하고 [Enter]를 눌러 설치를 진행한다.

03 가상환경을 활성화한다.

```
conda activate dataanalysis
```

활성화가 완료되면 커맨드 창 앞부분이 다음과 같이 변경된다.

```
(dataanalysis) C:\Users\사용자명>
```

04 추가 패키지 설치 (필요시) 데이터 분석에 필요한 추가 패키지가 있다면 설치한다.

```
# 웹 데이터 수집을 위한 패키지
pip install requests beautifulsoup4

# 데이터 시각화를 위한 패키지
pip install seaborn plotly
```

> 📢 **참고:** 가상환경을 활용한 주피터 노트북 실행하기

05 주피터 노트북 실행 가상환경이 활성화된 상태에서 주피터 노트북을 실행한다.

```
jupyter notebook
```

실행하면 웹 브라우저가 열리면서 주피터 노트북 대시보드가 나타난다.

06 새 노트북 생성 및 확인 대시보드에서 [New] → [Python 3]를 선택하여 새 노트북을 생성한다. 다음 코드를 입력하여 가상환경이 올바르게 설정되었는지 확인한다.

```python
import sys
print("현재 파이썬 경로:", sys.executable)
print("설치된 패키지 확인:")
import pandas as pd
import numpy as np
import matplotlib.pyplot as plt
print("Pandas 버전:", pd.__version__)
print("NumPy 버전:", np.__version__)
```

주피터 노트북을 실행하기 전에 반드시 원하는 가상환경을 활성화해야 한다. 그렇지 않으면 base 환경에서 실행되어 설치한 패키지를 사용할 수 없을 수 있다. 각 가상환경은 독립적이므로 환경을 바꿀 때마다 필요한 패키지를 확인하고 설치해야 한다. 이렇게 가상환경을 설정하여 주피터 노트북을 사용하면 체계적이고 안정적인 데이터 분석 환경을 구축할 수 있다. 프로젝트가 달라질 때마다 새로운 가상환경을 만들어 사용하는 습관을 기르는 것이 좋다.

표 1-2 가상환경 관리 명령어

가상환경 목록 확인	conda env list
가상환경 비활성화	conda deactivate
가상환경 삭제	conda remove -n dataanalysis --all
현재 환경의 패키지 목록 확인	conda list

1.3.2 주피터 노트북의 특징

대부분의 통합 개발 도구(IDE) 환경에서는 소스코드만 작성할 수 있다. 그렇기 때문에 코드 이외에 부가적인 설명을 작성하기 위해서는 주석을 활용하는 방법밖에 없다. 주피터 노트북이 다른 IDE와 다른 점은 코드와 함께 '마크다운'을 작성할 수 있고, 코드 실행 결과를 함께 저장한다는 것이다. 즉, 마크다운(워드문서처럼 사용할 수 있는 모드)을 활용하여 코드 이외에 이미지나 동영상, 수식, 도표를 함께 입력할 수 있고 프로그램 수행 결과를 함께 저장할 수 있어서 별도의 코드 실행 없이도 코드를 이해하는데 큰 도움이 된다. 다음처럼 소스코드를 포함한 보고서 형태로 만들 수 있다.

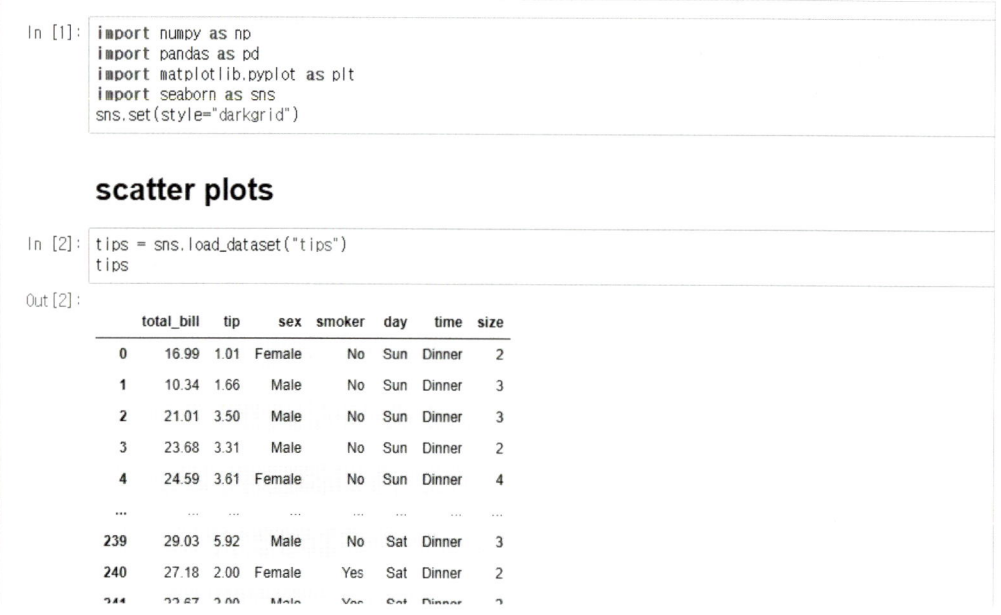

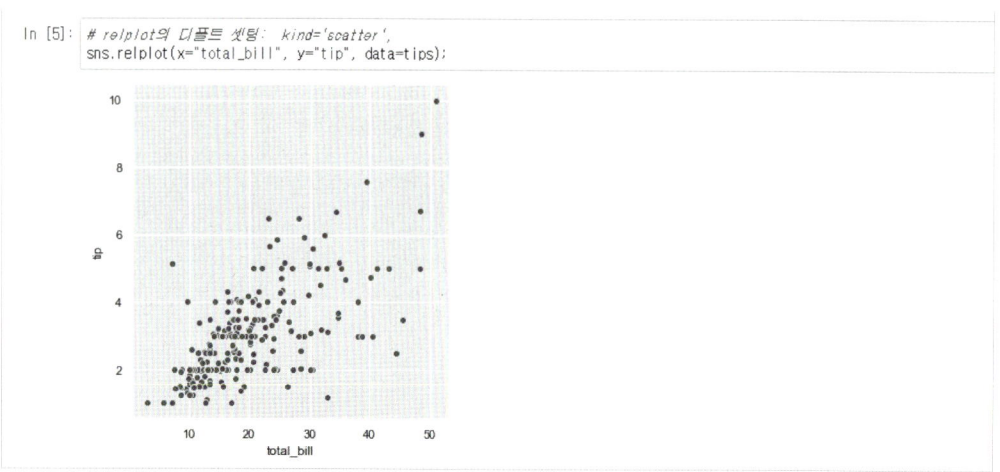

그림 1-23 주피터 노트북 활용 사례

이처럼 주피터 노트북을 활용하면 코드 산출물을 하나의 보고서처럼 만들 수 있다. 사실 코드와 친숙하지 않은 사람들(기획자, 마케터, 영업자, 경영자 등)에게는 코드와 주석만 나열되어 있는 파일을 읽어 나가는 것이 굉장히 부담스러울 수 있다. 특히 우리가 앞으로 배울 데이터 분석은 다양한 수식과 인공지능 알고리즘에 대한 이해도 함께 필요한 분야이다. 그렇기 때문에 코드와 함께 관련 수식이나 설명을 이미지, 동영상, 하이퍼링크를 사용하여 정리한다면 코드를 작성한 사람뿐 아니라 다른 사람이 코드를 이해하기에도 수월하다. 또한 대부분 프로그래밍 언어를 IDE 환경이 아닌 메모장과 같은 기본 편집기로 열었을 때는 모두 동일한 크기에 동일한 폰트로 작성된 텍스트가 나열된 형태이기 때문에 읽기가 어렵다. 하지만 주피터 노트북은 html, 마크다운, pdf 등의 형태로 저장할 수 있어서 브라우저 환경에서도 다른 사람이 작업했던 내용을 깨지지 않은 형태 그대로 확인할 수 있다는 장점이 있다. 지식 공유가 활성화된 요즘 같은 시대에 매우 유용한 툴이라고 할 수 있다.

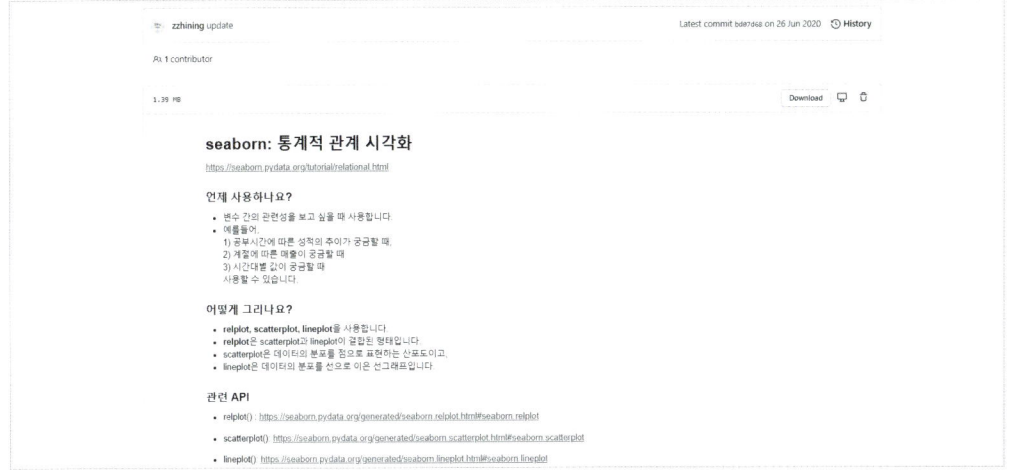

그림 1-24 웹 사이트(GitHub)에서 보여지는 주피터 노트북 화면

> **참고: 파이썬 확장자로 저장하기**
>
> 파이썬 파일은 '.py' 확장자를 사용하는데, 주피터 노트북을 사용해서 생성한 파일은 '.ipynb' 확장자를 사용한다. 그러나 주피터 노트북에서 작성한 파일도 [File] → [Download as] → [Python(.py)]를 통해 '.py'로 저장할 수 있다. 이때 소스코드 외에 부가적인 정보는 주석 처리되어 저장된다.

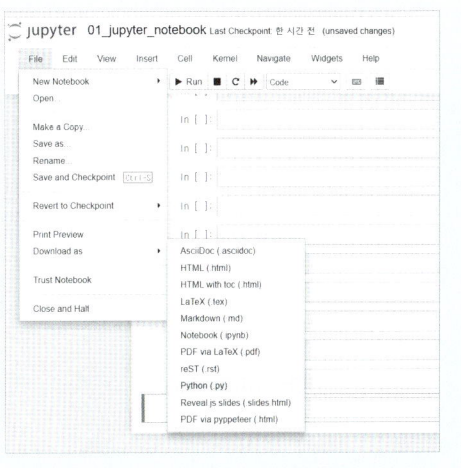

그림 1-25 파이썬 확장자(.py)로 저장하기

1.3.3 주피터 노트북 주요 기능

주피터 노트북의 주요 기능과 사용법을 알아보자.

① 대시보드

주피터 노트북 대시보드에서는 현재 디렉터리에 있는 파일을 표시하고, 노트북의 실행 상태를 확인할 수 있다. 앞서서 살펴보았던 [New] 버튼을 사용하여 새로운 노트북, 텍스트 파일, 폴더 등을 만들 수 있다.

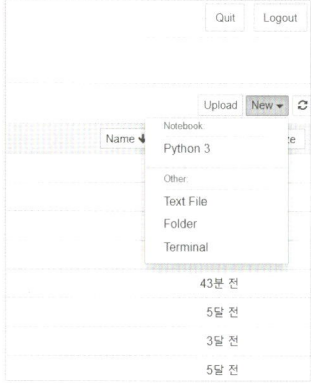

그림 1-26 대시보드의 [New] 메뉴

또한 대시보드에서는 노트북의 실행 상태를 확인할 수 있다. 실행 중인 노트북은 녹색 아이콘으로 표시되고, 우측에 'Running'이라고 상태가 표시된다. 노트북 파일을 실행하고 창을 닫더라도, 종료 명령을 내리기 전까지 계속 실행된다. 종료 명령을 내리기 위해서는 'Running' 상태의 파일을 선택한 후, [Shutdown] 버튼을 클릭하거나 [Running] 탭에서 [Shutdown] 버튼을 클릭한다.

그림 1-27 리스트에 나타난 파일을 선택한 화면

그림 1-28 Running 탭을 선택한 화면

② UI

화면에서 보이는 부분은 크게 파일명, 메뉴, 빠른 실행 메뉴 그리고 코드를 입력하고 실행하는 셀로 구성된다. 새로운 노트북을 만들면 'Untitled'라는 이름의 IPython 파일이 생성된다. 파일명은 한글, 영어 모두 작성 가능하다.

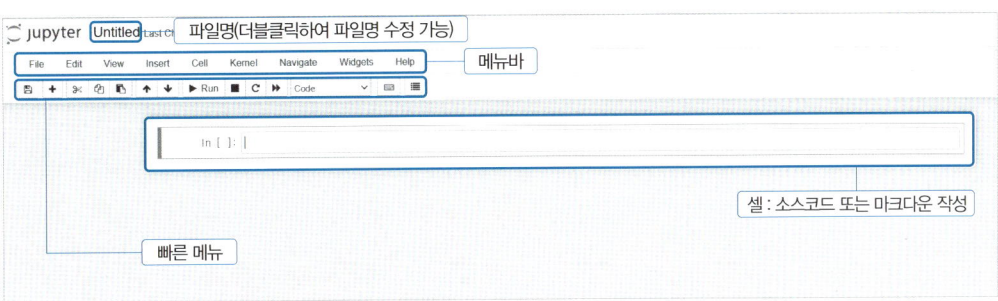

그림 1-29 새로운 IPython 파일 화면

IPython 파일을 제어하기 위한 메뉴는 메뉴 바에서 확인할 수 있다. 자주 사용하는 메뉴는 아이콘으로 표시된 빠른 메뉴도 제공한다. 실제로 코드를 실행하고 셀을 편집하는 작업을 자주 하기 때문에 메뉴를 하나씩 클릭해서 사용하는 것보다는 자주 사용하는 기능의 키보드 단축키를 익히는 것이 작업 효율을 높이는데 도움이 된다.

표 1-3 메뉴 바

File	노트북 파일의 생성, 불러오기, 저장 등을 위한 메뉴
Edit	소스코드 또는 마크다운을 작성하는 셀의 편집을 위한 메뉴
View	화면 구성을 설정하기 위한 메뉴
Insert	새로운 셀의 추가를 위한 메뉴
Cell	셀의 실행 및 기능 설정을 위한 메뉴
Kernel	커널 제어(중단 및 재시작 등)를 위한 메뉴

주피터 노트북의 셀은 편집 모드와 명령 모드가 있다. 셀의 모드에 따라 키보드 입력이 다르게 수행되니 주의가 필요하다. 셀의 모드를 구분하는 방법은 셀의 테두리 색상을 확인하는 것이다. 셀의 편집 모드는 선택된 셀에서 연두색으로 표시되고, 셀의 명령 모드는 파란색으로 표시된다. 편집 모드로 설정되어 있는 경우, Esc 키를 눌러 명령 모드로 변경할 수 있다.

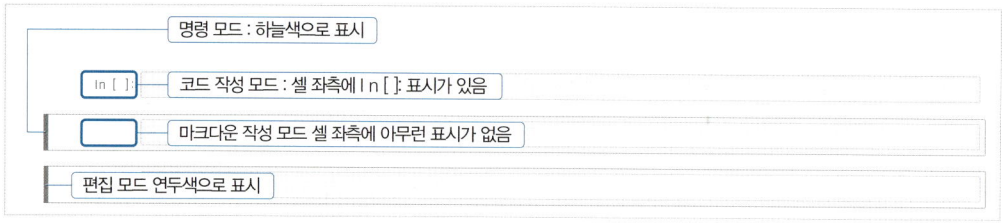

그림 1-30 셀의 두 가지 모드(명령 모드, 편집 모드)

빠른 실행 메뉴는 마우스로 버튼을 클릭하여 셀을 제어할 수 있는 기능을 제공한다. 예를 들어서 셀에서 코드를 실행하려면 코드가 있는 셀을 선택하고, ▶ Run 버튼을 클릭한다. 마찬가지로 셀을 복사하려면 셀을 선택하고 ⧉ 버튼을 클릭한다. 이러한 방법으로 마우스를 활용하여 아래의 다양한 기능을 수행할 수 있다.

표 1-4 빠른 실행 메뉴

💾	저장
✚	셀 추가
✂	잘라내기
⧉	선택한 셀 복사
📋	선택한 셀 붙여넣기
↑	선택한 셀 위로 이동
↓	선택한 셀 아래로 이동
▶ Run	선택한 셀 실행
■	선택한 셀 실행 중지
↻	커널 재 실행
⏩	커널 재 실행 후 모든 셀 실행
Code ⌄	선택한 셀 모드 설정
⌨	단축키

마우스로 셀을 제어하는 것도 좋지만, 효율적으로 프로그래밍을 하기 위해서는 키보드의 단축키를 활용해서 제어하는 것이 훨씬 더 효율적이다. 가장 중요한 키보드 단축키는 셀의 모드(편집 모드, 명령 모드)를 바꿔주는 Esc 와 Enter 이다. Esc 로 셀을 명령 모드로 바꿀 수 있고, Enter 는 편집 모드로 바꿀 수 있다. 아래 정리한 단축키는 자주 사용하는 단축키이므로 익숙해질 때까지 계속 연습해 보는 것이 좋다. 단축키 사용 시 셀의 편집 모드가 아닌 명령 모드로 변경하여 사용하도록 주의해야한다.

표 1-5 주요 단축키

m	마크다운 모드
y	코드 모드
shift + Enter	셀 실행
dd	셀 삭제
a	셀 위에 신규 셀 추가
b	셀 아래에 신규 셀 추가

1.3.4 주피터 노트북 사용하기

주피터 노트북의 기본 기능을 코드를 작성하며 익혀 본다. 셀 영역에 Hello Python을 출력한다. print( )는 화면에 입력한 글자 또는 값을 출력하라는 명령어이다. 아래와 같이 코드 모드로 된 셀 영역에 아래와 같이 입력하고, shift + Enter 를 함께 눌러 실행한다.

① Hello Python 출력

In [ ]: print('Hello Python') [▶Run]

Out [ ]: Hello Python

② 간단한 계산

파이썬은 인터프리터 언어이기 때문에 별도의 컴파일 과정 없이 곧장 출력 결과를 확인해볼 수 있다. 아래와 같이 간단한 계산도 수행해볼 수 있다.

In [ ]: 3+5

Out [ ]: 8

```
In [ ]: 5*9
Out [ ]: 45
```

③ 주석

파이썬에서 주석은 #으로 지정한다. 주석은 코드셀 영역에 작성하고, 코드에 대한 설명을 적어 두거나, 실행되지 않아야 하는 구문을 지정할 때에 사용한다. 이미 작성한 여러 줄의 코드를 한꺼번에 주석으로 변경하고 싶다면, 주석으로 변경하고 싶은 곳을 블록 지정하고, `Ctrl` 과 [/]를 함께 누르면 주석으로 처리된다. 주석을 해지할 때에도 동일한 방법으로 해지할 수 있다.

```
In [ ]: # 주석은 실행되지 않습니다
        # ctrl + / 를 함께 누르면
        # 해당 구문이 주석으로 변경됩니다.
```

④ 마크다운

마크다운은 #의 개수에 따라 계층이 달라지는 헤더 설정뿐 아니라 리스트, 굵기, 기울이기, 밑줄, 취소선 설정, 동영상 및 이미지 삽입 등 다양한 기능을 제공한다. 가장 기본이 되는 기능만 예제로 작성하였다. 다양한 응용 기능은 주피터 노트북 홈페이지 또는 마크다운 문법을 참고하라.

```
# Jupyter Notebook
## 헤더 2
### 헤더 3
#### 헤더 4
##### 헤더 5

마크다운 모드는 셀 편집 모드에서 m 을 눌러 변경합니다.

## 리스트
순서가 없는 리스트 만들기
* 하나
* 둘
* 셋

순서가 있는 리스트 만들기
1. 하나
2. 둘
3. 셋
```

탭을 이용한 순서가 없는 서브리스트
* 첫번째
 - 서브리스트 1
        - 아이템 1
        - 아이템 2
 - 서브리스트 2
        - 아이템 3

* 두번째
 - 서브리스트 3

탭을 이용한 순서가 있는 서브리스트
1. 첫번째
 1. 서브리스트 1
 2. 서브리스트 2
2. 두번째
3. 세번째

구분선 넣기
글자 효과

굵게

<u>밑줄</u>

~취소선~

기울이기

표
번호	이름
1	개구리
2	도마뱀

이미지

<img src="https://www.python.org/static/img/python-logo.png" />

```
## 인용글

> 산토끼 토끼야
> 어디를 가느냐
> 깡총깡총 뛰면서
> 어디를 가느냐
```

Jupyter Notebook

헤더 2

헤더 3

헤더 4

헤더 5

마크다운 모드는 셀 편집 모드에서 m을 눌러 변경합니다.

리스트

순서가 없는 리스트 만들기

- 하나
- 둘
- 셋

순서가 있는 리스트 만들기

1. 하나
2. 둘
3. 셋

탭을 이용한 순서가 없는 서브리스트

- 첫번째
    - 서브리스트1
        - 아이템1
        - 아이템2
    - 서브리스트2
        - 아이템3
- 두번째
    - 서브리스트3

탭을 이용한 순서가 있는 서브리스트

1. 첫번째
    A. 서브리스트1
    B. 서브리스트2
2. 두번째
3. 세번째

구분선 넣기

글자 효과
굵게

밑줄

~~취소선~~

기울이기

표

번호	이름
1	개구리
2	도마뱀

이미지

인용글

> 산토끼 토끼야
> 어디를 가느냐
> 깡총깡총 뛰면서
> 어디를 가느냐

참고: AI 개발자가 자주 사용하는 노트북, Colab

지금까지 우리가 살펴본 주피터 노트북은 개인 컴퓨터에 설치해서 사용하는 도구이다. 그런데, 복잡한 설치과정 없이 클라우드 환경에서도 이렇게 노트북 파일을 실행시킬 수 있다. 최근 데이터 분석 및 인공지능 개발자가 자주 사용하는 클라우드 환경 기반의 노트북 환경인 Colab(Colaboratory, 코랩)에 대해서 살펴보겠다.

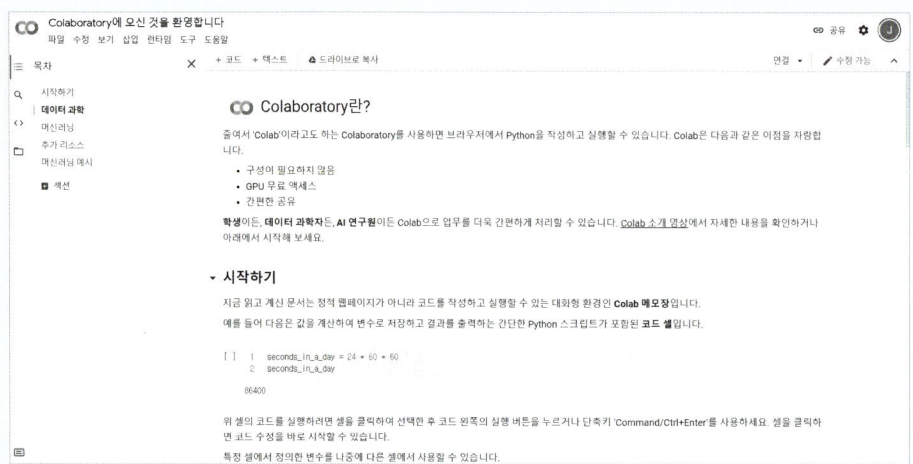

그림 1-31 Colab 화면

코랩은 구글에서 제공하는 클라우드 기반 주피터 노트북 개발 환경이다. 언뜻 보기에 주피터 노트북이나 코랩 모두 브라우저 화면에서 동작하기 때문에 큰 차이가 없어 보일 수도 있다. 하지만 주피터 노트북에서 입력한 코드는 내 컴퓨터에 있는 CPU, 메모리와 같은 하드웨어 자원을 사용하여 연산하지만, 코랩은 구글 클라우드 환경에 있는 CPU, GPU, 메모리 등의 하드웨어 자원을 사용한다. 클라우드의 개념이 어렵게 느껴지는 분이 계신다면, 여행 갔을 때에 펜션을 예약해서 사용하는 것을 떠올려보라. 펜션은 내가 소유한 집은 아니지만, 사전에 예약한 기간 동안에는 그 공간을 내 집처럼 사용할 수 있다. 이와 비슷하게 클라우드도 내가 사용하는 동안에는 컴퓨터 리소스를 빌려서 내 것처럼 사용할 수 있도록 제공한다. 코랩에서는 구글에서 운영하는 하드웨어 자원을 무료로 제공해주는 것이다!

그렇기 때문에 내가 사용하는 컴퓨터에 GPU가 있지 않더라도 코랩에서는 기본적으로 제공하는 GPU를 무료로 사용할 수 있다. 또한 코랩의 클라우드 환경에는 머신러닝과 관련된 파이썬 패키지가 기본적으로 설치되어있기 때문에 별도의 설치 없이 편리하게 사용 가능하다.

단점은 클라우드 환경에서 동작하기 때문에 인터넷이 연결된 곳에서만 작업이 가능하다는 것과 기본적으로 제공해주는 패키지 이외에 추가 패키지 설치가 필요한 경우에는 코드 작업을 할 때마다 매번 설치를 해주어야 하는 불편함이 있다.

- 파이썬은 데이터 분석, 머신러닝, 딥러닝 알고리즘에 최적화된 언어
- 주피터 노트북은 데이터 분석 진행 시 중간 산출물로 생성되는 전처리 및 시각화 결과를 함께 저장할 수 있으며, 코드와 함께 '마크다운'을 작성 가능
- 파이썬 코드의 확장자는 .py
- 주피터 노트북으로 작성한 코드의 확장자는 .ipynb

---

1 다음 중 파이썬의 특징으로 올바르지 않은 것은?

① 파이썬은 간결한 배우고 쓰기 쉬운 인터프리터 방식의 프로그래밍 언어다.

② 파이썬으로 웹 프로그램을 만드는 것은 불가능하다.

③ 파이썬은 다른 언어로 만든 프로그램에 이식성이 좋다.

④ 파이썬은 NumPy, Pandas 등 복합한 수치와 큰 데이터를 다루는 다양한 연산을 지원한다.

⑤ 파이썬은 머신러닝, 딥러닝 알고리즘을 위한 다양한 패키지를 제공한다.

답 : ② 파이썬은 Django, Flask 와 같은 웹 프레임워크를 제공한다.

2 다음 중 파이썬과 함께 데이터 분석을 위한 패키지를 함께 설치할 수 있는 프로그램을 제공하는 것은?

① 파이참(Pycharm)

② 주피터 노트북(Jupyter Notebook)

③ 아나콘다(Anaconda)

④ 비주얼 스튜디오(Visual Studio)

⑤ 텐서플로우(Tensorflow)

답 : ③ 아나콘다는 파이썬 설치 파일과 데이터 분석에 필요한 주요 패키지, 소스코드 편집기인 주피터 노트북을 한 번에 내려받을 수 있는 파이썬 배포 플랫폼이다.

3 다음 중 주피터 노트북의 설명으로 올바르지 않은 것은?

① 파이썬 코드를 작성하고 실행할 수 있다.

② 코드 실행 결과를 함께 저장할 수 있다.

③ 마크다운을 작성할 수 있다.

④ 마크다운으로 이미지, 동영상 첨부 및 수식 작성이 가능하다.

⑤ 주피터 노트북으로 작성한 파일은 기본적으로 .py 확장자로 저장된다.

답 : ⑤ 주피터 노트북으로 작성한 파일은 기본적으로 .ipynb 로 저장된다.

4 다음 중 주피터 노트북의 단축키 설명으로 올바르지 않은 것은?

① m – 마크다운 모드 변경

② y – 코드모드 변경

③ shift + Enter – 셀 실행

④ dd – 셀 삭제

⑤ b – 셀 위에 신규 셀 추가

답 : ⑤ b는 셀 아래에 신규 셀 추가를 위한 단축키다. 셀 위에 신규 셀 추가를 위한 단축키는 a다.

5 주피터 노트북을 사용해서 'Hello Python'을 출력하는 코드를 작성하시오.

답

```
In [ ]: print('Hello Python')  ▶Run

Out [ ]: Hello Python
```

Chapter 2

데이터 분석을 위한
파이썬 기본 문법

2장에서는 파이썬의 기본 문법을 다룬다.
이는 영어 학습에서 알파벳을 익히고
문장의 5형식을 습득하는 과정과 유사하다.

이 장에서는 무엇을 배우나요?

- 변수와 자료형
- 조건문, 반복문
- 함수, 람다, 모듈, 패키지, 클래스의 개념과 구현 방법

가벼운 마음으로 시작해보세요

언어 학습에서 문법을 기계적으로 암기하는 방법은 비효율적이다. 드라마도 보고, 노래도 불러보는 등 실제 활용을 통한 자연스러운 습득이 더욱 효과적이다. 이는 프로그래밍 언어 학습도 동일한 원리가 적용된다. 완벽한 이해보다는 참고 자료를 활용하여 코드를 작성할 수 있는 수준의 실무 능력 확보가 우선이다.

이번 장에서 다루는 기본 문법은 단순 암기보다는 다양한 프로그램 구현 과정에서 반복 학습을 통해 자연스럽게 체득되도록 한다. 이러한 기초 개념들은 향후 복잡한 문제 해결 과정에서 필수적으로 활용되므로 지속적인 실습을 통해 숙련도를 높일 수 있다.

파이썬의 기본 문법은 다른 프로그래밍 언어와 본질적으로 동일하다. 변수, 자료형, 조건문, 반복문, 함수, 클래스 등의 핵심 개념은 범용적이며, 언어별 구문상의 차이만 존재할 뿐이다. 프로그래밍을 처음 접하는 학습자는 체계적인 단계별 학습을 권장한다.

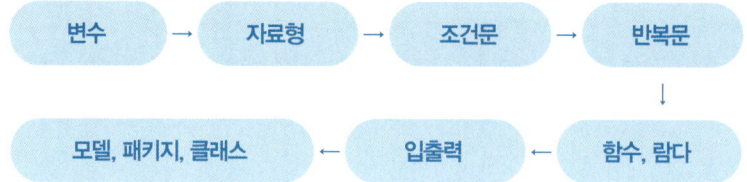

변수와 데이터 타입

이것만은 기억하세요

[변수]
- ✓ 변수의 개념 : 변수는 바구니다.
- ✓ 변수 선언 방법 : 바구니에 값을 넣는다.
- ✓ 변수 이름 규칙 : 바구니에 이름을 붙인다.

[기본 자료형]
- ✓ 숫자형(numeric) : 정수형(integer, int), 실수형(float)
- ✓ 불리언(boolean, bool) : 참(True)/거짓(False)
- ✓ 문자형(string, str) : 큰 따옴표(" ") 또는 작은 따옴표(' ') 안에 문자를 넣어서 만든다.

[컨테이너 자료형]
- ✓ 리스트(list) : 데이터를 연속적으로 관리한다. 값을 바꿀 수 있다.
- ✓ 튜플(tuple) : 데이터를 연속적으로 관리한다. 값을 바꿀 수 없다.
- ✓ 세트(set) : 집합과 같은 속성을 갖는다.
- ✓ 딕셔너리 : key-value 쌍을 갖는다.

들어가면서

2장에서 첫 번째로 다룰 개념은 '변수'이다. 파이썬에서 변수는 데이터를 저장하는 바구니 역할을 수행한다.

변수는 일상생활의 바구니와 유사한 기능을 한다. 바구니가 마트에서 구매할 물건을 담거나, 빨래할 옷을 분류하거나, 요리 재료를 임시 보관하는 데 사용되듯이, 변수는 프로그램 실행 과정에서 필요한 데이터를 임시 저장하는 용도로 활용된다.

다수의 변수를 생성하여 사용할 경우, 각 변수에 저장된 데이터의 종류를 파악하기 어려워진다. 특히 타인이 작성한 코드의 변수를 다룰 때는 더욱 그러하다. 이러한 문제를 해결하기 위해 변수에 저장된 데이터의 자료형을 확인하는 방법을 함께 학습한다.

컨테이너 타입은 데이터 분석 작업에서 빈번하게 활용되는 중요한 데이터 타입이므로 특별히 주의 깊게 학습해야 한다. 각 컨테이너 타입의 표기법이 대괄호 [ ], 소괄호 ( ), 중괄호 { }로 구분되는 점도 숙지하기 바란다.

2.1.1 변수

변수라는 저장 공간에 데이터를 저장하고 이름을 부여하는 과정을 실습한다. 변수에 데이터를 저장하는 기본 구문은 다음과 같다.

> 변수명 = 데이터

'등호(=)'를 기준으로 좌측에는 변수명을, 우측에는 저장할 데이터를 입력한다. 이를 통해 컴퓨터는 지정된 변수에 데이터를 저장하며, 이후 변수명을 호출하여 저장된 데이터를 활용할 수 있다.

Jupyter Notebook을 실행하고 [Files] > [New] > [Python 3]를 선택하여 다음 예제를 실습한다.

변수 a에 숫자 5, 변수 b에 숫자 3을 저장하였다. 두 수의 덧셈 연산 시 변수명을 호출하여 계산을 수행하였고, 결과값 8을 얻었다.

변수에는 숫자 외에도 문자열이나 소수점을 포함한 실수도 저장할 수 있다.

```
In [ ]:  c = '가나다'
         c
```

Out [ ]: '가나다'

```
In [ ]:  radio_freq = 107.9
         radio_freq
```

```
Out [ ]:  107.9
```

변수의 기본 개념을 이해하였다면, 파이썬에서 변수명을 정의하는 규칙을 살펴본다.

변수 이름을 붙이는 규칙

네이밍은 사람 이름이나 브랜드명과 마찬가지로 신중하게 결정해야 하는 중요한 요소이다. 가독성과 의미 전달, 그리고 금지 요소 회피를 모두 고려해야 하며, 한 번 정해진 이름은 변경하기 어렵다. 변수명 역시 동일한 원칙이 적용되며, 특히 정식 프로그램 개발 시에는 파이썬 변수명 생성 규칙을 준수해야 한다. 테스트용 코드에서는 a, b, c와 같은 간단한 명칭을 사용할 수 있지만, 실제 개발에서는 체계적인 명명 규칙을 따라야 한다.

> **필수 준수 사항**
>
> 파이썬에서 변수명으로 사용할 수 없는 금지 요소들이 존재하며, 이를 위반할 경우 오류가 발생하여 코드 실행이 불가능하다.
>
> ① 숫자로 시작하는 변수명
> ② 공백이 포함된 변수명
> ③ 기호가 포함된 변수명(밑줄 제외)
> ④ 예약어 사용 금지

① 숫자로 시작하는 변수명

순서를 표현하기 위해 숫자를 사용할 때 주의가 필요하다. 파이썬에서는 숫자로 시작하는 변수명을 허용하지 않는다. 숫자는 변수명의 첫 번째 문자가 아닌 위치에서만 사용 가능하다. 일반적으로 var1, var2, var3와 같이 순서 표시나 num2String과 같은 약어 표현에 활용된다.

```
In [ ]:  # 잘못된 변수명: 숫자로 시작
         2var = "행복"   # SyntaxError: invalid syntax 발생
```

② 공백이 포함된 변수명

변수명에는 공백 사용이 불가능하며, 반드시 하나의 연속된 단어로 구성해야 한다. 복수 단어 조합 시에는 밑줄(_)이나 대소문자 구분을 활용한다. first_variable 또는 firstVariable과 같은 방식으로 가독

성을 확보할 수 있다.

```
In [ ]:  # 잘못된 변수명: 공백 포함
         happy var = "행복"  # SyntaxError: invalid syntax 발생
```

 참고: 변수명 작성 권장사항

변수는 데이터 저장 용도의 컨테이너이므로, 적절한 명명을 통해 가독성을 확보해야 한다. 명확한 의미 전달을 위해 복수 단어 조합이 필요한 경우가 많으며, 이때 다음 방식들을 활용한다.

Camel Case: 첫 단어는 소문자, 이후 단어는 대문자로 시작 (예: happyVariable)
Snake Case: 단어 간 밑줄(_) 삽입 (예: happy_variable)
Hungarian Notation: 데이터 타입을 접두사로 표시 (예: bHappyVariable)

③ 기호가 포함된 변수명(밑줄 제외)

밑줄(_)을 제외한 모든 특수문자는 변수명에 사용할 수 없다. !, @, # 등의 기호 사용을 금지한다.

```
In [ ]:  # 잘못된 변수명: 특수문자 포함
         happyvar! = "행복"  # SyntaxError: invalid syntax 발생
```

④ 예약어 사용 금지

파이썬에서 특정 기능을 위해 미리 정의된 단어들은 변수명으로 사용할 수 없다. def, import 등이 대표적인 예약어에 해당한다.

```
In [ ]:  def = "행복"  # SyntaxError: invalid syntax 발생
```

 참고: 오류 메시지 해석

오류 메시지는 컴퓨터와의 소통 수단이며, 문제 해결의 핵심 정보를 제공한다. 두려워하지 말고 차근차근 분석하여 해결 방안을 모색해야 한다. 특히 SyntaxError는 문법적 오류를 나타내며, 대부분 오타나 규칙 위반으로 발생한다. 꼼꼼한 코드 검토를 통해 해결할 수 있다.

파이썬 변수명 지정 시 추가로 고려해야 할 규칙

에러는 발생하지 않지만 추가로 고려해야 할 규칙
① 대소문자 구분
② 다중 변수 동시 선언
③ 단일 값의 다중 변수 할당

① 대소문자 구분

파이썬은 대문자와 소문자를 서로 다른 변수로 인식한다. 그러나 혼란 방지를 위해 소문자 사용을 권장한다. 대문자 변수명은 일반적으로 상수(고정값) 저장 시 사용되며, 원주율과 같은 불변값을 저장할 때 PI처럼 대문자로 표기한다.

```
In [ ]: abc = 5
        ABC = "Apple"
        print(abc, ABC)
```

Out [ ]: 5, 'Apple'

② 다중 변수 동시 선언

단일 행에서 복수 변수를 생성할 수 있다. 등호 좌측에는 변수명을 쉼표(,)로 구분하여 나열하고, 우측에는 각 변수에 할당할 값을 쉼표로 연결한다. 변수명 개수와 값의 개수가 일치하지 않으면 오류가 발생한다.

```
In [ ]: x, y, z = "Apple", "Banana", "Carrot"
        print(x, y, z)
```

Out [ ]: 'Apple', 'Banana', 'Carrot'

밑줄(_)만으로 변수명을 지정하는 경우도 있다. 이는 주로 사용하지 않을 변수를 위한 자리 표시자로 활용되며, 함수에서 자세히 다룬다.

```
In [ ]: _, var = "Not Use", "Use"
        print(_, var)
```

Out [ ]: 'Not Use', 'Use'

③ 단일 값의 다중 변수 할당

하나의 값을 여러 변수에 동시 할당할 때는 쉼표(,) 대신 등호(=)로 변수명을 연결한다.

```
In [ ]: x = y = z = "Dog"
        print(x, y, z)
```

```
Out [ ]: 'Dog', 'Dog', 'Dog'
```

2.1.2 기본 데이터 타입(자료형)

변수에 저장할 수 있는 기본 데이터 타입에는 숫자형, 불리언형, 문자형이 있다. 복소수를 표현하는 데이터 타입도 존재하지만 이 책에서는 다루지 않는다. 그리고 데이터 타입을 자료형이라고도 부른다. 동일한 용어이니 기억하자.

기본 데이터 타입

① 숫자형(numeric): 정수(integer), 실수(float)

숫자형 데이터 타입은 소수점이 없는 정수형과 소수점을 포함한 실수형으로 구분된다. type( ) 함수를 사용하여 데이터 타입을 확인할 수 있으며, 정수형은 int, 실수형은 float로 표시된다.

```
In [ ]: x, y, z = 10, 3.14, -25
        print(type(x), type(y), type(z))
```

```
Out [ ]: <class 'int'> <class 'float'> <class 'int'>
```

자릿수가 큰 숫자의 경우 지수 표기법을 사용할 수 있다. e3은 10^3 = 1000을, e-2는 0.01을 나타낸다. 지수 표기법으로 생성된 변수는 실수형(float)으로 분류된다.

```
In [ ]: a = 17e3
        b = 17E3   # 대문자 E 사용 가능
        c = -35.2e2
        d = 275e-2
        print(a, b, c, d)
```

```
Out [ ]: 17000.0, 17000.0, -3520.0, 2.75
```

② 불리언(boolean): 참(True)/거짓(False)

불리언은 조건식의 참/거짓을 나타내는 자료형으로, 연산 결과의 논리값을 판단하는 데 사용된다. type( ) 함수로 확인하면 bool로 출력된다.

```
In [ ]: a = 100 > 50
        b = 100 < 50
        c = 100 == 50   # 등호 두 개(==)는 값의 동등성을 판단하는 조건식
        print(a, b, c)
        type(a)
```

```
Out [ ]: True False False
         bool
```

③ 문자형(string): 큰따옴표(" ") 또는 작은따옴표(' ')로 감싼 문자

문자형은 따옴표로 감싼 모든 내용을 문자로 인식한다. 숫자나 True, False도 따옴표 안에 있으면 문자형으로 처리된다. type( ) 함수로 확인하면 str로 출력된다.

```
In [ ]: a = 'Hello'  # 따옴표로 감싼 문자, 'Hello'와 "Hello"는 동일
        b = '123'    # 따옴표로 감싼 숫자는 문자형
        c = "How are you?"   # 공백이 포함된 문자열
        type(a), type(b), type(c)
```

```
Out [ ]: (str, str, str)
```

다중 행 문자열(개행문자 \n 포함)을 생성할 때는 따옴표 세 개(""" 또는 ''')를 연속으로 사용한다.

```
In [ ]: x = """Twinkle, twinkle, little star,
        How I wonder what you are!
        Up above the world so high,
        Like a diamond in the sky."""
        x
```

```
Out [ ]: 'Twinkle, twinkle, little star,\nHow I wonder what you are!\nUp above the world so high,
         \nLike a diamond in the sky.'
```

문자열 내부에 따옴표를 포함해야 하는 경우, 서로 다른 종류의 따옴표를 사용하거나 백슬래시(\)를 이용한 이스케이프 처리를 활용한다.

```
In [ ]: a1 = 'He said, "I love you."'   # 서로 다른 따옴표를 사용
        a2 = "He said, \"I love you.\""  # 백슬래시를 이용한 이스케이프 처리
        print(a1)
        print(a2)
```

Out [ ]: 'He said, "I love you."'
         'He said, "I love you."'

데이터 타입 변환 함수

프로그래밍 과정에서 초기 지정된 데이터 타입을 다른 타입으로 변경해야 하는 상황이 발생한다. 예를 들어 "오늘 서울의 날씨는 기온 20°C, 습도 50%입니다."라는 문자열에서 기온과 습도 값만 추출하여 수치 연산을 수행해야 하는 경우가 있다. 따옴표 내부의 20과 50은 문자형으로 분류되어 덧셈, 뺄셈 등의 수치 연산이 불가능하다. 이러한 경우 데이터 타입 변환 함수를 활용한다.

표 2-1 데이터 타입 변환 함수

int( )	정수형으로 변환
float( )	실수형으로 변환
bool( )	불리언형으로 변환
str( )	문자열로 변환

문자형 변수 두 개를 지정하고 덧셈 연산을 수행하면 다음과 같은 결과가 나타난다.

```
In [ ]: temperature = '20'
        humidity = '50'
        temperature + humidity
```

Out [ ]: '2050'

컴퓨터는 20과 50을 숫자가 아닌 문자로 인식하여 수치 합계인 70이 아닌 문자 연결 결과인 '2050'을 출력한다. 올바른 수치 연산을 위해서는 형 변환 함수를 사용하여 정수형으로 변환한 후 덧셈을 수행해야 한다.

```
In [ ]: int(temperature) + int(humidity)
```

Out [ ]: 70

불리언 형 변환에서는 특정 규칙이 적용된다. 숫자형에서 0이거나 문자형에서 빈 문자열('')인 경우

False를 반환하며, 그 외의 모든 경우에는 True를 반환한다.

```
In [ ]: a = 0      # 0은 False
        b = 500    # True
        c = ''     # 비어있는 문자열은 False
        d = '하하호호'   # True

        print(bool(a), bool(b), bool(c), bool(d))
```

Out [ ]: False True False True

2.1.3 컨테이너 자료형 - 리스트

코드 작성 과정에서 데이터가 정리정돈되어 있지 않으면 복잡하고 비효율적인 상황이 발생한다. 마치 집안 정리에서 수납 공간이 중요하듯이, 프로그래밍에서도 데이터를 체계적으로 관리할 수 있는 컨테이너가 필요하다.

앞서 살펴본 변수는 하나의 데이터만 저장할 수 있는 단일 저장 공간이었다. 그러나 여러 개의 관련된 데이터를 다룰 때 각각을 별도의 변수로 관리하는 것은 비효율적이다. 예를 들어 10명의 학생 성적을 관리하기 위해 10개의 개별 변수를 생성하는 것보다는, 하나의 컨테이너에 모든 성적을 저장하는 것이 효율적이다.

```
In [ ]: # 비효율적인 방법
        score_1 = 80
        score_2 = 90
        score_3 = 70
        # ... (생략)

        # 효율적인 방법
        scores = [80, 90, 70, 65, 100, 95, 90, 80, 75, 80]
```

파이썬에서는 여러 데이터를 효율적으로 관리할 수 있는 '컨테이너 타입'을 제공하며, 그 중 대표적인 것이 리스트(list)이다.

리스트는 대괄호 [ ] 내부에 여러 아이템을 쉼표(,)로 구분하여 생성하는 자료형이다. 각 아이템은 고유한 순서(인덱스)를 가지며, 이를 통해 선택, 변경, 추가, 삭제가 가능하다.

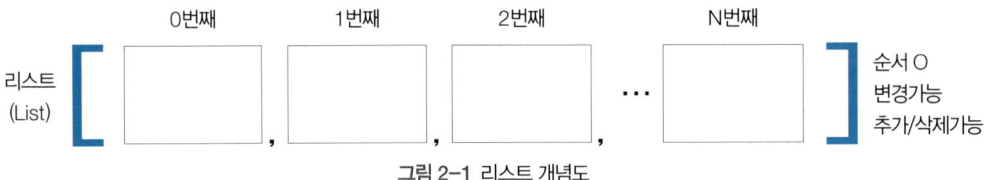

그림 2-1 리스트 개념도

리스트 생성

In [ ]: `fruit_list = ["apple", "banana", "orange"]`

리스트는 중복된 아이템도 허용하며, 선언된 모든 아이템을 순서대로 저장한다.

In [ ]: `fruit_list = ["apple", "banana", "orange", "apple", "banana"]`
`fruit_list`

Out [ ]: `['apple', 'banana', 'orange', 'apple', 'banana']`

아이템 선택

리스트의 각 아이템은 0부터 시작하는 인덱스를 가진다. 기본 인덱스, 마이너스 인덱스, 범위 지정 등의 방법으로 아이템에 접근할 수 있다.

표 2-2 아이템 접근 방법

기본 인덱스 접근	list[0]은 첫 번째 요소, list[1]은 두 번째 요소를 반환한다. 인덱스가 리스트 길이를 초과하면 오류가 발생한다.
마이너스 인덱스	list[-1]은 마지막 요소, list[-2]는 뒤에서 두 번째 요소를 의미한다. 리스트의 끝에서부터 역순으로 계산된다.
범위 지정(슬라이싱)	list[start:end] 형태로 시작 인덱스부터 끝 인덱스 직전까지의 부분 리스트를 추출한다. list[1:4]는 인덱스 1, 2, 3의 요소들을 반환한다.
확장 슬라이싱	list[start:end:step]으로 특정 간격으로 요소를 선택할 수 있다. list[::2]는 모든 짝수 인덱스 요소를, list[::-1]은 리스트를 역순으로 반환한다.

그림 2-2 리스트의 콜론을 사용한 인덱스 범위 지정

```
In [ ]:  fruit_list = ["apple", "banana", "orange"]
         print(fruit_list[0])   # 첫 번째 아이템
         print(fruit_list[-1])  # 마지막 아이템
         print(fruit_list[1:3] )   # 범위 지정
```

```
Out [ ]:  apple
          orange
          ['banana', 'orange']
```

아이템 수정

리스트는 가변(mutable) 자료형이므로 생성 후에도 아이템 값을 변경할 수 있다.

```
In [ ]:  fruit_list[1] = "kiwi"
         fruit_list
```

```
Out [ ]:  ['apple', 'kiwi', 'orange']
```

아이템 추가

다음은 리스트에 새로운 아이템을 추가하는 방법이다.

표 2-3 리스트에 새로운 아이템 추가

insert( )	지정한 위치에 아이템 추가
append( )	마지막 위치에 아이템 추가
extend( )	다른 리스트의 아이템들을 합침
+	여러 리스트를 합친 새로운 리스트 생성

```
In [ ]:  fruit_list.insert(2, "mango")   # 2번 위치에 삽입
         fruit_list.append("watermelon")   # 끝에 추가
         vegetable_list = ["carrot", "tomato", "onion"]
         fruit_list.extend(vegetable_list)  # 다른 리스트 합치기
         list1 = [1, 2, 3]
         list2 = ['가', '나', '다']
         list3 = list1 + list2  # 새로운 리스트 생성
```

len( ) 함수를 사용하여 리스트의 길이를 확인할 수 있으며, 이는 인덱스 범위 오류를 방지하는 데 유용하다.

아이템 삭제

리스트의 아이템을 삭제하는 방법에는 특정 값 삭제, 특정 위치 삭제, 전체 아이템 삭제가 있다.

표 2-4 리스트의 아이템 삭제 방법

remove( )	지정한 값을 가지는 아이템을 삭제
del	지정한 아이템(특정 위치 또는 리스트 자체)을 삭제
clear( )	리스트의 모든 아이템을 삭제

① 특정 값 삭제 - remove( )

특정 값을 가진 아이템을 삭제할 때 사용한다.

```
In [ ]: fruit_list = ["apple", "tomato", "banana", "orange"]
        fruit_list.remove("tomato")
        fruit_list
```

Out [ ]: ['apple', 'banana', 'orange']

② 특정 위치 삭제 - del

인덱스를 지정하여 특정 위치의 아이템을 삭제하거나 리스트 자체를 삭제할 수 있다.

[문법] del 삭제할 아이템

```
In [ ]: del fruit_list[-1]   # 마지막 아이템 삭제
        fruit_list
```

Out [ ]: ['apple', 'banana']

del 명령어로 리스트 자체를 삭제하면 해당 변수가 메모리에서 완전히 제거되어, 이후 호출 시 NameError가 발생한다.

```
In [ ]: del fruit_list   # 리스트 자체 삭제
        fruit_list
```

Out [ ]: NameError: name 'fruit_list' is not defined

③ 전체 아이템 삭제 – clear( )

리스트 구조는 유지하되 내부의 모든 아이템만 삭제한다.

[문법] 리스트이름.clear( )

```
In [ ]: fruit_list = ["apple", "banana", "orange"]
        fruit_list.clear()
```

clear( )는 del과 달리 리스트 변수 자체는 유지하고 내부 아이템만 제거하므로, 호출 시 빈 리스트가 반환된다.

아이템 정렬

sort( ) 함수는 리스트 내 아이템을 정렬하는 기능을 제공한다. 문자는 알파벳 순서로, 숫자는 크기 순서로 정렬된다.

[문법] 리스트이름.sort(옵션)

기본적으로 오름차순 정렬이 수행된다.

```
In [ ]: fruit_list = ['strawberry', 'mango', 'blueberry', 'watermelon', "apple", "banana", "orange"]
        fruit_list.sort()
        fruit_list
```

Out [ ]: ['apple', 'banana', 'blueberry', 'mango', 'orange', 'strawberry', 'watermelon']

reverse=True 옵션을 사용하면 내림차순 정렬이 가능하다.

```
In [ ]: fruit_list.sort(reverse=True)
        fruit_list
```

Out [ ]: ['watermelon', 'strawberry', 'orange', 'mango', 'blueberry', 'banana', 'apple']

2.1.4 컨테이너 자료형 - 튜플과 세트

튜플(tuple)은 소괄호 ( ) 내부에 여러 아이템을 쉼표(,)로 구분하여 생성하는 자료형이다. 리스트와 마찬가지로 각 아이템이 순서를 가지지만, 생성 후 아이템의 변경, 추가, 삭제가 불가능한 불변(immutable) 특성을 가진다.

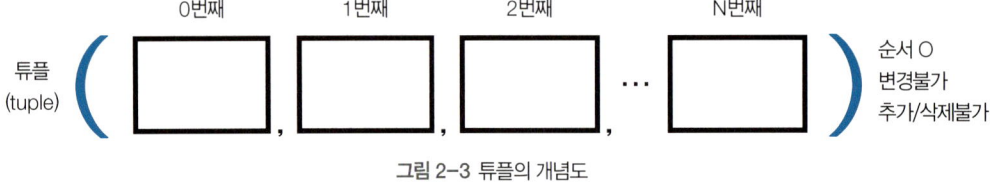

그림 2-3 튜플의 개념도

튜플 생성

```
In [ ]: fruit_tuple = ("apple", "banana", "orange")
```

튜플도 리스트와 동일하게 중복된 아이템 저장을 허용한다.

```
In [ ]: fruit_tuple = ("apple", "banana", "orange", "apple", "banana")
        fruit_tuple
```

Out [ ]: ('apple', 'banana', 'orange', 'apple', 'banana')

아이템 선택

튜플은 순서를 가지므로 인덱스를 사용하여 특정 위치의 아이템에 접근할 수 있다. 선택 방법은 리스트와 동일하다.

```
In [ ]: fruit_tuple = ("apple", "banana", "orange")
        fruit_tuple[1]
```

Out [ ]: 'banana'

그러나 튜플은 불변 자료형이므로 아이템 값 변경이 불가능하다. 변경을 시도하면 TypeError가 발생한다.

```
In [ ]: fruit_tuple[1] = "kiwi"
```

Out [ ]: TypeError: 'tuple' object does not support item assignment

아이템 추가/삭제

튜플은 불변 특성으로 인해 append( ), remove( ) 등의 편집 메서드를 제공하지 않는다. 이러한 메서드 호출 시 AttributeError가 발생한다.

```
In [ ]: fruit_tuple.append("watermelon")
```

Out [ ]: AttributeError: 'tuple' object has no attribute 'append'

```
In [ ]: fruit_tuple.remove("apple")
```

Out [ ]: AttributeError: 'tuple' object has no attribute 'remove'

 **참고:** 튜플 편집 방법

튜플의 아이템을 편집하려면 다음과 같은 우회 과정이 필요하다.
① 튜플을 리스트로 변환
② 리스트에서 편집 작업 수행
③ 리스트를 다시 튜플로 변환

```
In [ ]: # 튜플을 리스트로 형 변환
        fruit_list = list(fruit_tuple)

        # 리스트에서 편집 작업
        fruit_list.append("watermelon")
        fruit_list.remove("apple")

        # 리스트를 다시 튜플로 변환
        fruit_tuple = tuple(fruit_list)
        fruit_tuple
```

Out [ ]: ('banana', 'orange', 'watermelon')

이 과정을 통해 튜플의 불변성을 우회하여 편집된 새로운 튜플을 생성할 수 있다. 형 변환에는 list( )와 tuple( ) 함수를 사용한다.

세트(set)는 중괄호 { } 내부에 여러 아이템을 쉼표(,)로 구분하여 생성하는 자료형이다. 집합의 성격을 가지며, 아이템에 순서가 없고 중복을 허용하지 않는 특징이 있다.

인덱스 개념이 존재하지 않으며, 동일한 아이템이 여러 개 있어도 하나만 저장한다.

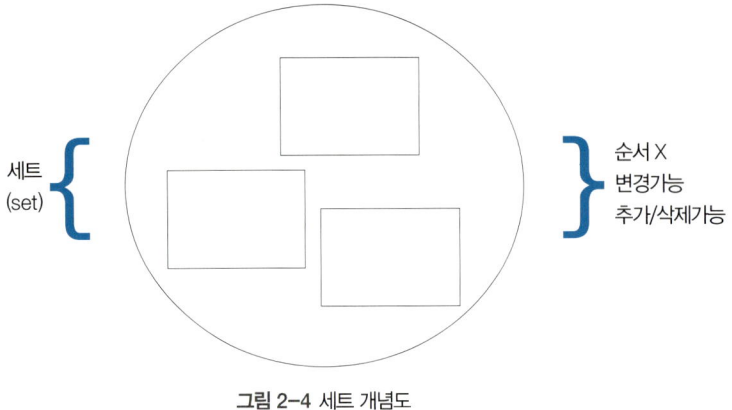

그림 2-4 세트 개념도

세트 생성

```
In [ ]: fruit_set = {"apple", "banana", "orange"}
```

중복된 아이템을 포함하여 세트를 생성해도 유니크한 값만 저장된다.

```
In [ ]: fruit_set = {"apple", "banana", "orange", "apple", "banana"}
        fruit_set
```
```
Out [ ]: {'apple', 'banana', 'orange'}
```

아이템 선택

세트는 순서가 없는 자료형이므로 인덱스를 사용한 특정 아이템 선택이 불가능하다. 인덱스 접근 시도 시 TypeError가 발생한다.

```
In [ ]: fruit_set[1]
```
```
Out [ ]: TypeError: 'set' object is not subscriptable
```

아이템 추가

세트에 새로운 아이템을 추가하는 방법은 다음과 같다.

표 2-5 세트에서 아이템 추가

add( )	단일 아이템 추가
update( )	다른 세트의 아이템들을 추가

```
In [ ]:  fruit_set.add("kiwi")
         fruit_set
```
Out [ ]: {'apple', 'banana', 'kiwi', 'orange'}

```
In [ ]:  vegetable_set = ("carrot", "tomato", "onion")
         fruit_set.update(vegetable_set)
         fruit_set
```
Out [ ]: {'apple', 'banana', 'carrot', 'kiwi', 'onion', 'orange', 'tomato'}

아이템 삭제

세트의 아이템 삭제 방법은 리스트와 동일하다.

표 2-6 세트에서 아이템 삭제

remove( )	지정한 값을 가지는 아이템 삭제
del	세트 자체를 삭제
clear( )	세트의 모든 아이템 삭제

```
In [ ]:  fruit_set.remove("onion")
         fruit_set
```
Out [ ]: {'apple', 'banana', 'carrot', 'kiwi', 'orange', 'tomato'}

집합 연산

세트는 집합의 성격을 가지므로 다양한 집합 연산 메서드를 제공한다. 주요 메서드로는 difference( )(차집합), intersection( )(교집합), union( )(합집합), symmetric_difference( )(대칭차집합) 등이 있으며, 이들을 통해 수학적 집합 연산을 수행할 수 있다.

2.1.5 컨테이너 자료형 – 딕셔너리

딕셔너리(dictionary)는 중괄호 { } 내부에 키(key)-값(value) 쌍으로 구성된 여러 아이템을 쉼표(,)로 구분하여 생성하는 자료형이다. 각 아이템의 키를 활용하여 값의 선택, 변경, 추가, 삭제가 가능하다.

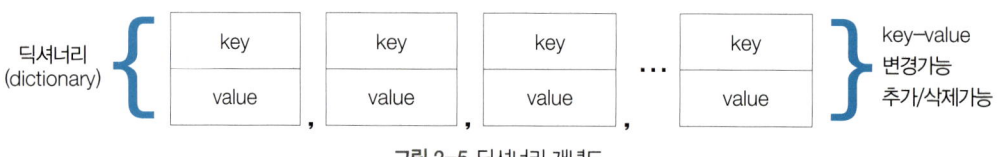

그림 2-5 딕셔너리 개념도

딕셔너리 생성

각 아이템은 키-값 쌍으로 구성되며, 콜론(:)을 사용하여 '키:값' 형태로 표현한다.

```
In [ ]: my_dict = {
            "name": "Harry",
            "age": 27,
            "height": 190,
            "weight": 99.9
        }
        my_dict
```

Out [ ]: {'name': 'Harry', 'age': 27, 'height': 190, 'weight': 99.9}

아이템 선택/추가

키를 사용하여 특정 아이템의 값에 접근할 수 있다. keys( ) 메서드를 통해 딕셔너리의 모든 키를 확인할 수 있다.

```
In [ ]: my_dict.keys( )
```

Out [ ]: dict_keys(['name', 'age', 'height', 'weight'])

```
In [ ]: my_dict["age"]
```

Out [ ]: 27

키를 지정하여 기존 아이템의 값을 변경할 수 있다.

```
In [ ]: my_dict["age"] = 28
        my_dict
```

Out [ ]: {'name': 'Harry', 'age': 28, 'height': 190, 'weight': 99.9}

update( ) 메서드를 사용하여 기존 키-값 쌍을 업데이트하거나 새로운 키-값 쌍을 추가할 수 있다.

```
In [ ]:  my_dict.update({"weight": 100})  # 기존 값 업데이트
         my_dict
```
Out [ ]: {'name': 'Harry', 'age': 28, 'height': 190, 'weight': 100}

```
In [ ]:  my_dict.update({"address": "Busan"})  # 새로운 키-값 쌍 추가
         my_dict
```
Out [ ]: {'name': 'Harry', 'age': 28, 'height': 190, 'weight': 100, 'address': 'Busan'}

아이템 삭제

딕셔너리는 다양한 삭제 기능을 제공한다.

표 2-7 딕셔너리에서 아이템 삭제

popitem( )	마지막 아이템 삭제
pop( )	특정 키의 아이템 삭제
clear( )	모든 아이템 삭제

```
In [ ]:  my_dict.popitem( )  # 마지막 아이템 삭제
```
Out [ ]: ('address', 'Busan')

```
In [ ]:  my_dict.pop("age")  # 특정 키 삭제
```
Out [ ]: 28

```
In [ ]:  my_dict.clear()  # 모든 아이템 삭제
         my_dict
```
Out [ ]: { }

popitem( )과 pop( ) 메서드는 삭제된 아이템의 값을 반환하며, clear( ) 메서드는 딕셔너리 구조는 유지하되 내부의 모든 아이템만 제거한다.

📢 참고: 리스트와 딕셔너리

리스트와 딕셔너리는 데이터 분석에 자주 사용하는 자료형이다. 리스트는 순서가 있는 데이터의 집합을 저장할 때 사용하며, 딕셔너리는 키-값 쌍으로 데이터를 저장하여 키를 통해 빠르게 값에 접근할 때 사용한다. 둘 다 데이터의 동적 추가와 삭제가 가능하다.

In [ ]:
```python
# 리스트
list_name = [item1, item2, item3]
list_name.append(item)      # 요소 추가
list_name.remove(item)      # 요소 제거
list_name[index]            # 인덱스로 접근

# 딕셔너리
dict_name = {'key1': 'value1', 'key2': 'value2'}
dict_name[key]              # 키로 값 접근
dict_name.keys()            # 모든 키 반환
dict_name.values()          # 모든 값 반환
dict_name.items()           # 키-값 쌍 반환
```

조건문과 반복문

이것만은 기억하세요

- ✓ if : 조건을 지정하여 처리('만약에~라면')
- ✓ else : if 조건에 해당하지 않는 나머지 조건을 처리('그것이 아니면,')
- ✓ elif : if 조건에 해당하지 않는 나머지 경우 중에서 새로운 조건을 지정하여 처리('그것이 아니고 ~라면')
- ✓ for 문 : 반복자를 사용한 반복문
- ✓ while 문 : 조건문을 사용한 반복문
- ✓ 컴프리헨션 : for 문으로 컨테이너 타입 데이터 만들기
- ✓ 흐름제어 : break, pass

들어가면서

이제 파이썬의 기본 요소들을 익혔으니, 본격적으로 생각하는 프로그램을 만들어볼 시간이다. 프로그램이 상황에 따라 다른 결정을 내리고, 같은 작업을 효율적으로 반복할 수 있도록 하는 것이 바로 이번 장의 핵심이다.

먼저 조건문을 배우면서 '커피 추천 프로그램'을 만들어볼 것이다. 기온이 0도 이상이면 시원한 아이스 아메리카노를, 영하로 떨어지면 따뜻한 아메리카노를 추천하는 간단한 프로그램부터 시작해서 점점 더 다양한 조건을 추가해나갈 예정이다. 카페모카나 카푸치노까지 추천할 수 있는 똑똑한 프로그램으로 발전시켜보자.

그다음에는 반복문을 살펴볼 것이다. 만약 '윗몸일으키기 100번 하기'라는 프로그램을 조건문만으로 만든다면 같은 코드를 100번이나 써야 한다. 하지만 반복문을 사용하면 단 몇 줄로 해결할 수 있다. for 문과 while 문을 통해 프로그램이 지치지 않고 반복 작업을 수행하는 방법을 배워보자. 이번 장을 마치면 여러분의 프로그램이 훨씬 더 지능적이고 효율적으로 변화할 것이다.

2.2.1 조건문

카페에서 메뉴판을 보며 고민하는 손님들을 자주 볼 수 있다. 이런 손님들에게 날씨에 맞는 커피를 추천해주는 친절한 '커피봇'이 있다면 어떨까? 더운 날에는 시원한 아이스 아메리카노를, 추운 날에는 따뜻한 아메리카노를, 흐린 날에는 부드러운 카푸치노를 추천하는 똑똑한 로봇 말이다.

사람이라면 날씨를 보고 직감적으로 판단해서 추천할 수 있지만, 컴퓨터는 그렇지 않다. 컴퓨터에게는 '더운지 추운지', '맑은지 흐린지'를 명확한 기준으로 알려주어야 한다. 바로 이때 필요한 것이 조건문이다.

조건문(Conditional Statements)은 '이런 경우에는 이렇게 해'라는 명령을 프로그래밍할 때 사용하는 핵심 도구다. 프로그램이 상황을 판단하고 그에 맞는 행동을 취할 수 있도록 도와주는 것이다. 이번 장에서는 조건문을 활용해서 날씨와 기온에 따라 다른 커피를 추천하는 프로그램을 단계별로 만들어보며, 컴퓨터가 어떻게 논리적으로 판단하는지 알아보자.

표 2-8 조건식의 종류

a == b	a와 b가 같은지
a != b	a와 b가 다른지
a < b	a가 b보다 작은지
a <= b	a가 b보다 작거나 같은지
a > b	a가 b보다 큰지
a >= b	a가 b보다 크거나 같은지
A and B	A 조건과 B 조건 모두 만족
A or B	A 조건 또는 B 조건 중 하나 만족

if 문

가장 기본적인 조건문으로, 특정 조건이 참일 때만 특정 구문을 실행한다.

```
[문법]
if condition1:
    # condition1이 True일 때 실행
```

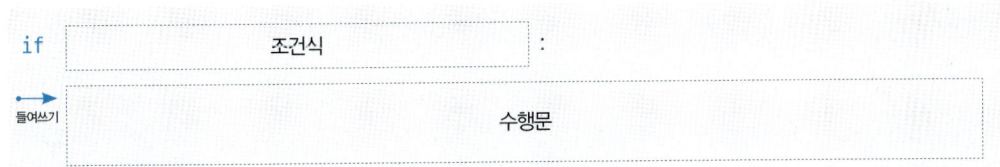

그림 2-6 if 문의 구조

 참고: 들여쓰기의 중요성

파이썬은 중괄호 { } 대신 들여쓰기를 사용하여 코드 블록을 구분한다. if 문 내부의 수행문은 반드시 들여쓰기를 해야 하며, 이를 누락하면 IndentationError가 발생한다.

기온이 0℃보다 높으면 '아이스 아메리카노'를 출력하는 코드를 작성하시오.

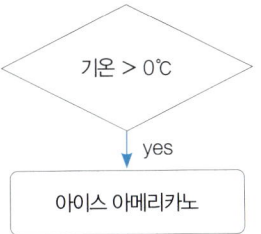

그림 2-7 [조건 판단 흐름] 기온이 0℃ 보다 높으면 아이스 아메리카노를 출력한다.

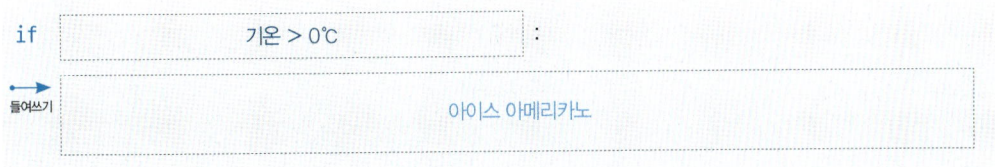

그림 2-8 [코드 개요] if 문에 표현한 조건식이 참인 경우에 수행하는 수행문

```
In [ ]:  today_temp = 30

         if  today_temp > 0:
             print("아이스 아메리카노")
```

Out [ ]: 아이스 아메리카노

else 문

if 조건을 만족하지 않을 때 실행할 구문을 정의한다. else 뒤에는 별도의 조건식을 작성하지 않는다.

```
[문법]
if condition1:
    # condition1이 True일 때 실행
else:
    # 모든 조건이 False일 때 실행
```

기온이 0°C보다 높으면 '아이스 아메리카노'를 출력하고, 그렇지 않은 경우에는 '따뜻한 아메리카노'를 출력하는 코드를 작성하시오.

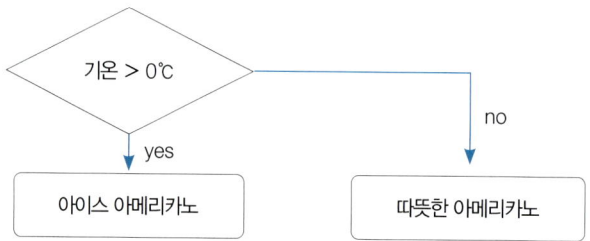

그림 2-9 [조건 판단 흐름] 기온이 영상일 때에는 아이스 아메리카노를, 그렇지 않은 경우는 따뜻한 아메리카노를 추천한다.

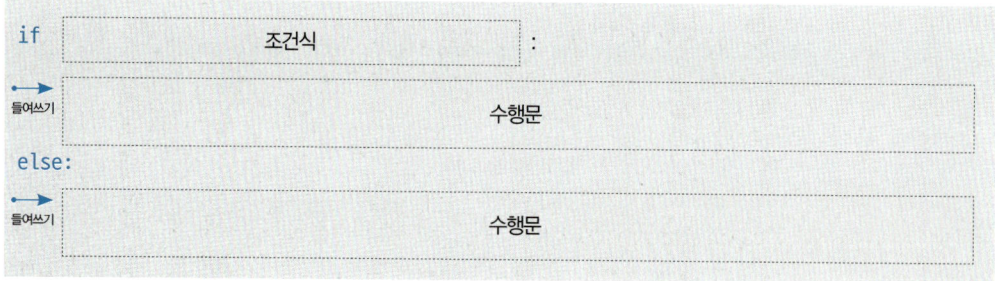

그림 2-10 [코드 개요] 조건을 만족하지 않을 때에는 else 문을 사용하여 작성한다.

```
In [ ]: today_temp = 30

        if today_temp > 0:
            print("아이스 아메리카노")
        else:
            print("따뜻한 아메리카노")
```

Out [ ]: 아이스 아메리카노

elif 문

if 조건이 거짓일 때 추가적인 조건을 검사하고자 할 때 사용한다. 여러 개의 elif 문을 연속으로 사용할 수 있다.

```
[문법]
if condition1:
    # condition1이 True일 때 실행
elif condition2:
    # condition1이 False이고 condition2가 True일 때 실행
else:
    # 모든 조건이 False일 때 실행
```

문제 2-3

기온이 0℃보다 높으면 '아이스 아메리카노', 기온이 0℃이면 '미지근한 아메리카노', 나머지 경우에는 '따뜻한 아메리카노'를 출력하는 코드를 작성하시오.

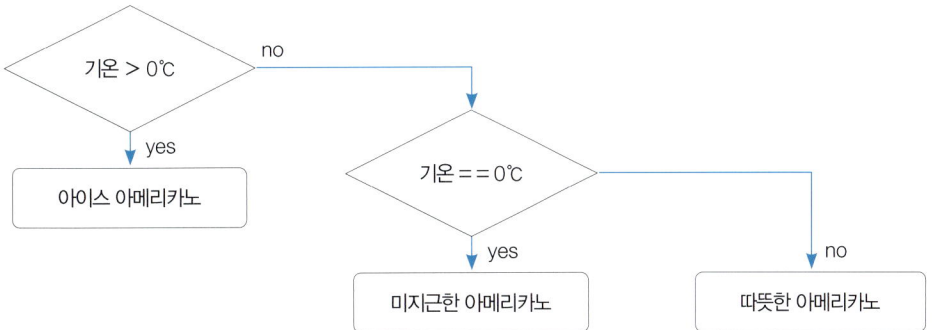

그림 2-11 [조건 판단 흐름] 조건식을 하나 더 추가(기온이 0℃일 때 미지근한 아메리카노 추천)한 로직

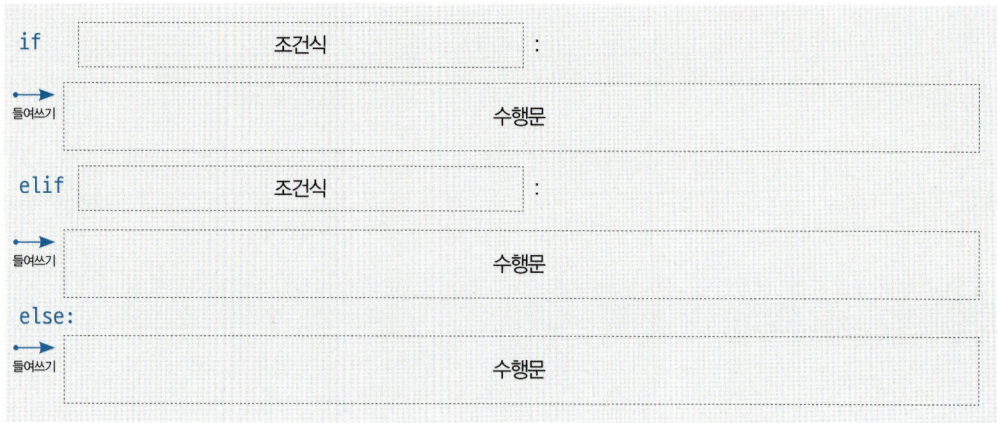

그림 2-12 [코드 개요] elif 문의 사용 방법

```
In [ ]: today_temp = 30

        if today_temp > 0:
            print("아이스 아메리카노")
        elif today_temp == 0:
            print("미지근한 아메리카노")
        else:
            print("따뜻한 아메리카노")
```

Out [ ]: 아이스 아메리카노

중첩 if 문

if 문 내부에 또 다른 if 문을 포함하는 구조이다. 복잡한 조건을 단계별로 처리할 때 활용하지만, 과도한 중첩은 코드 가독성을 저해할 수 있다.

문제 2-4

날씨가 맑은 날인 경우, 기온이 0°C보다 높으면 '아이스 아메리카노', 기온이 0°C이면 '미지근한 아메리카노', 나머지 경우에는 '따뜻한 아메리카노'를 출력하고 날씨가 맑지 않은 경우, '카푸치노'를 출력하는 코드를 작성하시오.

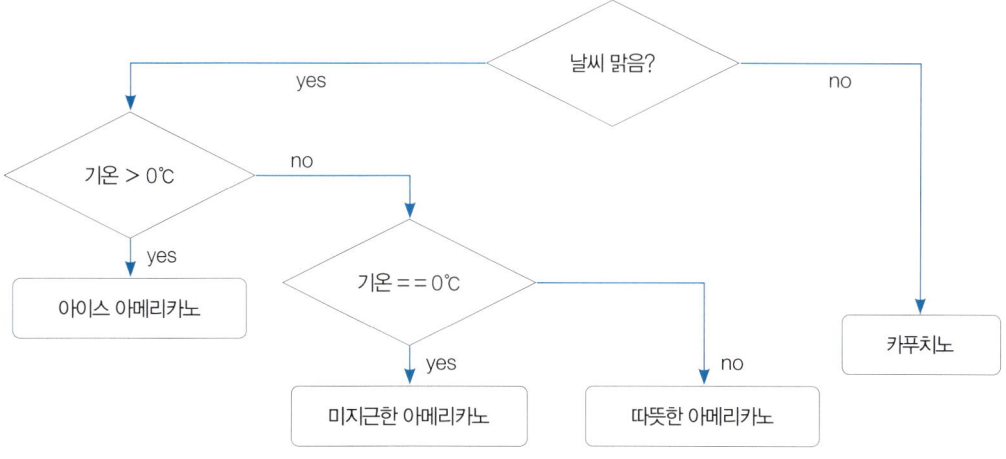

그림 2-13 [조건 판단 흐름] 날씨 조건을 추가한다.

```
In [ ]: weather = "비"
        today_temp = 30

        if weather == "맑음":
            if today_temp > 0:
                print("아이스 아메리카노")
            elif today_temp == 0:
                print("미지근한 아메리카노")
            else:
                print("따뜻한 아메리카노")
        else:
            print("카푸치노")
```

Out [ ]: 카푸치노

복합 조건

and와 or 연산자를 사용하여 여러 조건을 결합할 수 있다. and 연산자는 모든 조건이 참일 때 실행해야하는 조건을 작성할 때 사용한다. or 연산자는 조건 중 하나라도 참일 때 사용한다.

문제 2-5

이번 기말고사 시험성적에 따라 용돈의 운명이 바뀝니다. 엄마가 제시한 조건은 다음과 같다.

- 영어 90점 이상, 수학 90점 이상(두 조건 모두 만족) : 용돈 인상
- 영어 80점 이하, 수학 80점 이하(두 조건 모두 만족) : 용돈 삭감
- 기타 : 동결

수학성적과 영어성적을 담는 변수를 만들고, 점수에 따라 용돈의 운명을 출력하는 코드를 작성하시오.

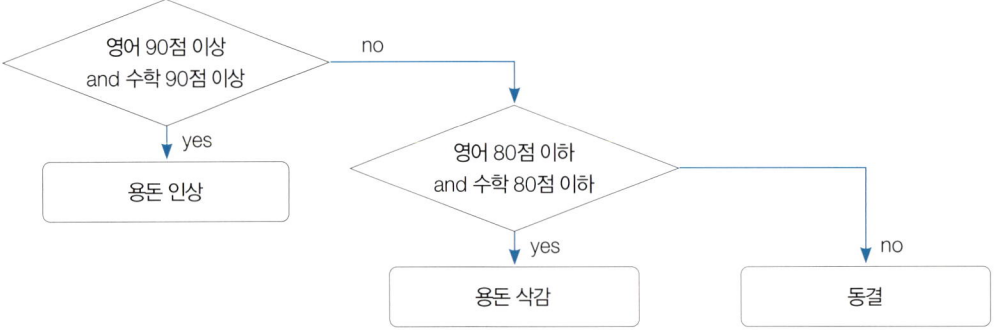

그림 2-14 [조건 판단 흐름] 두 가지 조건이 적용되는 조건문

```
In [ ]: math_score = 80
        eng_score = 100

        if eng_score >= 90 and math_score >= 90:
            print("YAY! 용돈 인상")
        elif eng_score <= 80 and math_score <= 80:
            print("용돈 삭감 ㅠㅠ")
        else:
            print("동결")
```

Out [ ]: 동결

문제 2-6

엄마가 제시한 조건은 달성하기 너무 힘들것 같다. 아래와 같이 타협하려고 한다.

- 영어 90점 이상 또는 수학 90점 이상(두 조건 중 하나 만족) : 용돈 인상
- 영어 80점 이하 또는 80점 이하(두 조건 중 하나 만족) : 용돈 삭감
- 기타 : 동결

수학성적과 영어성적을 담는 변수를 만들고, 점수에 따라 용돈의 운명을 출력하는 코드를 작성하시오.

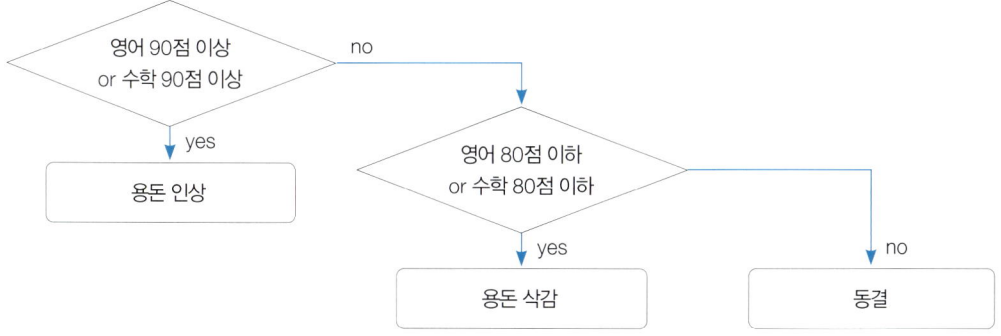

그림 2-15 [조건 판단 흐름] 수정한 두 가지 조건이 적용되는 조건문

```
In [ ]: math_score = 80
        eng_score = 100

        if eng_score >= 90 or math_score >= 90:
            print("YAY! 용돈 인상")
        elif eng_score <= 80 or math_score <= 80:
            print("용돈 삭감 ㅠㅠ")
        else:
            print("동결")
```

Out [ ]: YAY! 용돈 인상

2.2.2 반복문

반복문(Loop Statements)은 동일한 작업을 여러 번 수행해야 할 때 사용하는 제어 구조이다. 파이썬에서는 for 문과 while 문 두 가지 방식으로 반복문을 구현할 수 있다.

for 문

for 문은 반복자(iterator)를 사용하여 일정한 횟수만큼 반복을 수행한다.

> **[문법]**
> **for [변수] in [반복자]:**
>   들여쓰기 **수행문**

반복자는 여러 아이템을 순차적으로 제공할 수 있는 객체이다. 리스트, 튜플, 문자열 등이 반복자 역할을 할 수 있다. 예를들어 컨테이너에 4개의 아이템이 담긴 리스트를 반복자에 넣어 for 문을 수행할 경우 순차적으로 아이템을 하나씩 꺼내어 변수에 담고, 수행문을 실행한다.

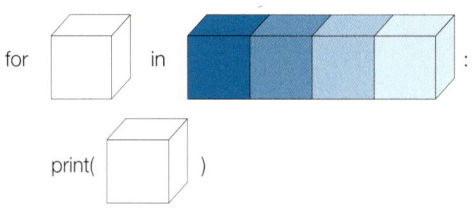

그림 2-16 리스트로 for 문 수행(1)

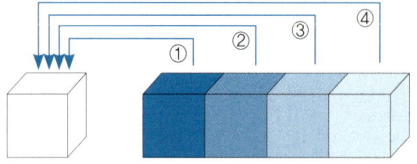

그림 2-17 리스트로 for 문 수행(2)

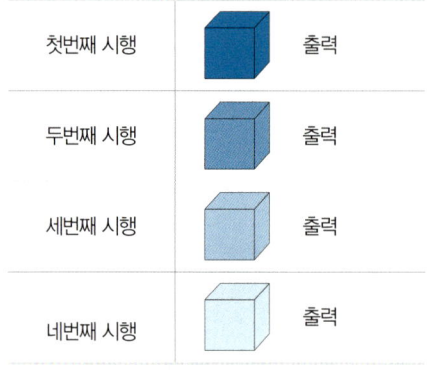

그림 2-18 리스트로 for 문 수행(3)

1학년 2반 학생들의 시험 성적은 다음과 같다.

[80, 90, 70, 65, 85, 95, 90, 80, 75, 80]

시험 문제 중, 한 문제가 잘못 출제되어 모두 5 점씩 추가 점수를 받도록 조치를 취했다. 변경 후 점수를 출력하시오. 위의 문제를 해결하기 위해 for 문을 구성하기 위한 변수, 반복자, 수행문을 다음과 같이 설정하였다.

- 변수: s
- 반복자: scores

• 수행문: s + 5

그리고 위의 설정을 코드로 작성하면 다음과 같다.

```
In [ ]:  scores = [80, 90, 70, 65, 85, 95, 90, 80, 75, 80]
         new_scores = []

       ①④ for s in scores:
          ②   new = s + 5
          ③   new_scores.append(new)

         print(new_scores)
```

코드의 상세 동작을 풀이하면 다음과 같다.

표 2-9 상세 동작 풀이

① `for s in scores:`	scores 리스트에 들어있는 첫 번째 값을 s 변수에 담으세요
② `new = s + 5`	s 에 5 를 더해서 new 에 담으세요
③ `new_scores.append(new)`	new 를 new_scores 리스트에 담으세요
④ `for s in scores:`	①로 돌아가서 scores 리스트에 있는 그 다음 값을 s 에 담으세요.

문제 2-8(조건문과 결합한 for 문)

1학년 3반 학생들의 시험 성적은 다음과 같다.

[80, 90, 70, 65, 95, 100, 90, 80, 75, 80]

시험 문제 중, 한 문제가 잘못 출제되어 모두 5 점씩 추가 점수를 받도록 조치를 취했다. 변경 후 점수를 출력하시오. (현재 100점인 학생은 변경 후 점수도 100점)

위의 문제는 현재 점수가 100점보다 낮은지 여부를 판단하는 로직이 추가로 필요하다. 따라서 for 문을 구성하기 위한 변수, 반복자는 그대로 유지하고, 수행문에 if 문을 추가하여 다음과 같이 코드를 수정하였다.

```
In [ ]:  scores = [80, 90, 70, 65, 95, 100, 90, 80, 75, 80]
         new_score = []

         for s in scores:
             if s < 100:
                 new = s + 5
             else:
```

2.2 조건문과 반복문

```
In [ ]:            new = s
             new_score.append(new)

       print(new_score)
```

컴프리헨션(comprehension)

컴프리헨션은 for 문을 사용한 반복 작업을 한 줄로 간결하게 표현하는 방법이다. 특히 리스트 컴프리헨션이 자주 사용된다.

> [문법]
> [수행문1 if 조건문 else 수행문2 for 변수 in 리스트]
>
> 수행문1: if 조건문을 만족할 경우의 수행문
> 수행문2: else에 해당하는 수행문

위의 예제를 리스트 컴프리헨션으로 표현하면 다음과 같이 한 줄로 작성할 수 있다.

```
In [ ]:  new_score2 = [s + 5 if s < 100 else s for s in scores]
```

```
new_score = []
for s in scores:
    if s < 100:
        new = s + 5
    else:
        new = s
    new_score.append(new)
```

`new_score = [s + 5 if s < 100 else s for s in scores]`

그림 2-19 컴프리헨션을 사용하여 작성한 코드

while 문

while 문은 조건이 참인 동안 계속해서 반복을 수행한다.

> [문법]
> while [조건문]:
>   들여쓰기 수행문

위의 성적 예시를 while 문을 사용하여 작성하면 다음과 같다.

```
In [ ]: scores = [80, 90, 70, 65, 95, 100, 90, 80, 75, 80]
        new_score = []
        ① index = 0

        ② while index < len(scores):
            ③ if scores[index] < 100:
                new = scores[index] + 5
              else:
                new = scores[index]
            new_score.append(new)
            ④ index = index + 1

        print(new_score)
```

각 코드의 상세 동작을 풀이하면 다음과 같다.

표 2-10 while 문에 대한 상세 설명

① index = 0	index 라는 변수 생성 scores 리스트의 아이템을 하나씩 지정하기 위해 사용
② while(index < len(scores)):	scores 리스트 전체 길이보다 index가 작은 경우에 반복문을 수행
③ scores[index]	index 위치에 있는 scores 아이템을 하나씩 선택 첫 번째 수행 시 scores[0]으로 수행되므로 80 반환
④ index = index + 1	index 의 숫자를 1 증가시켜 다음 아이템을 지정할 수 있도록 함

📢 **참고: 무한루프 주의사항**

while 문 사용 시 조건을 잘못 설정하면 무한루프에 빠질 수 있다. 의도하지 않은 무한루프가 발생한 상황이라면, Jupyter Notebook에서 ■ 버튼(interrupt the kernel)을 클릭하여 실행을 중단할 수 있다.

```
In [*]: while(True):
            Print("무한루프")
```

```
Out [ ]: 무한루프
         무한루프
         무한루프
         ...
```

흐름 제어

반복문 실행 중 특정 조건에서 흐름을 제어할 수 있는 키워드들이 있다. 먼저 break 문은 반복문의 실행을 즉시 중단하고 반복문을 빠져나가는 제어문이다. 반복문 내에서 특정 조건이 만족되었을 때 더 이상의 반복을 수행하지 않고 루프를 종료하는 역할을 한다.

 문제 2-9(반복문 중단 break)

이번에 개발할 프로그램은 스마트폰 사용량 감시 프로그램이다. 사용자는 스마트폰 사용 허용 시간을 300분으로 설정했다. 이 사용자가 스마트폰을 한 번 사용할 때마다 50분씩 사용한다고 할 때 지정 시간에 도달하였을 경우 핸드폰 사용을 중단하도록 하는 코드를 작성하시오.

```python
In [ ]: time = 0
        while True :
            print('현재 사용량: {}'.format(time))
            if time >= 300 :
                print('[사용 중단]하루 사용 권장량에 도달 또는 초과하였습니다.')
                break
            else:
                time = time + 50
```

pass 문은 아무런 동작을 수행하지 않는 빈 명령문이다. 문법적으로 코드기 필요한 위치에서 실제로는 실행할 내용이 없을 때 사용하는 플레이스홀더 역할을 한다. 함수나 클래스, 조건문 등의 구조를 미리 정의해두고 나중에 구현할 때 임시적으로 사용된다. 코드 블록이 비어있으면 문법 오류가 발생하는데, pass를 사용하면 이를 방지할 수 있다. 디버깅 과정에서 특정 코드 부분을 일시적으로 비활성화하거나, 추상 클래스에서 하위 클래스가 구현해야 할 메서드를 표시할 때도 활용된다.

 문제 2-10(pass 아무 동작 안 함)

스마트폰 사용량 감시 프로그램의 신규 버전에서는 사용자에게 현재 사용량이 150분 미만일 경우에는 안전하다는 메시지를 보여주는 컨셉이 추가되어 코드를 수정하였다. 며칠 전 정책이 변경되어 신규 버전에서는 이전 버전에 추가되었던 안전 메시지를 보여주는 컨셉을 삭제하기로 했다. 기존 작성한 코드에서 메시지를 보여주는 부분이 동작하지 않도록 코드를 수정하시오.

```
In [ ]: time = 0
        while True :
            print('현재 사용량: {}'.format(time))
            if time < 150:
                pass  # 조건을 만족하지만 아무 동작 안 함
            if time >= 300:
                print('[사용 중단]하루 사용 권장량에 도달 또는 초과하였습니다.')
                break
            else:
                time = time + 50
```

문제 2-11 (딕셔너리 타입의 반복자)

딕셔너리 타입의 자료형을 그대로 반복자로 사용할 경우, 반복문을 수행하면서 변수에 담기는 값(item)은 키(key)이다. 딕셔너리 타입의 items( )를 반복자로 사용할 경우, 반복문을 수행하면서 키(key)와 값(value)이 모두 변수에 담긴다.

ABC 쇼핑몰에 신규 주문 목록이 아래와 같이 생성되었다.

shopping_dict = {'주문번호' : 123,

  '주문자': '김**',

  '주소': '서울 마포구 상암동',

  '주문항목': ['맛좋은 김치', '맛좋은 라면', '시원한 물']}

for 문을 사용해서 shopping_dict를 출력하시오.

```
In [ ]: shopping_dict = {'주문번호': 123,
            '주문자': '김**',
            '주소': '서울 마포구 상암동',
            '주문항목': ['맛좋은 김치', '맛좋은 라면', '시원한 물']}

        for key, value in shopping_dict.items():
            print(key, ":", value)
```

딕셔너리를 for 루프에 직접 사용하면 키만 반환되지만, items( )를 사용하면 키-값 쌍을 모두 받을 수 있다.

for key, value in shopping_dict.items( ) 구문은 언패킹을 활용한 것이다. items( )가 반환하는 각 튜플이 key와 value 두 변수에 자동으로 분리되어 할당된다.

문제 2-12

다음과 같은 칼로리 메뉴판이 있다.

menu = {"고구마" : 200, "떡볶이" : 600, "라면" : 800}

다이어트를 하기 위해 500kcal가 넘는 음식은 선택하지 않으려고 한다. 칼로리 메뉴판에 있는 음식의 섭취 가능 여부를 출력하는 코드를 작성하시오.

```python
In [ ]: menu = {"고구마": 200, "떡볶이": 600, "라면": 800}
        for key, value in menu.items():
            if value > 500:
                print("{} 메뉴는 추천하지 않습니다.".format(key))
            else:
                print("{} 메뉴는 추천합니다.".format(key))
```

문제 2-13(문자열 카운팅)

동요 산토끼에서 '토'는 몇 번이나 나오는지 출력하는 코드를 작성하시오.

산토끼 토끼야. 어디를 가느냐. 깡충깡충 뛰면서. 어디를 가느냐.

산 고개 고개를. 나 혼자 넘어서. 토실토실 알밤을. 주워 올 테야

```python
In [ ]: lyric = """산토끼 토끼야. 어디를 가느냐. 깡충깡충 뛰면서. 어디를 가느냐.
        산고개 고개를. 나혼자 넘어서. 토실토실 알밤을. 주워 올 테야."""

        count = 0
        for l in lyric:
            if l == '토':
                count = count + 1
        print(count)
```

for 루프로 문자열을 순회하면 각 문자를 하나씩 확인할 수 있다. lyric의 각 문자가 l 변수에 할당되며, 공백과 특수문자를 포함한 모든 문자가 순차적으로 처리된다.

if 조건문으로 현재 문자가 '토'인지 확인하고, 일치하면 count 변수를 1씩 증가시킨다.

 **참고:** range( ) 함수

range( ) 함수는 연속된 정수 시퀀스를 생성하는 내장 함수이다. 주로 for 반복문에서 특정 횟수만큼 반복하거나 순차적인 숫자가 필요할 때 사용된다.

range(stop) 형태로 사용하면 0부터 stop-1까지의 숫자를 생성하며, range(start, stop) 형태로는 start부터 stop-1까지의 범위를 지정한다. range(start, stop, step) 형태로 사용하면 시작값, 끝값, 증가폭을 모두 제어할 수 있다.

실제로는 메모리에 모든 값을 저장하지 않고 필요할 때마다 값을 생성하는 이터레이터 객체이다. 리스트로 변환하려면 list(range(5))처럼 명시적으로 형변환해야 한다.

 문제 2-14(range( ) 활용)

구구단 3단을 출력하는 코드를 작성하시오.

```
In [ ]: for num in range(9):
            print("3 * {} = {}".format(num + 1, (num+1)*3))
```

```
Out [ ]: 3 * 1 = 3
         3 * 2 = 6
         3 * 3 = 9
         ...
```

문제 2-15(이중 반복문)

책을 하루에 다섯 쪽씩 20일 동안 공부하려고 한다. 공부 스케줄을 출력하는 프로그램을 작성하시오.

```
In [ ]: bookmark = 0
        for day in range(20):
            print("[{}일차 공부내역]".format(day+1))
            for s in range(5):
                print(" {}쪽 공부".format(bookmark+s+1))
            bookmark = bookmark + s + 1
```

이 문제를 해결하기 위해서 이중 반복문을 사용하여 20일 간의 학습 스케줄을 출력하도록 했다. 외부 루프는 20일을 반복하고, 내부 루프는 하루에 공부할 5쪽을 반복한다.

bookmark 변수는 현재까지 공부한 페이지를 추적하도록 설정했다. 내부 루프에서 bookmark+s+1로 페이지 번호를 계산한다. 내부 루프가 끝나면 bookmark를 업데이트하여 다음 날의 시작 페이지를 설정한다.

이중 반복문의 핵심은 외부 루프가 한 번 실행될 때마다 내부 루프가 완전히 실행된다는 점이다. 따라서 총 100쪽의 공부 내역이 일자별로 구조화되어 출력된다.

 문제 2-16(상품 재고 관리 시스템)

다음 기능을 모두 포함한 상품 재고 관리 시스템을 작성하시오.

1. 초기 재고 설정 : "사과": 50개, "바나나": 30개, "오렌지": 25개로 시작
2. 상품 관리 기능 : 새 상품 추가 (포도 40개 추가), 기존 상품 재고 수정, 상품 삭제
3. 재고 조회 기능 : 전체 재고 현황 출력, 특정 상품 재고 확인, 재고 부족 상품 찾기 (30개 미만)
4. 재고 변경 기능 : 상품 판매 시 재고 차감, 상품 입고 시 재고 증가, 재고 부족 시 경고 메시지

[출력 예시]

포도 재고 추가 완료

== 현재 재고 현황 ==

사과: 50개

바나나: 30개

오렌지: 25개

포도: 40 개

사과 재고: 50개

== 재고 부족 상품 ==

오렌지: 25개 (재고 부족)

사과 10개 판매 완료

사과 현재 재고: 40개

```
In [ ]: # 상품 재고 관리 시스템
        inventory = {
            "사과": 50,
            "바나나": 30,
            "오렌지": 25
        }

        # 새 상품 추가
        inventory["포도"] = 40
```

```
In [ ]:  print("포도 재고 추가 완료")

         # 재고 현황 출력
         print("\n=== 현재 재고 현황 ===")
         for product, quantity in inventory.items():
             print(f"{product}: {quantity}개")
         # 특정 상품 재고 확인
         product_name = "사과"
         if product_name in inventory:
             print(f"\n{product_name} 재고: {inventory[product_name]}개")
```

재고 관리 시스템을 구현하기 위해 딕셔너리를 구조를 사용했다. 딕셔너리는 키-값 쌍으로 데이터를 저장하기 때문에 상품명을 키로, 재고 수량을 값으로 관리하는 데 최적화된 자료구조다.

딕셔너리에 새로운 항목을 추가할 때는 inventory["포도"] = 40처럼 작성하면 포도라는 키와 40이라는 값이 딕셔너리에 추가된다. 이미 존재하는 키에 값을 할당하면 기존 값이 수정되고, 존재하지 않는 키에 값을 할당하면 새로운 항목이 생성된다.

딕셔너리의 items( ) 메서드는 딕셔너리의 모든 키-값 쌍을 반환하며, for 루프와 함께 사용하면 전체 재고를 순회하며 출력할 수 있다. 이때 키와 값을 각각 product와 quantity 변수로 받아 값을 출력하도록 했다.

2.3 함수와 모듈

이것만은 기억하세요

[함수 관련]
- ✓ 입력 인자: 함수의 입력값
- ✓ 함수 연산: 입력을 출력으로 변환시키는 과정
- ✓ 리턴값: 함수의 출력값
- ✓ 람다식: 함수 연산을 간단하게 한 줄로 표현하는 방법

[입출력 관련]
- ✓ 기본 입출력 (print, input): 화면에 데이터를 출력하거나 사용자로부터 직접 데이터를 입력
- ✓ 포맷 스트링: 값을 출력하는 패턴을 지정
- ✓ 파일 입출력 (open, read, write, with 문): 파일에 쓰여 있는 데이터를 읽어들이거나 파일에 데이터를 쓰기

[구조화 관련]
- ✓ 모듈: 함수들의 꾸러미
- ✓ 패키지: 모듈들의 꾸러미
- ✓ 클래스: 현실 세계를 컴퓨터 세계로 추상화

들어가면서

지금까지 우리는 화면에 결과를 출력하는 방법을 배웠다. 하지만 진짜 유용한 프로그램을 만들려면 사용자로부터 정보를 입력받을 수 있어야 한다. 마치 친구와 대화하듯이 컴퓨터가 질문하고 우리가 답하는 형태의 프로그램 말이다.

이번 장에서는 사용자 입력을 받는 input( ) 함수부터 시작해서, 코드를 깔끔하게 정리해주는 함수 만들기, 그리고 한 줄로 간단한 함수를 표현하는 람다까지 차근차근 알아볼 것이다. 변수가 데이터를 담는 바구니였다면, 함수는 연산을 담는 바구니 역할을 한다.

프로그램이 커질수록 같은 코드를 반복해서 쓰는 일이 많아지는데, 함수를 잘 활용하면 이런 중복을 피하고 훨씬 효율적인 코드를 작성할 수 있다. 마지막으로는 더 큰 프로그램을 만들기 위한 모듈, 패키

지, 클래스의 기초도 살펴볼 예정이다.

좋은 프로그램은 잘 정리된 집과 같아서, 누구나 쉽게 기능을 찾아서 사용할 수 있도록 체계적으로 구성되어 있다. 함께 단계별로 배워나가며 더욱 실용적이고 체계적인 프로그래밍 실력을 키워보자.

2.3.1 함수

함수는 자동 세차장과 같은 개념이다. 더러운 차(입력)를 받아 세차 과정(연산)을 거쳐 깨끗한 차(출력)를 내보내는 것처럼, 함수는 입력값을 특정 연산을 통해 변환하여 새로운 출력값을 생성한다.

표 2-11 함수의 역할

세차	함수
더러운 차	입력 인자
자동 세차 과정	함수 연산
깨끗한 차	출력

수학에서 배운 f(x) = 2 × x와 동일한 원리로, 입력값 x를 2배로 변환하여 결과를 반환하는 기능을 수행한다.

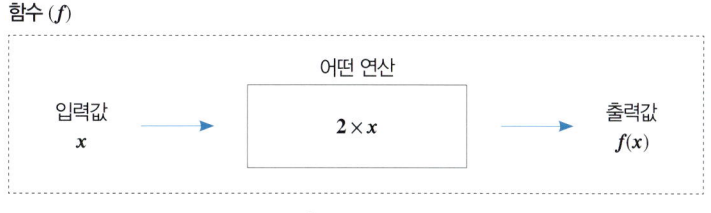

그림 2-20 함수 (*f*)

함수 만들기

파이썬에서 함수는 def 키워드를 사용하여 정의한다.

```
[문법]
def 함수이름(인자):
    들여쓰기 함수 본문
    들여쓰기 return 출력값
```

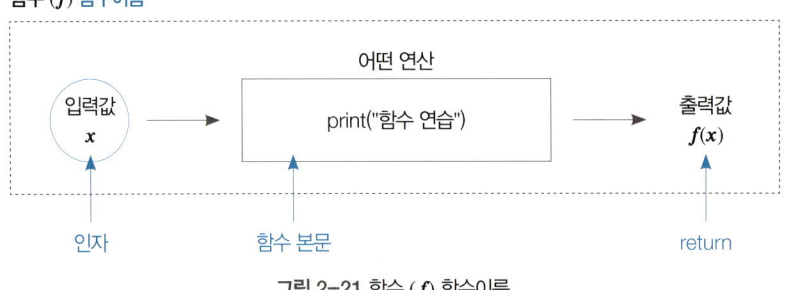

그림 2-21 함수 (f) 함수이름

함수 호출하기

만든 함수를 실행하려면 함수 이름을 사용하여 호출해야 한다. 함수 호출의 기본 문법은 다음과 같다.

> [문법] 함수이름(인자값)

파이썬에서 함수를 만들 때 인자값과 return 문은 반드시 필요한 것이 아니다. 가장 간단한 형태의 함수부터 시작해서 함수의 기본 개념을 이해해보자.

① 기본 함수 예제

인자와 리턴값이 없는 가장 기본적인 함수이다. 함수는 선언 후 함수명( )으로 호출하여 실행한다. 우리가 만든 test 함수는 인자값이 없기 때문에 괄호 안을 비워두고 호출한다.

```
In [ ]:  def test():
             print("함수 연습")

         test()   # 함수 호출
```

이렇게 정의된 test 함수는 인자를 받지 않고 값을 반환하지도 않는다. 함수의 역할은 단순히 "함수 연습"이라는 메시지를 화면에 출력하는 것뿐이다.

```
Out [ ]: 함수 연습
```

- 함수의 선언과 실행

함수를 다룰 때 중요한 개념이 '함수의 선언'과 '함수의 실행'이다. 함수를 만드는 과정을 '함수의 선언'이라고 하고, 함수 이름을 사용해서 함수를 호출하는 과정을 '함수의 실행'이라고 한다. 함수는 반드시 실행하기 전에 선언이 되어 있어야 한다. 함수를 선언하는 것만으로는 실제로 실행되지 않기 때문에,

문법적인 오류를 제외하고는 동작상의 오류가 있더라도 실행하기 전까지는 에러가 발생하지 않는다.

```
In [ ]: def test():                    # 함수 선언 - 아직 실행되지 않음
            print("함수 연습")
        test()                         # 함수 실행 - 이때 함수 내용이 실행됨
Out [ ]: 함수 연습
```

이러한 특성 때문에 함수를 선언할 때는 에러가 없었더라도, 실제로 호출했을 때 오류가 발생할 수 있다는 점을 기억해야 한다.

표 2-12 함수 사용의 장점

코드 재사용성	동일한 기능을 여러 번 사용할 수 있다.
가독성 향상	특정 기능을 함수로 묶어 코드를 체계적으로 관리한다.
유지보수 용이	기능별로 분리되어 수정과 디버깅이 쉽다.

② 조건문을 활용한 함수 예제

앞에서 다루었던 예제를 함수로 변형해서 작성해보자.

 문제 2-17

기온이 0℃보다 높으면 '아이스 아메리카노'를 출력하고, 그렇지 않은 경우에는 '따뜻한 아메리카노'를 출력하는 함수를 작성하시오.

함수 (f) = coffee

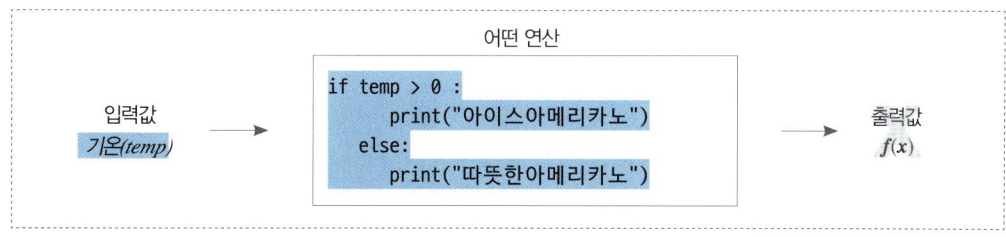

그림 2-22 함수 (f) = coffee

```
In [ ]: def coffee(temp):
            if temp > 0:
                print("아이스 아메리카노")
            else:
                print("따뜻한 아메리카노")

        coffee(30)    # 기온이 30도일 때
```

Out [ ]: 아이스 아메리카노

```
In [ ]: coffee(-10)   # 기온이 -10도일 때
```

Out [ ]: 아메리카노

return 문을 사용하면 함수의 결과값을 변수에 저장하여 재활용할 수 있다.

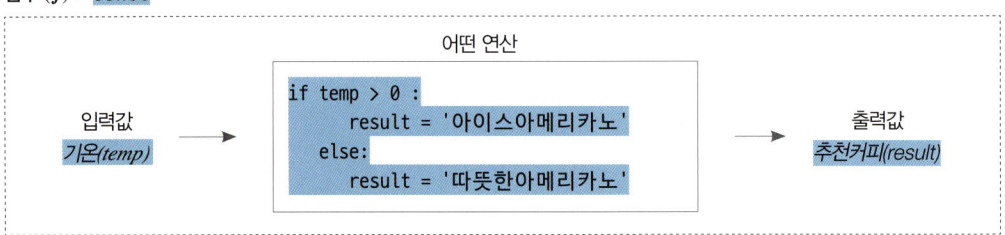

그림 2-23 함수 (*f*) – coffee 함수 수정

```
In [ ]: def coffee(temp):
            result = ''
            if temp > 0:
                result = '아이스 아메리카노'
            else:
                result = '따뜻한 아메리카노'
            return result

        c = coffee(30)
        print('추천 커피는 {}입니다'.format(c))
```

Out [ ]: 추천 커피는 아이스 아메리카노입니다

```
In [ ]: c = coffee(-10)
        print('추천 커피는 {}입니다'.format(c))
```

Out [ ]: 추천 커피는 따뜻한 아메리카노입니다

 **문제 2-18(점수 업데이트 함수)**

1학년 2반의 시험 성적은 다음과 같다.

[80, 90, 70, 65, 85, 95, 90, 80, 75, 80]

시험 문제 중, 한 문제가 잘못 출제되어 모두 5점씩 추가 점수를 받도록 조치를 취했다. 변경 후 점수를 반환하는 함수를 작성하시오.

함수 (f) = update_scores

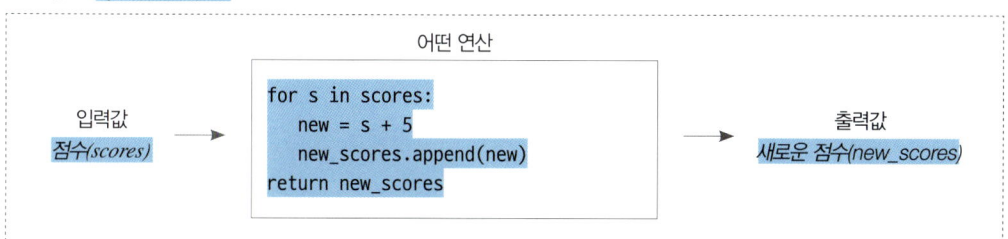

그림 2-24 함수 (f) = update_scores

```
In [ ]: def update_scores(scores):
            new_scores = []
            for s in scores:
                new = s + 5
                new_scores.append(new)
            return new_scores

        scores = [80, 90, 70, 65, 85, 95, 90, 80, 75, 80]
        new = update_scores(scores)
        print(new)
```

Out [ ]: [85, 95, 75, 70, 90, 100, 95, 85, 50, 85]

 **문제 2-19(동요 '산토끼'에서 '토'는 몇 번이나 나올까?)**

산토끼 토끼야. 어디를 가느냐. 깡충깡충 뛰면서. 어디를 가느냐.
산고개 고개를. 나혼자 넘어서. 토실토실 알밤을. 주워 올 테야

함수 (f) = get_char_count

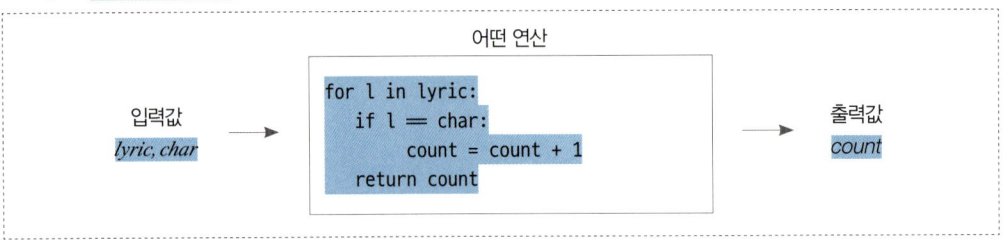

그림 2-25 함수 (f) = get_char_count

In [ ]:
```
def get_char_count(lyric, char):
    count = 0
    for l in lyric:
        if l == char:
            count = count + 1
    return count

lyric = """산토끼 토끼야. 어디를 가느냐. 깡충깡충 뛰면서. 어디를 가느냐.
산고개 고개를. 나혼자 넘어서. 토실토실 알밤을. 주워 올 테야."""

print(get_char_count(lyric, '토'))
```

Out [ ]: 4

In [ ]:
```
print(get_char_count(lyric, '산'))
```

Out [ ]: 2

문제 2-20(여러 값을 반환하는 함수)

영어 단어 또는 문장을 인자로 받아서 대문자와 소문자로 출력하는 함수를 작성하시오.

함수 (f) = change_word_case

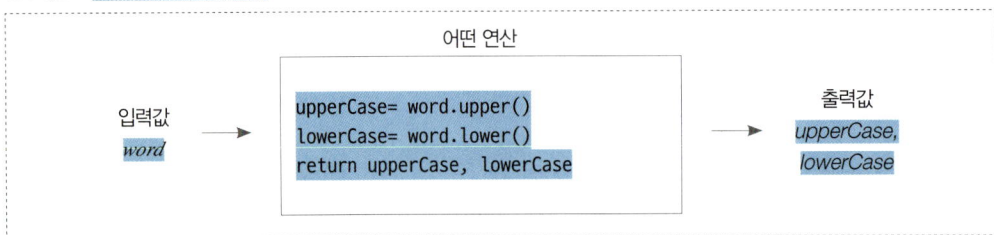

그림 2-26 함수 (f) = change_word_case

```
In [ ]: def change_word_case(word):
            upperCase = word.upper()
            lowerCase = word.lower()
            return upperCase, lowerCase

        upper, lower = change_word_case("I love Seoul.")
        print('대문자는 {0} 이고, 소문자는 {1}이야'.format(upper, lower))
```

사용하지 않는 반환값은 관행적으로 _ 로 표시한다.

```
In [ ]: upper, _ = change_word_case("I love Seoul.")
```

Out [ ]: 대문자는 I love Seoul.이고, 소문자는 i love seoul.이야

문제 2-21(조건부 return)

두 수와 연산자를 입력 받아 사칙연산 결과를 출력하는 계산기 함수를 작성하시오.

함수 (*f*) = calculator

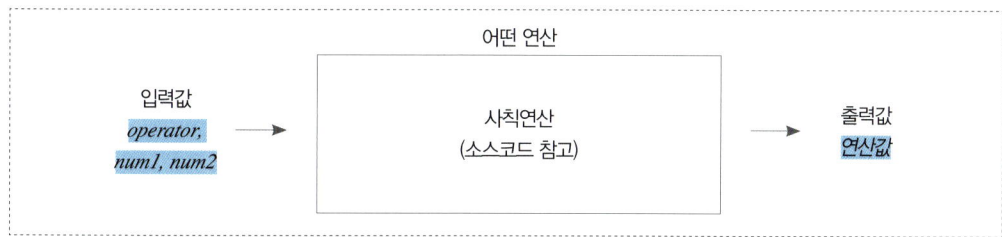

그림 2-27 함수 (*f*) = calculator

```
In [ ]: def calculator(operator, num1, num2):
            if operator == '+':
                return num1 + num2
            elif operator == '-':
                return num1 - num2
            elif operator == '*':
                return num1 * num2
            elif operator == '/':
                if num2 ≠ 0:
                    return num1 / num2
            else:
                print('{}는 연산이 불가능합니다.'.format(operator))
```

```
In [ ]: calculator('+', 200, 300)
        calculator('*', 50, 7)
        calculator('?', 89, 20)
```
```
Out [ ]: 500
         350
         ?는 연산이 불가능합니다.
```

 문제 2-22(디폴트 인자)

사용자로부터 키와 성별을 입력 받아서 권장 체중을 화면에 출력하는 함수를 작성하시오. 권장 체중은 다음과 같이 계산한다.

- 남성 권장 체중 = (키 - 100) * 0.9
- 여성 권장 체중 = (키 - 100)

함수 (*f*) = calculator

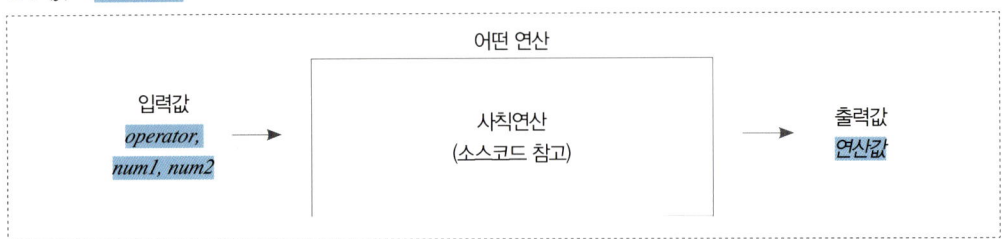

그림 2-28 함수 (*f*) = calculator

```
In [ ]: def print_weight(height, man=True):
            weight = 0
        if man:
                weight = height - 100
            else:
                weight = (height - 100) * 0.9
            print("권장 체중은 {}kg 입니다".format(weight))

        print_weight(170)            # 디폴트값 사용
        print_weight(170, True)   # 명시적 값 전달
        print_weight(170, False)  # 다른 값 전달
```

Out [ ]: 권장 체중은 70.0kg입니다
권장 체중은 70.0kg입니다
권장 체중은 63.0kg입니다

※ 디폴트 인자는 반드시 일반 인자 뒤에 위치해야 한다.

문제 2-23 (가변 인자 (*args))

입력 받은 인자를 모두 더하는 함수를 작성하시오.

```
In [ ]: def sum(*args):
    result = 0
    for num in args:
        result = result + num
    return result

print(sum(1, 2, 3))
print(sum(2, 4, 6, 8, 10))
```

Out [ ]: 6
30

※ args를 사용하면 개수에 제한 없이 여러 인자를 튜플 형태로 받을 수 있다.

참고

다음 기능을 모두 포함한 온도 변환 프로그램을 작성해보자.

(1) 섭씨 온도를 화씨 온도로 변환하는 함수

  화씨 = (섭씨 × 9/5) + 32

(2) 화씨 온도는 소수점 첫째 자리까지만 출력

출력 예시:

섭씨 25도는 화씨 77.0도입니다

```
In [ ]: # 온도 변환 함수
def celsius_to_fahrenheit(celsius):
    """섭씨를 화씨로 변환하는 함수"""
```

 **참고**

```
In [ ]:     fahrenheit = (celsius * 9/5) + 32
            return fahrenheit

# 함수 사용
celsius_temp = 25
fahrenheit_temp = celsius_to_fahrenheit(celsius_temp)
print(f"섭씨 {celsius_temp}도는 화씨 {fahrenheit_temp:.1f}도입니다")
```

celsius_to_fahrenheit( ) 함수는 섭씨 온도를 매개변수로 받아 화씨로 변환한 값을 반환한다. 함수 내부에서 변환 공식을 적용하여 fahrenheit 변수에 결과를 저장하고, return 문으로 이 값을 함수 호출부로 돌려준다. 반환된 값은 fahrenheit_temp 변수에 저장되어 출력에 사용된다. {fahrenheit_temp:.1f} 형식 지정자는 부동소수점 숫자를 소수점 첫째 자리까지만 표시한다. 이처럼 함수를 사용하면 온도 변환 로직을 재사용할 수 있어 코드의 효율성이 높아진다.

지금까지 많은 문제를 풀어보았으니 함수의 핵심 개념을 정리해보자.

표 2-13 함수의 핵심 개념

함수 선언	def 키워드로 함수를 정의하는 과정
함수 실행	함수명( )으로 호출하여 실행하는 과정
선언 순서	함수는 반드시 실행 전에 선언되어야 함
매개변수	함수가 받는 입력값
반환값	return 문으로 출력하는 결과값

2.3.2 람다식

파이썬에서는 함수를 한 줄로 간편하게 표현할 수 있는 람다(lambda) 구문을 제공한다. 람다는 간단한 연산을 처리하는 함수를 def 키워드 없이 간결하게 작성할 수 있는 방법이다.

람다 기본 문법

람다 함수의 기본 구조는 다음과 같다.

> **[문법]** lambda 인자 : 함수 본문

lambda 키워드 뒤에 입력 인자를 적고, 콜론(:) 뒤에 실행할 표현식을 작성한다. 이 표현식의 결과가 자동으로 반환된다. 다음은 입력받은 값에 5를 더하는 간단한 함수를 람다로 구현한 예제이다.

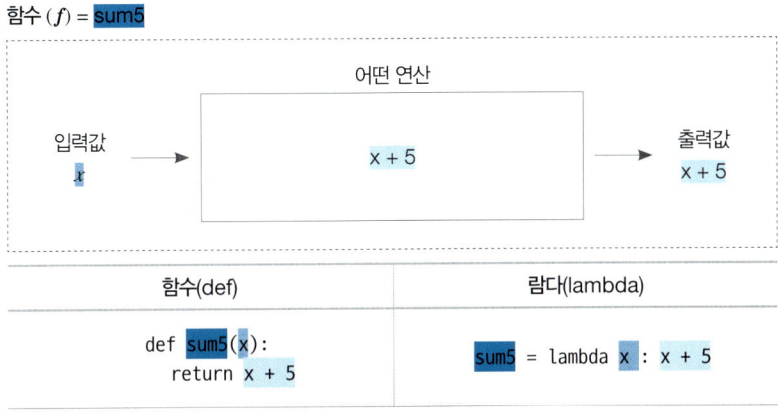

그림 2-29 함수 (*f*) = sum5

```
In [ ]:  # 방법 1: 람다를 정의하는 동시에 실행
         (lambda x : x + 5)(100)
```

Out [ ]: 105

```
In [ ]:  # 방법 2: 람다를 변수에 할당하여 재사용
         sum5 = lambda x : x + 5
         print(sum5(100))
```

Out [ ]: 105

첫 번째 방식은 람다 함수를 정의하는 동시에 바로 실행하는 방법이고, 두 번째 방식은 람다 함수를 변수에 할당하여 나중에 여러 번 재사용할 수 있도록 하는 방법이다. 람다 함수가 가진 고유한 특징들을 정리하면 다음과 같다.

표 2-14 람다 함수가 가진 고유한 특징

익명 함수	함수명이 없는 무명 함수로, 필요한 곳에서 즉시 정의하여 사용한다.
한 줄 제한	단일 표현식만 포함할 수 있어 복잡한 로직은 구현할 수 없다.
return 생략	표현식의 결과가 자동으로 반환되므로 return 키워드를 사용하지 않는다.
즉시 실행	정의와 동시에 호출할 수 있어 임시적인 계산에 유용하다.

람다는 최근 프로그래밍 트렌드인 간결한 코드 작성에 부합하는 문법이다. 하지만 모든 상황에 적합한 것은 아니므로, 간단한 연산이나 일회성 함수가 필요할 때 선별적으로 사용하는 것이 좋다. 복잡한 로직이나 가독성이 중요한 코드에서는 일반 함수를 사용하는 것이 더 적절하다.

다양한 예시를 통해 람다 함수의 활용법을 살펴보자. 키를 입력받아 권장 체중을 계산하는 함수를 람다로 구현하면 다음과 같다.

```
In [ ]: weight = lambda height : (height - 100)
        print(weight(170))
```

```
Out [ ]: 70.0
```

또한 변수에 할당하지 않고 정의와 동시에 실행하는 방법도 가능하다. 이 방식을 사용할 때는 람다 전체를 괄호로 감싸고 뒤에 인자를 전달해야 한다.

```
In [ ]: (lambda height : (height - 100))(170)
```

```
Out [ ]: 70.0
```

람다 함수에서도 조건문을 사용할 수 있으며, 다음과 같은 문법을 따른다.

[문법] lambda 인자: 수행문1 if 조건식 else 수행문2

다음은 성별에 따라 다른 계산 공식을 적용하는 람다 함수 예제이다.

```
In [ ]: weight2 = lambda man, height : (height - 100) if man else (height - 100) * 0.9
        print(weight2(True, 170))    # 남성
        print(weight2(False, 170))   # 여성
```

```
Out [ ]: 70
         63.0
```

이 예제에서 볼 수 있듯이 람다 함수는 여러 인자를 받을 수 있으며, 조건에 따라 다른 연산을 수행할 수 있다.

함수 vs 람다 비교

동일한 기능을 일반 함수와 람다로 구현했을 때의 차이점을 비교해보자.

① 일반 함수로 작성한 경우

```
In [ ]: def weight(man, height):
            if man:
                return (height - 100)
            else:
                return (height - 100) * 0.9
```

② 람다로 작성한 경우

```
In [ ]: weight = lambda man, height : (height - 100) if man else (height - 100) * 0.9
```

두 코드는 동일한 기능을 수행하지만 람다 버전이 훨씬 간결하다는 것을 확인할 수 있다.

간단한 수학적 연산이 필요할 때 람다가 적합하다. 그 이유는 별도의 함수 정의 없이 한 줄로 계산식을 표현할 수 있어 코드가 간결해지기 때문이다. 한 줄로 표현 가능한 단순한 로직의 경우, 람다의 제약사항이 오히려 장점이 되어 불필요한 복잡성을 방지하고 명확한 코드를 작성할 수 있다. 또한 일회성으로 사용할 함수가 필요할 때는 함수명을 정의하고 관리할 필요가 없어 메모리와 네임스페이스를 절약할 수 있다. map( )이나 filter( ) 등과 함께 사용하는 함수형 프로그래밍에서는 람다가 이러한 고차 함수들과 자연스럽게 결합되어 데이터 처리 파이프라인을 간결하게 구성할 수 있기 때문이다.

반대로 람다 함수 사용이 부적합한 경우도 있다. 복잡한 로직이 필요한 경우에는 람다의 한 줄 제약으로 인해 구현이 불가능하거나 억지로 구현하더라도 가독성이 크게 떨어진다. 여러 줄의 코드가 필요한 경우에는 람다 문법 자체가 이를 지원하지 않으므로 일반 함수를 사용해야 한다. 디버깅이 중요한 프로젝트에서는 람다 함수가 익명이므로 스택 트레이스에서 함수명이 표시되지 않아 오류 추적이 어려워진다. 팀 프로젝트에서 가독성을 중시하는 경우에는 람다의 간결함이 오히려 코드 이해를 어렵게 만들 수 있고, 팀원들 간의 코드 리뷰나 유지보수에 부담이 될 수 있다. 따라서 상황에 맞게 람다식 또는 함수를 정의하여 사용하는 것이 바람직하다.

2.3.3 입출력(input/output)

프로그램과 사용자 간의 상호작용을 위해서는 입력과 출력 기능이 필요하다. 파이썬에서는 input( ) 함수를 통해 사용자로부터 데이터를 입력받고, print( ) 함수를 통해 결과를 출력한다.

시스템 입력

input( ) 함수는 사용자로부터 키보드 입력을 받을 때 사용하는 함수이다. 이 함수는 사용자가 입력한 내용을 문자열 형태로 반환하며, 괄호 안에 안내 메시지를 넣어 사용자에게 입력을 요청할 수 있다.

In [ ]:
```
name = input("이름을 입력하세요:")
print(name + "님, 안녕하세요")
```
이름을 입력하세요:아이리포

Out [ ]: 아이리포님, 안녕하세요

input( ) 함수는 항상 문자열(str) 타입으로 데이터를 반환한다. 따라서 숫자 계산이 필요한 경우 적절한 데이터 타입으로 변환해야 한다. 또한 계산 결과를 다른 문자열과 연결해서 출력할 때는 str( ) 함수를 사용해서 숫자를 문자열로 변환해야 한다.

In [ ]:
```
height = input("키를 입력하세요")
weight = (float(height) - 100) * 0.9
print("권장 체중은 " + str(weight) + "kg 입니다.")
```
키를 입력하세요180

Out [ ]: 권장 체중은 72.0kg 입니다.

 참고: 에러 대처법

입출력 처리 시 자주 발생하는 오류는 데이터 타입 불일치이다. input( )은 항상 문자열을 반환하므로 수치 계산 시 적절한 타입 변환이 필요하며, 문자열 연결 시에도 모든 값이 문자열 타입이어야 한다는 점을 유의해야 한다. 에러 메시지를 차근차근 읽고 단계별로 해결해 나가는 것이 중요하다.

시스템 출력

표 2-15 다양한 입출력 사례

문법	설명	예제
print( )	기본 출력	print("apple")
print(a, b, c)	여러 값 연결 출력	print("apple", "peach", "mango")
print(sep=)	구분자 지정	print("a", "b", sep=",")
print(end=)	줄바꿈 제어	print("text", end="")
"{ }".format( )	포맷 스트링	print("{ }을 먹고 싶다".format("치킨"))
{:.3f}	소수점 자릿수 지정	"{:.3f}".format(3.14159)
{:,}	천 단위 콤마	"{:,}".format(100000)

print( ) 함수는 단순히 하나의 값만 출력하는 것이 아니라 여러 개의 값을 동시에 출력할 수 있는 강력한 함수이다. 기본적으로 여러 값들 사이에는 공백이 자동으로 삽입되어 구분된다. 기본 사용법은 아래와 같다.

```
In [ ]: print("apple", "peach", "mango")
Out [ ]: apple peach mango
```

① sep 매개변수 – 구분자 변경

sep 매개변수를 사용하면 여러 값들 사이의 구분자를 원하는 문자로 변경할 수 있다. 기본값인 공백 대신 쉼표, 하이픈, 또는 다른 문자를 사용할 수 있다.

```
In [ ]: print("apple", "peach", "mango", sep=",")
Out [ ]: apple,peach,mango
```

② end 매개변수 – 줄바꿈 제어

일반적으로 print( ) 함수는 출력 후 자동으로 줄바꿈을 한다. 하지만 end 매개변수를 사용하면 이 동작을 제어할 수 있다. end=""로 설정하면 줄바꿈 없이 다음 출력이 같은 줄에 이어진다.

```
In [ ]: print("원숭이 엉덩이는 빨개 ", end="")
        print("빨가면 사과")
Out [ ]: 원숭이 엉덩이는 빨개 빨가면 사과
```

③ 개행문자(\n) 활용

개행문자 \n을 사용하면 문자열 중간에서 강제로 줄바꿈을 할 수 있다. 이는 여러 줄에 걸친 텍스트를 하나의 print( ) 함수로 출력할 때 유용하다.

```
In [ ]: print("산토끼 토끼야\n어디를 가느냐\n깡충깡충 뛰어서\n어디를 가느냐")
```

```
Out [ ]: 산토끼 토끼야
         어디를 가느냐
         깡충깡충 뛰어서
         어디를 가느냐
```

④ 문자열 포맷팅 – format( ) 메서드

동일한 형태의 문자열에서 특정 부분만 변경하여 출력하고자 할 때 format( ) 메서드를 사용한다. 이 방법을 사용하면 템플릿 형태의 문자열에 변수 값을 쉽게 삽입할 수 있어 코드의 가독성이 높아진다.

- 기본 포맷 스트링

가장 간단한 형태로, 중괄호 { }를 사용해 변수가 들어갈 위치를 표시하고 format( ) 메서드로 값을 전달한다.

```
In [ ]: food = "치킨"
        print("나는 {}을 먹고 싶다".format(food))
```

```
Out [ ]: 나는 치킨을 먹고 싶다
```

- 다중 값 치환

여러 개의 중괄호를 사용하여 한 번에 여러 값을 문자열에 삽입할 수 있다. format( ) 메서드에 전달된 순서대로 중괄호에 값이 할당된다.

```
In [ ]: food1 = "피자"
        food2 = "치킨"
        print("나는 {}, {}을 먹고 싶다".format(food1, food2))
```

```
Out [ ]: 나는 피자, 치킨을 먹고 싶다
```

- 인덱스를 활용한 위치 지정

중괄호 안에 숫자를 넣어 format( ) 메서드의 인수 순서를 명시적으로 지정할 수 있다. 이렇게 하면 같은 값을 여러 번 사용하거나 순서를 바꿔서 사용할 수 있다.

```
In [ ]:  print("나는 {0}, {1}을 먹고 싶다. 우리집엔 {1}이 배달되지 않아 슬프다.".format("피자",
         "치킨"))
```

Out [ ]: 나는 피자, 치킨을 먹고 싶다. 우리집엔 치킨이 배달되지 않아 슬프다.

● 키워드를 활용한 명명

중괄호 안에 키워드를 사용하면 format( ) 메서드에서 해당 키워드로 값을 전달할 수 있다. 이 방법은 코드의 의미를 더욱 명확하게 만들어준다.

```
In [ ]:  text = "{name}님, 반갑습니다. 적립금은 {money}원 입니다."
         print(text.format(name="홍길동", money=500))
```

Out [ ]: 홍길동님, 반갑습니다. 적립금은 500원 입니다.

● 숫자 포맷팅

format( ) 메서드는 숫자의 표시 형식도 다양하게 제어할 수 있다.

```
In [ ]:  # 소수점 자릿수 지정: 콜론(:) 뒤에 .2f를 사용하면 소수점 둘째 자리까지만 표시한다.
         print("{:.2f}% 확신합니다.".format(95.1234567))
```

Out [ ]: 95.12% 확신합니다.

```
In [ ]:  # 천 단위 콤마 표시: 콜론(:) 뒤에 쉼표(,)를 사용하면 큰 숫자에 천 단위 구분 기호가 자동
         으로 삽입된다.
         print("한 달 휴대폰 요금은 {:,}원 입니다.".format(100000))
```

Out [ ]: 한 달 휴대폰 요금은 100,000원 입니다.

2.3.4 파일 입출력

프로그래밍을 할 때 화면에 글자를 보여주는 것만으로는 부족하다. 컴퓨터를 끄면 우리가 만든 결과가 모두 사라져버리기 때문이다. 그래서 중요한 내용은 파일에 저장해서 나중에 다시 사용할 수 있도록 해야 한다. 파일 입출력을 배우면 데이터를 영구적으로 보관하고 필요할 때마다 불러와서 활용할 수 있다.

파일 입출력 기본 과정

파일을 다루는 과정은 크게 두 가지로 나뉜다. 파일 입력 과정은 먼저 파일을 쓰기모드로 열고, 그 다음에 파일에 내용을 작성한 후, 마지막으로 파일을 닫는 순서로 진행된다. 파일 출력 과정은 먼저 파일을 읽기모드로 열고, 그 다음에 파일의 내용을 읽어온 후, 마지막으로 파일을 닫는 순서로 진행된다. 두 과정 모두 파일을 열고 작업한 후 반드시 파일을 닫아야 한다는 공통점이 있다.

표 2-16 파일 출력 과정과 파일 입력 과정

파일 입력 과정	파일 출력 과정
1) 파일을 '쓰기모드'로 연다(Open)	1) 파일을 '읽기모드'로 연다(Open)
2) 파일에 작성한다(Write)	2) 파일을 읽는다(Read)
3) 파일을 닫는다(Close)	3) 파일을 닫는다(Close)

각 단계를 코드로 구현해보자.

① 파일 입력

abc.txt 파일을 생성하고 지정된 내용을 작성하는 코드를 작성해보자.

```
In [ ]: f = open("abc.txt", "w")   # 쓰기모드로 파일 열기
        f.write("A B C D E F G ")
        f.close()
```

파일을 다룰 때 사용하는 모드는 총 세 가지가 있다.

'r' 모드는 읽기모드로, 이미 있는 파일의 내용을 읽어올 때 사용한다. 'w' 모드는 쓰기모드로, 파일에 새로운 내용을 작성할 때 사용하며 기존 내용을 모두 지우고 덮어쓴다는 특징이 있다. 만약 해당 파일이 존재하지 않으면 새로운 파일을 자동으로 생성한다. 'a' 모드는 추가모드로, 기존 파일의 내용은 그대로 두고 그 뒤에 새로운 내용을 덧붙일 때 사용한다.

표 2-17 파일 모드 정리

모드	설명	특징
'r'	읽기모드	파일 내용을 읽어옴
'w'	쓰기모드	기존 내용을 덮어씀 (파일이 없으면 생성)
'a'	추가모드	기존 내용 뒤에 새 내용 추가

- **쓰기모드('w') – 덮어쓰기**

쓰기모드('w')는 기존 내용을 완전히 대체한다. 이전 내용인 "A B C D E F G"는 사라지고 새로운 내용만 남는다.

In [ ]:
```
f = open("abc.txt", "w")
f.write("a b c d e f g ")
f.close()

f = open("abc.txt", "r")
print(f.read())
f.close()
```

Out [ ]: a b c d e f g

- **추가모드('a') – 내용 추가**

추가모드('a')는 기존 내용을 유지하면서 새로운 내용을 파일 끝에 추가한다.

In [ ]:
```
# 추가(append)모드로 파일 열기
f = open("abc.txt", "a")
f.write("H I J K L M N O P Q R S T U V W X Y Z")
f.close()

# 읽기모드로 파일 열기
f = open("abc.txt", 'r')
print(f.read())
f.close()
```

Out [ ]: a b c d e f g H I J K L M N O P Q R S T U V W X Y Z

- **readlines( ) – 줄 단위 읽기**

readlines( )는 파일을 줄 단위로 나누어 리스트 형태로 반환한다. 여러 줄로 구성된 파일을 처리할 때 유용하다.

In [ ]:
```
f = open("abc.txt", 'r')
lines = f.readlines()
for line in lines:
    print(line)
f.close()
```

② 파일 출력 - 파일 내용 읽기

```
In [ ]: f = open("abc.txt", "r")  # 읽기모드로 파일 열기
        print(f.read())
        f.close()
```

Out [ ]: A B C D E F G

with 구문 활용

파일 처리 시 close( )를 잊어버리는 실수를 방지하기 위해 with 구문을 사용할 수 있다. with 구문을 사용하면 블록을 벗어날 때 자동으로 파일이 닫힌다.

```
In [ ]: # 파일을 쓰기모드('w')로 열어서 새로운 내용 작성
        with open("일기.txt", "w") as f:
            f.write("2020년 3월 12일 금요일\n")  # 날짜를 파일에 쓰고 줄바꿈

        # 파일을 추가모드('a')로 열어서 기존 내용 뒤에 추가
        with open("일기.txt", "a") as f:
            f.write("날씨 맑음")  # 기존 내용을 지우지 않고 뒤에 날씨 정보 추가

        # 파일을 읽기모드('r')로 열어서 전체 내용 확인
        with open("일기.txt", "r") as f:
            print(f.read())  # 파일의 모든 내용을 읽어서 화면에 출력
```

Out [ ]: 2020년 3월 12일 금요일
         날씨 맑음

파일 삭제

프로그래밍을 하다 보면 불필요한 파일을 삭제해야 할 때가 있다. 파이썬에서 파일을 삭제하려면 os 모듈을 사용해야 한다. os 모듈은 운영체제와 관련된 기능들을 제공하는 파이썬의 내장 모듈이다.

파일을 삭제하기 전에는 반드시 해당 파일이 존재하는지 확인해야 한다. 존재하지 않는 파일을 삭제하려고 하면 오류가 발생하기 때문이다.

```
In [ ]: import os  # 운영체제 관련 기능을 사용하기 위해 os 모듈을 가져옴

        fileName = "abc.txt"  # 삭제하려는 파일명을 변수에 저장

        # os.path.exists() 함수로 파일이 존재하는지 먼저 확인
        if os.path.exists(fileName):
```

```
In [ ]:    os.remove(fileName)    # 파일이 존재하면 os.remove()로 삭제
           print("{}파일을 삭제하였습니다.".format(fileName))
       else:
           print("{}파일이 존재하지 않습니다.".format(fileName))    # 파일이 없으면 안내 메시지 출력
```

이 코드는 안전한 파일 삭제 방법을 보여준다. 파일 존재 여부를 확인한 후 삭제하므로 오류 없이 프로그램이 실행된다.

지금까지 학습한 내용을 간략히 정리해보자.

표 2-18 핵심 정리

파일 닫기	close( )를 반드시 호출하여 시스템 리소스를 해제해야 한다.
with 구문 활용	자동으로 파일을 닫아주므로 실수를 방지할 수 있다.
모드 선택	목적에 맞는 적절한 파일 모드를 선택해야 한다.
경로 확인	파일이 현재 작업 디렉토리에 생성됨을 인지해야 한다.

2.3.5 문자열

인터넷의 신문기사, 게시판 글, SNS 피드 등 우리 주변에는 문자 형태의 데이터가 넘쳐난다. 파이썬은 이러한 문자열 데이터를 효과적으로 처리할 수 있는 다양한 내장 함수를 제공한다.

표 2-19 주요 문자열 함수 목록

함수	설명	활용 예제
split( )	문자열 분리	str.split([sep])
strip( )	문자열 삭제	str.strip([chars])
join( )	문자열 연결	str.join(seq)
find( )	문자열 찾기	str.find(search_str, start, end)
count( )	문자열 일치 횟수 반환	str.count(search_str)
startswith( )	특정 문자열로 시작하는지 검사	str.startswith(prefix)
endswith( )	특정 문자열로 끝나는지 검사	str.endswith(suffix)
replace( )	문자열 바꾸기	str.replace(old, new)
lower( )	소문자로 변경	str.lower( )
upper( )	대문자로 변경	str.upper( )

문자열 분리 - split( )

문자열을 지정한 구분자로 나누어 리스트로 반환한다.

```
In [ ]: text = "나는 자랑스러운 태극기 앞에 자유롭고 정의로운 대한민국의 무궁한 영광을 위하여
            충성을 다할 것을 굳게 다짐합니다."
        text.split(" ")  # 공백을 구분자로 하여 문장을 쪼갬
```
```
Out [ ]: ['나는', '자랑스러운', '태극기', '앞에', '자유롭고', '정의로운', '대한민국의', '무궁한',
         '영광을', '위하여', '충성을', '다할', '것을', '굳게', '다짐합니다.']
```

```
In [ ]: phone_number = "+82-10-1234-5678"
        print(phone_number.split("-"))   # "-"을 구분자로 하여 문장을 쪼갬
        print(phone_number.split("-", 2))  # 최대 2번만 분리
```
```
Out [ ]: ['+82', '10', '1234', '5678']
         ['+82', '10', '1234-5678']
```

불필요한 문자 제거 - strip( )

문자열의 양쪽 끝에서 지정된 문자를 제거한다. 기본값은 공백 문자 제거이다.

```
In [ ]: text = "    토실토실 아기 돼지    "
        text.strip()
```
```
Out [ ]: '토실토실 아기 돼지'
```

```
In [ ]: text = "\n\n\n\n토실토실 아기 돼지\n\n\n\n"
        text.strip("\n")
```
```
Out [ ]: '토실토실 아기 돼지'
```

```
In [ ]: text = "ababab토실토실 아기 돼지ababab"
        text.strip("ab")
```
```
Out [ ]: '토실토실 아기 돼지'
```

```
In [ ]: text = "ssss토실토실 아기 돼지sssss"
        print(text.lstrip('s'))  # lstrip(): 왼쪽 끝에서만 제거
        print(text.rstrip('s'))  # rstrip(): 오른쪽 끝에서만 제거
```
```
Out [ ]: 토실토실 아기 돼지sssss
         ssss토실토실 아기 돼지
```

문자열 연결 - join( )

반복 가능한 객체의 요소들을 문자열로 연결한다.

```
In [ ]: text1 = "→"
        text2 = ["인천", "도쿄", "뉴욕", "파리"]
        text1.join(text2)
```

```
Out [ ]: '인천→도쿄→뉴욕→파리'
```

문자열 검색 - find( )

찾고자 하는 문자 또는 문자열의 첫 번째 위치를 반환한다. 찾지 못하면 -1을 반환한다.

```
In [ ]: text = "송아지 송아지 얼룩 송아지"
        print(text.find("지"))
        print(text.find("얼룩"))
```

```
Out [ ]: 2
         8
```

문자열 개수 세기 - count( )

찾고자 하는 문자 또는 문자열이 포함된 횟수를 반환한다.

```
In [ ]: text = "송아지 송아지 얼룩 송아지"
        text.count("송아지")
```

```
Out [ ]: 3
```

시작/끝 문자열 확인 - startswith( ), endswith( )

문자열이 특정 문자열로 시작하거나 끝나는지 확인한다.

```
In [ ]: animals = ['강아지', '송아지', '돼지']

        for i in animals:
            print(f'{i}는 [강]으로 시작합니까? {i.startswith("강")}, [지]로 끝납니까? {i.endswith("지")}')
```

```
Out [ ]: 강아지는 [강]으로 시작합니까? True, [지]로 끝납니까? True
         송아지는 [강]으로 시작합니까? False, [지]로 끝납니까? True
         돼지는 [강]으로 시작합니까? False, [지]로 끝납니까? True
```

문자열 치환 - replace( )

지정된 문자열을 다른 문자열로 바꾼다.

```
In [ ]:  text = '강아지'
         text.replace('강', '송')
```

```
Out [ ]:  '송아지'
```

대소문자 변환 - lower( ), upper( )

문자열을 소문자 또는 대문자로 변환한다.

```
In [ ]:  text = 'Coffee'
         print(text.lower())
         print(text.upper())
```

```
Out [ ]:  coffee
          COFFEE
```

표 2-20 문자열 검증 함수

함수	설명
isalpha( )	문자로만 구성되어 있는지 확인
isdigit( )	숫자로만 구성되어 있는지 확인
isalnum( )	문자와 숫자로만 구성되어 있는지 확인
isspace( )	공백 문자로만 구성되어 있는지 확인
isupper( )	대문자로만 구성되어 있는지 확인
islower( )	소문자로만 구성되어 있는지 확인

이러한 문자열 함수들은 데이터 분석과 텍스트 처리에서 매우 유용하다. 모든 함수를 외울 필요는 없지만, 필요할 때마다 찾아서 활용하다 보면 자연스럽게 익숙해질 것이다.

문제 2-24(사용자 명단 처리 시스템)

사용자로부터 여러 명의 이름을 입력받아 데이터를 정제하고 분석하는 프로그램을 작성하시오.

(요구사항)
- 입력 데이터: " 김철수, 홍길동, 이영희 " (앞뒤 공백 포함)
- 데이터 정제: 앞뒤 공백 제거
- 이름 분리: 쉼표와 공백(", ")을 기준으로 이름들을 리스트로 분리
- 결과 출력: 다음 형식으로 출력

(예상 출력)

=== 사용자 명단 처리 결과 ===
원본 데이터: ' 김철수, 홍길동, 이영희 '
정제된 데이터: '김철수, 홍길동, 이영희'
분리된 이름 목록: ['김철수', '홍길동', '이영희']
1번째 사용자: 김철수 (길이: 3자)
2번째 사용자: 홍길동 (길이: 3자)
3번째 사용자: 이영희 (길이: 3자)

```python
# 사용자 입력 데이터 정제
user_input = "   김철수, 홍길동, 이영희   "

# 공백 제거 및 이름 분리
clean_input = user_input.strip()
names_list = clean_input.split(", ")

print("=== 사용자 명단 처리 결과 ===")
print(f"원본 데이터: '{user_input}'")
print(f"정제된 데이터: '{clean_input}'")
print(f"분리된 이름 목록: {names_list}")

# 각 이름 처리
for i, name in enumerate(names_list, 1):
    print(f"{i}번째 사용자: {name} (길이: {len(name)}자)")
```

2.3.6 모듈, 패키지, 클래스

모듈

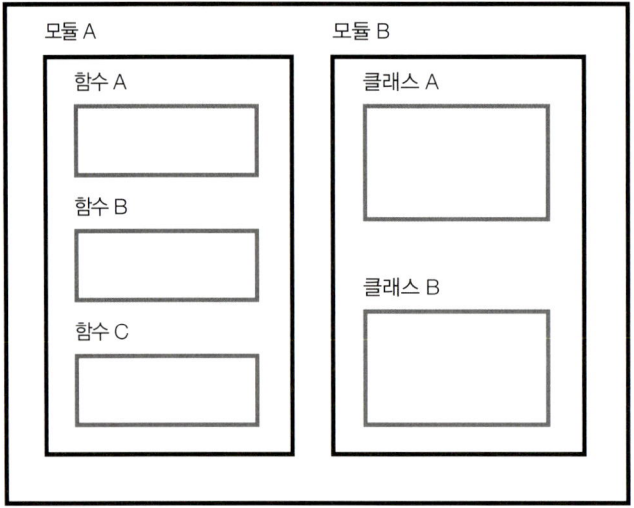

그림 2-30 모듈

프로그래밍에서 함수가 많아지면 관리가 어려워지고 비슷한 기능을 중복으로 만드는 경우가 발생한다. 이를 해결하기 위해 비슷한 기능을 수행하는 함수나 변수를 모아 놓은 꾸러미인 '모듈'을 사용한다. 모듈은 관련 있는 함수와 변수들을 하나의 파일로 묶어놓은 것이다. 예를 들어 권장 체중 계산 함수, 칼로리별 메뉴 추천 함수를 모아둔 다이어트 모듈을 만들 수 있고, 사칙연산 함수, 다중값 덧셈 함수를 모아둔 계산기 모듈을 만들 수 있다.

① 모듈 만들기

앞에서 작성한 함수들을 활용하여 다이어트 모듈을 만들어보자. .py 확장자로 저장해야 다른 곳에서 불러와 사용할 수 있다.

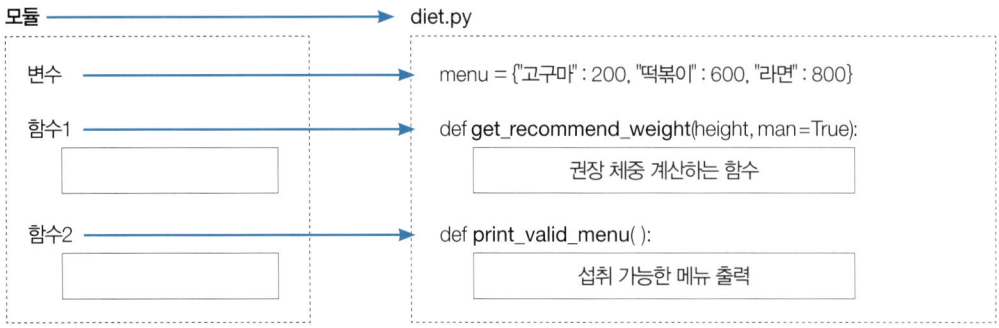

그림 2-31 모듈 → diet.py

```
In [ ]: # diet.py 파일 생성
        menu = {"고구마": 200, "떡볶이": 600, "라면": 800}
        
        def get_recommend_weight(height, man=True):
            weight = 0
            if man:
                weight = height - 100
            else:
                weight = (height - 100) * 0.9
            print("권장 체중은 {}kg 입니다".format(weight))
            return weight
        
        def print_valid_menu():
            for key, value in menu.items():
                if value > 500:
                    print("{}:X".format(key))
                else:
                    print("{}:O".format(key))
```

주피터 노트북을 활용하여 작성할 경우, [File] → [Download as] → [Python]을 선택하여 파이썬 형태로 다운로드 한다. 다운로드 한 diet.py 파일은 PC의 기본 다운로드 폴더 경로에서 확인할 수 있다. 이후의 작업을 위해 diet.py 파일을 현재 작업하고 있는 디렉토리(예 C:\workspace)로 이동시킨다.

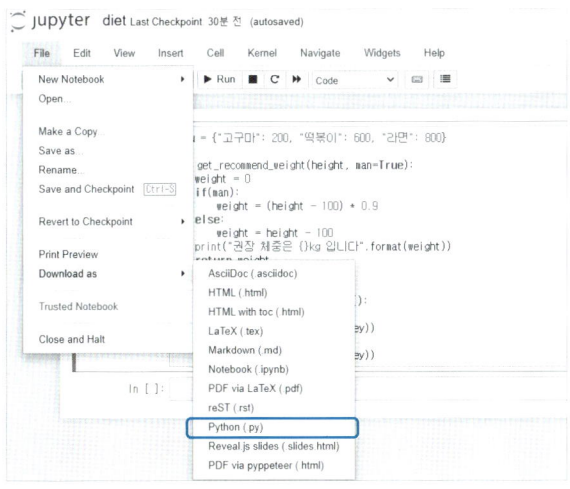

그림 2-32 주피터 노트북에서 내려받기

② 모듈 불러오기

모듈을 불러와서 사용하는 방법에는 여러 가지가 있다.

• 기본 import

기본 import는 도구상자 전체를 빌려오는 것과 같다. 도구상자 안에 있는 망치를 쓰고 싶으면 "도구상자 안의 망치"라고 정확히 말해야 한다. 이 방법의 좋은 점은 어느 도구상자에서 가져온 도구인지 항상 알 수 있다는 것이다. 친구마다 다른 도구상자를 가지고 있어도 헷갈리지 않는다. 예를 들어 철수의 도구상자 망치와 영희의 도구상자 망치를 불러오더라도 "철수의 도구상자 안의 망치", "영희의 도구상자 안의 망치"라고 명확하게 부르기 때문에 각각의 망치를 구분하여 사용할 수 있다.

```
In [ ]: import diet

        diet.get_recommend_weight(160, False)
        diet.print_valid_menu()
```

• 별명 사용

별명을 사용하는 것은 긴 이름의 도구상자에 짧은 별명을 붙이는 것과 같다. "철수네집앞문구점도구상자"라는 긴 이름 대신 "문구점"이라고 짧게 부르는 것이다. 만약 긴 이름을 계속 써야 한다면 정말 피곤할 것이다. 친구들과 함께 공부할 때도 모두 같은 별명을 쓰면 서로 이해하기 쉽다. 또한 안전함도 그대로 유지된다. 별명을 써도 여전히 어느 도구상자인지 알 수 있기 때문이다. 단, 별명을 지을 때는 이미 있는 이름과 겹치지 않게 조심해야 한다.

```
In [ ]: import diet as dd

        dd.get_recommend_weight(160, False)
        dd.print_valid_menu()
```

별명을 사용하는 방법은 모듈 이름이 길거나 복잡할 때 별명을 사용하면 편리하다. 특히 데이터 분석에서 자주 사용하는 관행적인 별명들이 있다.

표 2-21 데이터 분석 시 자주 사용하는 import 구문(모듈 이름과 별명)

모듈	별명	용도
numpy	np	수치 연산
pandas	pd	데이터 프레임 연산
seaborn	sns	고급 시각화 도구

| matplotlib.pyplot | plt | 기본 시각화 도구 |

- from 사용

from을 사용하는 것은 도구상자에서 필요한 도구만 꺼내서 내 책상 위에 올려놓는 것과 같다. 망치가 필요하면 망치만 가져와서 "망치"라고 바로 부를 수 있다. 좋은 점은 사용하기가 매우 편하다는 것이다. "도구상자 안의 망치"라고 길게 말할 필요 없이 그냥 "망치"라고 하면 된다. 자주 쓰는 도구들을 책상 위에 놓고 바로바로 쓸 수 있어서 일이 빨라진다. 하지만 조심해야 할 점도 있다. 책상 위에 도구가 너무 많아지면 어떤 도구상자에서 가져온 것인지 헷갈릴 수 있다. 또 다른 친구가 같은 이름의 도구를 가져다 놓으면 어느 것이 어느 것인지 구분하기 어려워진다.

```
In [ ]: from diet import get_recommend_weight, print_valid_menu

get_recommend_weight(160, False)
print_valid_menu()
```

from을 사용하면 모듈명 없이 함수를 직접 호출할 수 있다. 모든 함수를 불러오려면 from 모듈이름 import *를 사용한다.

참고: 모듈 사용 팁

- Jupyter Notebook에서 모듈이름. 후 [Tab]키를 누르면 사용 가능한 함수 목록 확인
- 함수명 작성 후 [Shift] + [Tab]으로 함수 형태(Signature) 확인 가능

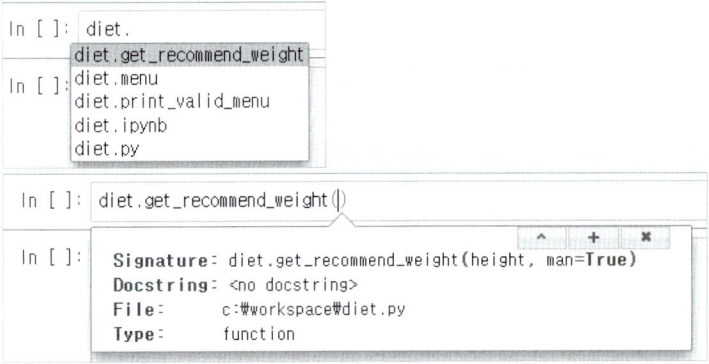

패키지

여러 개의 모듈을 모아서 패키지를 만들 수 있다. 패키지는 마치 서류를 정리하는 폴더와 같은 개념이다. 집에서 서류들을 아무렇게나 쌓아두면 나중에 찾기 어렵지만, 종류별로 폴더에 나누어 넣으면 쉽게 찾을 수 있다. 패키지도 마찬가지로 관련된 모듈들을 하나의 폴더에 모아놓은 것이다.

예: 다이어트 패키지: 식단관리 모듈 + 운동관리 모듈 + 체중관리 모듈 + 근육량관리 모듈

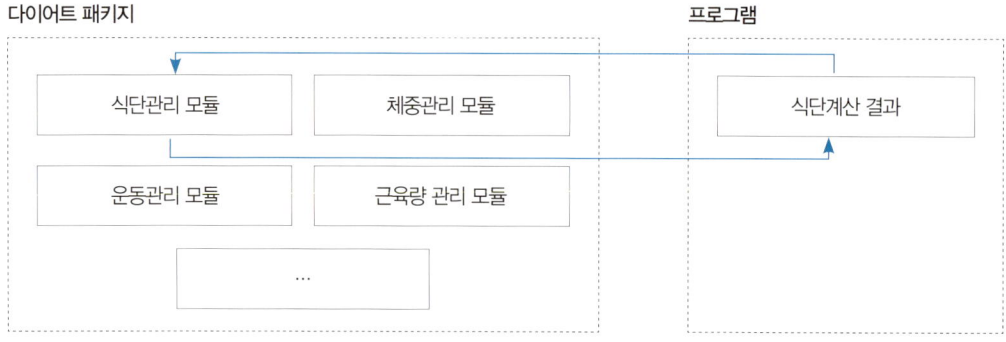

그림 2-33 패키지

① 패키지 설치

패키지를 사용하기 위해서는 먼저 작업 환경에 패키지를 설치해야한다. Anaconda를 사용하면 데이터 분석에 필요한 주요 패키지들이 이미 설치되어 있지만, Anaconda에 포함되어 있지 않은 패키지의 경우에는 별도로 설치가 필요하다. 외부에서 패키지를 다운로드 하기 위해서 pip 명령어로 설치할 수 있다.

> [문법] pip install 패키지명

② API 문서 활용

패키지를 사용할 때는 주소를 쓰는 것과 비슷하다. 주소의 경우에도 "서울시 강남구 역삼동"처럼 큰 곳부터 작은 곳 순서로 써주는 것 처럼 패키지도 "큰패키지.작은패키지.모듈" 순서로 써준다. 패키지를 호출하기 위해서는 패키지의 구조를 알아야하는데 대부분의 패키지는 API(Application Programming Interface) 문서를 제공한다. 이 문서에는 모듈과 함수의 사용법, 주요 인자와 리턴값 설명, 예제 코드가 포함되어 있어 패키지 사용법을 익히는 데 필수적이다.

```
bytes.split(sep=None, maxsplit=-1)
bytearray.split(sep=None, maxsplit=-1)
```
Split the binary sequence into subsequences of the same type, using *sep* as the delimiter string. If *maxsplit* is given and non-negative, at most *maxsplit* splits are done (thus, the list will have at most `maxsplit+1` elements). If *maxsplit* is not specified or is -1, then there is no limit on the number of splits (all possible splits are made).

If *sep* is given, consecutive delimiters are not grouped together and are deemed to delimit empty subsequences (for example, `b'1,,2'.split(b',')` returns `[b'1', b'', b'2']`). The *sep* argument may consist of a multibyte sequence (for example, `b'1<>2<>3'.split(b'<>')` returns `[b'1', b'2', b'3']`). Splitting an empty sequence with a specified separator returns `[b'']` or `[bytearray(b'')]` depending on the type of object being split. The *sep* argument may be any bytes-like object.

For example:

```
>>> b'1,2,3'.split(b',')
[b'1', b'2', b'3']
>>> b'1,2,3'.split(b',', maxsplit=1)
[b'1', b'2,3']
>>> b'1,2,,3,'.split(b',')
[b'1', b'2', b'', b'3', b'']
```

If *sep* is not specified or is `None`, a different splitting algorithm is applied: runs of consecutive ASCII whitespace are regarded as a single separator, and the result will contain no empty strings at the start or end if the sequence has leading or trailing whitespace. Consequently, splitting an empty sequence or a sequence consisting solely of ASCII whitespace without a specified separator returns `[]`.

For example:

```
>>> b'1 2 3'.split()
[b'1', b'2', b'3']
>>> b'1 2 3'.split(maxsplit=1)
[b'1', b'2 3']
>>> b'   1   2   3   '.split()
[b'1', b'2', b'3']
```

그림 2-34 패키지

클래스

클래스는 객체지향 프로그래밍의 핵심 개념이다. 현실 세계의 사물이나 현상을 컴퓨터로 옮기는 '추상화' 과정에서 사용된다. 클래스는 붕어빵 틀과 같은 개념이다. 붕어빵 틀 자체는 먹을 수 없지만, 이 틀을 사용해서 실제 붕어빵을 만들 수 있다. 클래스도 마찬가지로 실제 물건의 설계도나 틀 역할을 한다.

붕어빵 틀을 사용해서 붕어빵을 만들 듯이 클래스를 사용하면 다양한 객체를 만들 수 있다. 즉 클래스는 설계도이고, 객체는 그 설계도로 만든 실제 물건이다. 자동차 설계도가 하나 있으면 그것으로 똑같은 자동차를 여러 대 만들 수 있는 것과 같다. 각각의 자동차는 모두 같은 모양이지만 색깔이나 번호판은 다를 수 있다.

클래스 안에는 두 가지 중요한 것이 있는데 바로 속성과 메서드이다. 속성은 그 물건이 가지는 특징들이다. 자동차라면 색깔, 크기, 바퀴 개수 같은 것들이다. 메서드는 그 물건이 할 수 있는 행동들이다. 자동차라면 달리기, 멈추기, 경적 울리기 같은 것들이다.

① 개념 이해
- 추상화: 현실의 복잡한 것들을 중요한 특징만 뽑아 컴퓨터로 옮기는 과정
- 객체: 현실 세계의 사물을 추상화하여 컴퓨터에서 표현한 것
- 클래스: 객체를 만들어내기 위한 틀(붕어빵 기계)

② 클래스의 특징
- 속성과 메서드: 변수와 함수에 해당
- 생성자: 객체를 만들어내는 구문
- 상속: 부모 클래스의 속성과 메서드를 자식 클래스가 물려받음(예: '사람' 클래스 → '학생' 자식 클래스)

클래스와 객체지향을 완전히 이해하면 파이썬을 더욱 풍부하게 활용할 수 있지만, 데이터 분석 초보자에게는 모듈과 패키지를 잘 사용하는 것이 더 중요하다. 이 책에서는 클래스를 직접 만드는 것보다는 모듈과 패키지에 포함된 클래스를 적절하게 활용하는 데 초점을 맞추어서 사용할 것이다.

지금까지 학습한 것을 정리해보자.

표 2-22 핵심 정리

모듈	관련 함수와 변수를 하나의 파일로 묶은 것
패키지	여러 모듈을 모은 것
import 방법	기본, 별명, from 등 다양한 방식
클래스	객체를 만들기 위한 틀

2.3.7 예외 처리

예외 처리는 프로그램 실행 중 발생할 수 있는 오류를 미리 대비하여 프로그램이 비정상적으로 종료되는 것을 방지할 때 사용한다. 사용자 입력 검증, 파일 처리, 네트워크 통신 등에서 중요하다.

```
[문법]
try:
    # 예외가 발생할 수 있는 코드
    pass
except ExceptionType as e:
    # 특정 예외 처리
    pass
except:
    # 모든 예외 처리
    pass
finally:
    # 항상 실행되는 코드
    pass
```

try-except-finally 문

Python의 예외 처리 구문은 try-except-finally 문으로 작성한다. 먼저 try 블록에는 예외가 발생할 가능성이 있는 코드를 작성하며, 실행 중 오류가 발생하면 해당하는 except 블록으로 제어가 넘어간다.

첫 번째 except 문은 특정 예외 타입을 지정하여 해당 예외만 처리하며, as e 구문을 통해 예외 객체를 변수에 저장할 수 있다. 두 번째 except 문은 예외 타입을 명시하지 않아 모든 종류의 예외를 포착한다.

finally 블록은 예외 발생 여부와 관계없이 항상 실행되는 코드 영역으로, 주로 파일 닫기나 리소스 해제 등의 정리 작업에 사용된다. 이러한 구조를 통해 프로그램의 안정성을 높이고 예상치 못한 오류로 인한 프로그램 종료를 방지할 수 있다.

문제 2-25(나이 입력 검증 코드)

사용자로부터 나이를 입력받아 유효성을 검증하는 코드를 작성하시오. 사용자가 잘못된 값을 입력하더라도 프로그램이 중단되지 않고 올바른 값을 입력할 때까지 반복 요청하시오.

In [ ]:
```python
In []:
# 나이 입력 및 검증 시스템
def get_valid_age():
    while True:
        try:
            age_input = input("나이를 입력하세요: ")
            age = int(age_input)

            if age < 0:
                print("나이는 0 이상이어야 합니다")
                continue
            elif age > 150:
                print("유효하지 않은 나이입니다")
                continue
            else:
                return age

        except ValueError:
            print("숫자만 입력해주세요")
        except KeyboardInterrupt:
            print("\n프로그램을 종료합니다")
            break

# 함수 사용
try:
    user_age = get_valid_age()
    if user_age:
        print(f"입력하신 나이는 {user_age}세입니다")
except:
    print("예상치 못한 오류가 발생했습니다")
```

위의 코드는 while True 루프 안에 try-except 구문을 배치하여 올바른 입력이 들어올 때까지 계속 시도할 수 있도록 설계했다. 먼저 문자열을 정수로 변환하는 과정에서 발생할 수 있는 ValueError를 처리하고, 변환에 성공하면 논리적 범위(0-150세)를 검증한다. 또한 KeyboardInterrupt 예외를 별도로 처리하여 사용자가 [Ctrl]+[C]로 프로그램을 중단할 수 있도록 했다. 함수 호출 부분에서도 추가적인 try-except를 사용하여 예상치 못한 오류에 대비하고, 반환값을 검증하여 None 값에 대한 처리도 고려했다. 이러한 다중 방어를 적용한 코드는 실제 운영 환경에서 프로그램의 안정성을 크게 향상시킨다.

지금까지 학습한 것을 정리해보자.

표 2-23 핵심 정리

기본자료형	정수형(int), 실수형(float), 불리언(bool), 문자형(str)
컨테이너자료형	리스트(list), 튜플(tuple), 세트(set), 딕셔너리(dictionary)
조건문	if 문, else 문, elif 문
반복문	for 문, while 문
입출력	input( ), print( ), open( ), read( ), write( ), close( )
함수	def 함수명(입력인자)

Chapter 3

데이터 분석을 위한
파이썬 응용 문법

3장에서는 데이터 분석을 위한 기본 패키지인 NumPy(넘파이)와
Pandas(판다스)에 대해 알아본다. NumPy와 Pandas는
데이터 전처리에 핵심이 되는 기능을 제공한다.

이 장에서는 무엇을 배우나요?

- NumPy 기초와 배열 연산
- Pandas 데이터 프레임과 시리즈
- 데이터 전처리와 정제
- 데이터 변형과 집계

가벼운 마음으로 시작해보세요

이번 장에서는 데이터 분석을 위한 문법을 시작한다. 2장에서 배운 파이썬 기본 문법은 영어 문법에서 문장 5형식을 배운 것과 유사하다. 즉, 파이썬이라는 언어를 다루기 위한 기본 규칙에 대해 배웠다면, 3장에서는 본격적으로 데이터 분석을 위한 자료구조와 문법을 알아본다.

우리가 사용하는 한글 문장도 보고서, 입사지원서, 제안서, 계약서, 법조문 등에 따라 문장 형식과 구조, 자주 사용하는 표현에 차이가 있다. 마찬가지로 프로그래밍 언어도 목적에 따라 사용하는 자료구조와 자주 사용하는 문법이 다르다.

데이터는 보통 행과 열로 구성된 표 형태로 보관된다. 날짜별 주가 변화를 저장한 표나 엑셀에 기록된 매출 데이터를 떠올려보자. NumPy와 Pandas는 이처럼 표 형태로 저장된 대량의 데이터를 빠르고 효율적으로 처리하는 기능을 제공한다. 데이터 분석을 위한 전처리를 수월하게 하기 위해서는 NumPy와 Pandas를 상황에 맞게 자유자재로 사용할 수 있도록 익숙해지는 것이 좋다.

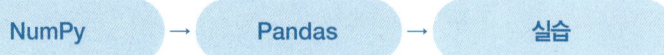

3.1 NumPy

이것만은 기억하세요
- ✓ 배열 만들기
- ✓ 배열에서 원하는 데이터 선택하기
- ✓ 배열 연산하기
- ✓ 배열의 구조 변형하기
- ✓ 배열 저장하기

들어가면서

앞서 패키지를 '특정 기능을 모아 놓은 꾸러미'라고 정의했다. NumPy(Numerical Python)는 다차원 배열의 연산 기능을 모아 놓은 라이브러리로, 수치 연산을 위한 다양한 기능을 제공하는 패키지다. 이번 절에서는 NumPy의 기본 자료구조인 배열(array)에 대해 먼저 살펴보고, 어떤 수치 연산이 가능한지 알아본다.

3.1.1 배열의 개념

초등학교 시절 수업에서 봤던 미국의 자동화된 농업 시스템은 인상적이었다. 네모 반듯한 논밭을 유유히 돌아다니는 헬기와 트랙터 같은 농기구로 스르륵 몇 번 훑어 주기만 하면 씨도 뿌려지고, 추수도 되었다. 허리 숙여서 낫으로 벼 베기를 하고 새참을 드시는 어르신의 모습만 봐왔던 어린 아이 눈엔 꽤 인상적인 장면이었다.

미국의 농업 기술이 더 발전되었기도 했고 땅 덩어리가 큰 것도 한 몫 했겠지만, 토지를 네모 반듯하게 운영했다는 것이 농업을 자동화하는 데에 크게 한 몫 했다. 즉, 많은 양을 빠르게 처리하기 위해서는 자동화와 더불어 기계가 처리하기 좋은 균일한 사이즈의 공간이 함께 필요하다.

데이터도 마찬가지다. 많은 양을 빠르게 처리하기 위해서는 기계가 처리하기 좋은 균일한 공간에 데이터가 배치되어야 한다. 배열은 데이터 처리를 효율적으로 하기 위한 자료구조다.

기본 개념

배열은 연속적으로 데이터를 담을 수 있는 객체이며 array라고 쓴다.

- array([0, 4, 7, 3])와 같이 숫자를 연속으로 담을 수 있다.
- array(['I', 'love', 'you'])와 같이 문자열을 연속으로 담을 수 있다.

이런 형태의 배열을 1차원 배열이라고 한다. 언뜻 보기에 1차원 배열은 리스트와 굉장히 유사해 보이지만, 컴퓨터 내부적으로 연산을 처리하는 방법에 차이가 있다.

- 메모리 효율성: NumPy는 데이터를 연속된 메모리 블록에 저장하고, 일반적인 파이썬 자료형보다 더 적은 메모리를 사용한다
- 처리 속도: 내부 연산은 C언어로 작성되어 메모리를 직접 조작해 처리하기 때문에 배열을 빠르고 효율적으로 처리할 수 있다

표 3-1 NumPy 패키지의 주요 활용 분야

데이터 전처리	대용량 데이터의 빠른 계산
과학 계산	수학적 연산 및 통계 분석
이미지 처리	픽셀 데이터 조작
머신러닝	행렬 연산의 기초
신호 처리	시계열 데이터 분석

배열의 주요 특징

① 배열은 같은 종류의 데이터만 담을 수 있다.

리스트는 문자형과 숫자가 혼합된 형태의 데이터도 담을 수 있었지만, 배열은 같은 형태의 데이터만 담을 수 있다.

그림 3-1 배열은 같은 타입의 데이터만 넣을 수 있다.

```
In [ ]:  # 리스트 - 다양한 타입 가능
         list_example = [1, 'hello', 3.14, True]

         # 배열 - 같은 타입만 가능
         array_example = np.array([1, 2, 3, 4])  # 모두 정수
```

② 배열은 차원을 갖는다.

그림 3-2 배열은 차원을 갖는다.

차원이 여러 개 있는 배열을 다차원 배열(n-dimension array, ndarray)이라고 한다. 차원은 데이터가 배열되는 방향의 수를 의미한다. 도형으로 생각해보면 1차원은 선으로, 2차원은 사각형과 같은 면으로, 3차원은 정육면체와 같은 입면으로 표현된다. 데이터를 각 차원으로 변형하여 적용한 활용 사례를 살펴보자.

표 3-2 배열의 차원

1차원 배열	같은 유형의 데이터를 연속적으로 관리할 때 사용(예: 한 반의 성적 데이터, 월별 몸무게, 일별 매출 등)
2차원 배열	동일한 크기의 1차원 배열이 여러 개 모여 있는 표 형태의 데이터(예: 1학년 2반의 수학성적, 영어성적, 국어성적 등)
3차원 배열	2차원 배열이 여러 개 모여 있는 형태(예: 1학년 2반, 3반, 4반 등 각 반의 성적. 단, 모든 반 학생의 수가 같아야 함), 이미지 데이터(색상이 있는 이미지는 RGB 세 개의 레이어로 구성)

```
In [ ]:  # 2차원 배열 예시: 학생별 과목 성적
         grades_2d = np.array([
             [85, 92, 78],   # 학생1: 국어, 영어, 수학
             [90, 87, 95],   # 학생2: 국어, 영어, 수학
             [78, 89, 82]    # 학생3: 국어, 영어, 수학
         ])
```

배열은 차원을 갖고 있기 때문에 어떤 형태로 데이터를 저장하고 있는지 구조(shape)를 확인하는 방법을 제공한다. shape은 튜플 형태로 값을 반환한다.

```
In [ ]:  # 1차원 배열
         arr_1d = np.array([1, 2, 3])
         print(arr_1d.shape)  # (3,)

         # 2차원 배열
         arr_2d = np.array([[1, 2, 3, 4], [5, 6, 7, 8]])
         print(arr_2d.shape)  # (2, 4)

         # 3차원 배열
         arr_3d = np.array([[[1, 2], [3, 4]], [[5, 6], [7, 8]]])
         print(arr_3d.shape)  # (2, 2, 2)
```

③ 배열은 빠르고 간단하게 연산을 처리할 수 있다.

리스트에서 연산을 수행하기 위해서는 for 문과 같은 반복문을 사용해서 아이템을 하나씩 꺼내서 처리하고 넣는 형태로 진행했다. 배열은 이런 과정 없이 모든 아이템에 한꺼번에 연산을 적용할 수 있다.

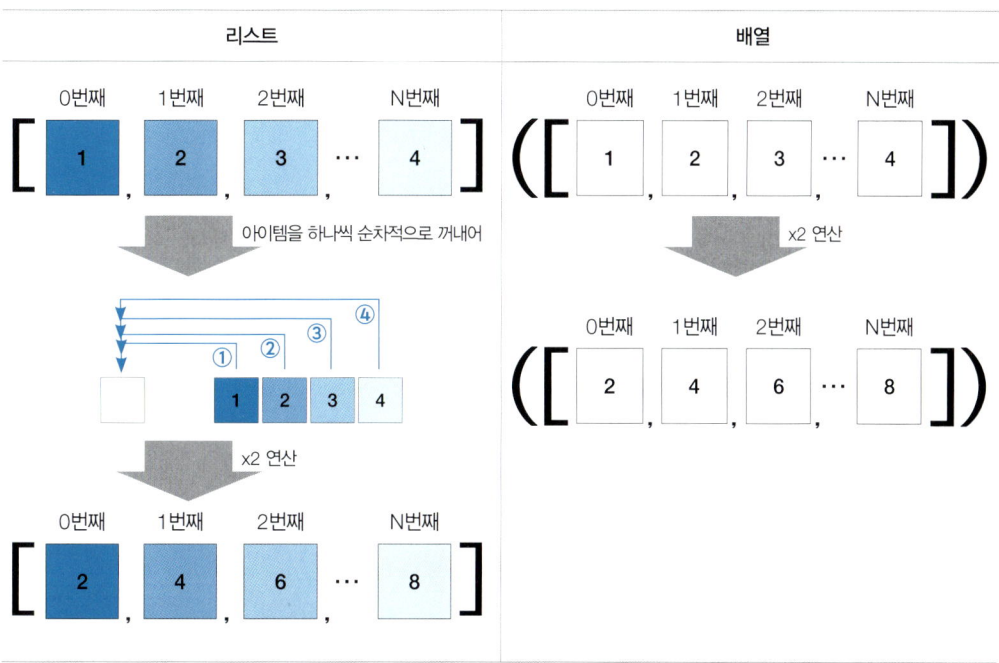

그림 3-3 배열은 모든 아이템에 한꺼번에 연산을 적용할 수 있다.

```
In [ ]:  # 리스트 연산 - 반복문 필요
         list_data = [1, 2, 3, 4]
         result_list = []
         for item in list_data:
             result_list.append(item * 2)

         # 배열 연산 - 벡터화 연산
         array_data = np.array([1, 2, 3, 4])
         result_array = array_data * 2  # 모든 원소에 2를 곱함
```

바로 이 세 번째 특징이 NumPy 패키지가 데이터 처리에 강력한 이유이기도 하다. 보통 우리가 데이터 분석에서 다루는 데이터는 적게는 수천 개에서 TB(테라바이트)급의 엄청난 양으로, for 문으로 반복해서 연산을 처리하기에는 시간도 오래 걸리고 메모리 효율도 좋지 않다.

NumPy 패키지에서 제공하는 배열 연산은 수많은 데이터를 매우 빠른 속도로 처리할 수 있는 장점이 있다.

> 📢 **참고:** 리스트 vs 배열 성능 비교

```
In [ ]:  import time

         # 리스트를 사용한 연산
         start_time = time.time()
         python_list = list(range(1000000))
         result_list = [x * 2 for x in python_list]
         list_time = time.time() - start_time

         # NumPy 배열을 사용한 연산
         start_time = time.time()
         numpy_array = np.arange(1000000)
         result_array = numpy_array * 2
         numpy_time = time.time() - start_time

         print(f"리스트 연산 시간: {list_time:.4f}초")
         print(f"NumPy 연산 시간: {NumPy_time:.4f}초")
         print(f"속도 개선: {list_time/NumPy_time:.1f}배")
```

NumPy 패키지 사용법

NumPy 패키지를 사용하기 위해서 패키지를 import한다. 보통 아래와 같은 네이밍 컨벤션을 사용한다.

[문법]
```
import numpy as np
```

다음과 같이 패키지 내의 모든 함수를 불러오는 형태는 지양하는 것이 좋다. NumPy 패키지에서 제공하는 기능이 굉장히 많기 때문에 메모리에 부담이 될 뿐만 아니라 파이썬 기본 내장함수와 동일한 이름의 함수도 존재하기 때문에 충돌 가능성이 있기 때문이다.

[문법]
```
from numpy import *  # 권장하지 않음
```

3.1.2 배열의 생성 및 조작

지금부터 본격적으로 NumPy 패키지를 사용해서 배열을 만들어보겠다. NumPy 패키지를 일반적인 네이밍 컨벤션을 사용해서 np로 불러왔다고 가정하고 설명한다.

배열 만들기

for 문은 반복자(iterator)를 사용하여 일정한 횟수만큼 반복을 수행한다.

표 3-3 배열 생성 함수 개요

np.array([1,2,3])	초기화할 값을 지정하여 배열 생성
np.zeros( )	값을 0으로 초기화하여 배열 생성
np.ones( )	값을 1로 초기화하여 배열 생성
np.arange( )	수의 순차적인 증감을 이용하여 배열 생성
np.random.rand( )	랜덤한 숫자로 배열 생성

① np.array( ) – 기본 배열 생성

가장 기본적으로 배열은 np.array( ) 함수를 사용하여 만든다.

[문법]
np.array(아이템이_나열된_형태의_객체)

'아이템이_나열된_형태의_객체'란 리스트, 튜플, range 형태의 객체를 의미한다. 3개의 정수가 있는 리스트로 배열을 생성한 코드이다.

```
In [ ]: import numpy as np

        list1 = [1, 2, 3]
        arr1 = np.array(list1)
        print(arr1)
```

Out [ ]: array([1, 2, 3])

② np.zeros( ) – 0으로 초기화된 배열

값을 하나씩 지정하지 않고, np.zeros( )를 사용하여 0으로 초기화된 배열을 만들 수 있다. 입력 인자로 배열의 모양(shape)을 넣어야 한다.

[문법]
np.zeros(배열의_모양)

5개의 0으로 채워진 배열을 만들어본다.

In [ ]:
```
# 1차원 배열 생성
np.zeros(5)
```

Out [ ]: array([0., 0., 0., 0., 0.])

(2,3) 튜플을 사용해 0으로 초기화된 2차원 배열을 생성해본다.

In [ ]:
```
# 2차원 배열 생성
np.zeros((2, 3))
```

Out [ ]: array([[0., 0., 0.],
       [0., 0., 0.]])

③ np.ones( ) – 1로 초기화된 배열

np.zeros( )와 유사하게 1로 초기화된 배열을 생성하는 함수다.

[문법]
np.ones(배열의_모양)

In [ ]: `np.ones(7)`

Out [ ]: array([1., 1., 1., 1., 1., 1., 1.])

> 📢 **참고:** np.empty( ) – 초기화 없는 배열
>
> zeros는 모든 데이터를 0으로 초기화하여 배열을 생성하는 함수이고, ones는 모든 데이터를 1로 초기화하여 배열을 생성한다. 이와 유사하게 empty는 데이터의 초기화 없이 배열을 생성한다. 그렇기 때문에 empty는 zeros나 ones보다 배열을 생성하는 속도가 조금 빠르긴 하지만, 의미 없는 쓰레기 값으로 채워져 있기 때문에 사용 시 유의해야 한다.
>
> ```
> In [ ]: np.empty(5)
> ```
> ```
> Out [ ]: array([2.41907520e-312, 1.06099790e-312, 1.01855798e-312, 6.23058028e-307,
>        8.34451928e-308])
> ```

④ np.arange( ) – 연속된 숫자 배열

파이썬의 기본 내장 함수인 range( )와 유사하게 연속된 숫자를 채워서 배열을 만드는 np.arange( )가 있다.

> **[문법]**
> np.arange([시작번호], 끝번호, [건너뛰는_수])

- 끝 번호는 반드시 작성해야 하는 입력 인자
- 시작 번호와 건너뛰는 수는 옵션
- 기본적으로 시작 번호는 0, 건너뛰는 수는 1로 설정
- range( )와 마찬가지로 끝 번호 미만의 숫자까지 생성

```
In [ ]: # 기본 사용법
        np.arange(10)
```
```
Out [ ]: array([0, 1, 2, 3, 4, 5, 6, 7, 8, 9])
```

```
In [ ]: # 시작값과 간격 지정
        np.arange(20, 30, 2)
```
```
Out [ ]: array([20, 22, 24, 26, 28])
```

3.1 NumPy

⑤ np.random.rand( ) – 랜덤값 배열

정해진 숫자가 아닌 랜덤값으로 배열을 만들 수도 있다.

[문법]
np.random.rand(배열의_모양)

In [ ]: `np.random.rand(2, 3)`

Out [ ]: array([[0.14097508, 0.55325696, 0.99503188], [0.60074925, 0.49981627, 0.26595781]])

NumPy의 random 모듈(np.random)은 랜덤값을 생성하는 다양한 함수를 제공한다.

표 3-4 random 모듈의 주요 함수

rand	균등분포에서 랜덤 추출
randint	주어진 범위 안에서 랜덤 추출
randn	표준정규분포에서 랜덤 추출(평균 0, 표준편차 1)
normal	정규분포에서 랜덤 추출
seed	랜덤값 생성기의 시드를 지정
shuffle	리스트나 배열의 순서를 섞음

reshape( ) - 배열 차원 변형

1차원 배열을 만들고, 차원을 변형하는 방법도 있다. 바구니를 한 줄로 늘어 놓았다가 차곡차곡 다시 정리하는 것처럼 말이다.

[문법]
array.reshape(변형할_모양)

16개의 값이 들어있는 배열을 (4,4) 형태의 2차원 배열로 변형해보겠다.

In [ ]:
```
arr2 = np.arange(16)
print(arr2)

# 1차원을 2차원으로 변형
arr2.reshape(4, 4)
```

```
Out [ ]: array([ 0,  1,  2,  3,  4,  5,  6,  7,  8,  9, 10, 11, 12, 13, 14, 15])
         array([[ 0,  1,  2,  3],
                [ 4,  5,  6,  7],
                [ 8,  9, 10, 11],
                [12, 13, 14, 15]])
```

16개의 값이 들어있는 배열을 (2,2,4) 형태의 3차원 배열로 변형해보겠다.

```
In [ ]:  # 1차원을 3차원으로 변형
         arr2.reshape(2, 2, 4)
```
```
Out [ ]: array([[[ 0,  1,  2,  3],
                 [ 4,  5,  6,  7]],

                [[ 8,  9, 10, 11],
                 [12, 13, 14, 15]]])
```

배열 속성 확인 및 타입 변환

배열은 '① 같은 종류의 데이터만 담을 수 있다. ② 차원을 갖는다.'는 특징이 있다. 배열 안에 담긴 데이터 타입이 무엇인지, 그리고 어떤 차원과 형태를 갖는지 살펴보는 방법이 있다.

표 3-5 배열 속성 확인 함수

shape	배열의 형태 확인
dtype	배열의 데이터 타입 확인
astype( )	배열의 데이터 타입 변경

① 실제 사용 예시

먼저 0부터 15까지의 숫자가 담긴 arr라는 배열을 생성한다.

```
In [ ]:  arr = np.arange(16)
         print(arr)
```
```
Out [ ]: array([ 0,  1,  2,  3,  4,  5,  6,  7,  8,  9, 10, 11, 12, 13, 14, 15])
```

```
In [ ]:  # 배열 형태 확인
         arr.shape
```
```
Out [ ]: (16,)
```

```
In [ ]:  # 데이터 타입 확인
         arr.dtype
```
```
Out [ ]: dtype('int32')
```

② 데이터 타입 변환

정수형의 데이터가 들어 있는 배열을 실수형으로 변환해본다.

```
In [ ]:  arr.astype(float)
```
```
Out [ ]: array([ 0.,  1.,  2.,  3.,  4.,  5.,  6.,  7.,  8.,  9., 10., 11., 12.,
                13., 14., 15.])
```

각각의 데이터가 소수점이 붙어있는 실수형으로 변환되었다.

NumPy 배열의 저장과 불러오기

작업한 다차원 배열은 바이너리 형태로 저장하고, 다시 불러와서 사용할 수 있다. 컴퓨터 메모리 상에 올라가 있는 데이터 형태로 그대로 저장한다. 즉 사람이 읽을 수 있는 형태로 인코딩하거나 데이터를 압축하는 과정 없이 원본 그대로 저장하기 때문에 빠른 속도로 저장하고 불러올 수 있는 장점이 있다.

① 배열 저장하기 – np.save( )

np.save( ) 함수를 사용하여 배열을 저장한다.

> **[문법]**
> np.save(파일이름, 배열이름)

NumPy에서 제공하는 save( )는 '.npy'라는 확장자의 파일로 배열을 저장한다.

```
In [ ]:  # 기본 저장 예시
         import numpy as np
         arr = np.arange(10).reshape(2, 5)
         print(arr)
```
```
Out [ ]: array([[0, 1, 2, 3, 4],
                [5, 6, 7, 8, 9]])
```

```
In [ ]:  np.save('array', arr)
```

코드와 같은 디렉토리에 array.npy라는 파일이 생성된 것을 확인할 수 있다.

② 배열 불러오기 – np.load( )

생성한 파일을 np.load( )를 사용하여 불러오고, load_arr라는 변수에 담아보겠다.

```
In [ ]: load_arr = np.load('array.npy')
        print(load_arr)
Out [ ]: array([[0, 1, 2, 3, 4],
                [5, 6, 7, 8, 9]])
```

앞으로 우리가 할 데이터 분석은 많은 양의 데이터를 가공하고 처리하기 때문에 데이터를 읽어오고 저장하는 데에 많은 리소스가 필요하다. 위의 예제처럼 작은 배열의 경우 다차원 배열 형태로 저장하는 것의 이점을 체감하기 어렵겠지만 데이터 분석할 때 유용하게 사용할 수 있으니 기억해 두자.

표 3-6 NumPy 바이너리 저장의 장점

빠른 속도	인코딩/디코딩 과정이 없어 매우 빠름
정확성	데이터 타입과 정밀도가 완벽하게 보존됨
메모리 효율성	압축 없이도 효율적인 저장 공간 사용
플랫폼 독립적	운영체제나 아키텍처에 관계없이 호환

배열의 압축된 형식 - npz 형식

NumPy에서는 여러 개의 배열을 하나의 파일로 저장하는 기능도 제공한다. 저장하려는 배열을 인자로 지정하여 함수를 호출한다. 이때 저장되는 파일은 '.npz'의 확장자를 갖는다.

- np.savez(파일이름, 저장할_배열): 여러 개의 배열을 하나의 파일로 저장
- np.savez_compressed(파일이름, 저장할_배열): 여러 개의 배열을 압축하여 하나의 파일로 저장

① np.savez( ) 사용 예시

```
In [ ]: # 여러 배열 생성
        arr1 = np.arange(10)
        arr2 = np.arange(20).reshape(4, 5)
        arr3 = np.random.rand(3, 3)
```

```python
# 여러 배열을 하나의 파일로 저장
np.savez('multiple_arrays',
         first_array=arr1,
         second_array=arr2,
         third_array=arr3)

# 또는 이름 없이 저장
np.savez('arrays_no_names', arr1, arr2, arr3)
```

② npz 파일 불러오기

```python
# npz 파일 불러오기
loaded_data = np.load('multiple_arrays.npz')

# 저장된 배열 이름 확인
print(loaded_data.files)  # ['first_array', 'second_array', 'third_array']

# 개별 배열 접근
print(loaded_data['first_array'])
print(loaded_data['second_array'])
print(loaded_data['third_array'])

# 또는 변수로 할당
arr1_loaded = loaded_data['first_array']
arr2_loaded = loaded_data['second_array']
arr3_loaded = loaded_data['third_array']

# 사용 후 파일 닫기
loaded_data.close()
```

③ 압축 저장

```python
# 압축하여 저장 (파일 크기 절약)
np.savez_compressed('compressed_arrays',
                    data1=arr1,
                    data2=arr2,
                    data3=arr3)
```

3.1.3 배열의 인덱싱과 슬라이싱

배열도 리스트와 마찬가지로 인덱스를 사용하여 원하는 값을 선택할 수 있다. 마이너스 인덱스, 콜론(:)을 사용한 인덱스 범위 지정 역시 가능하다.

1차원 배열의 인덱싱

0부터 15까지의 정수로 구성된 1차원 배열을 예시로 살펴보자.

```
In [ ]: import numpy as np
        arr = np.arange(16)
        print(arr)
```

```
Out [ ]: array([ 0,  1,  2,  3,  4,  5,  6,  7,  8,  9, 10, 11, 12, 13, 14, 15])
```

① 기본 인덱싱

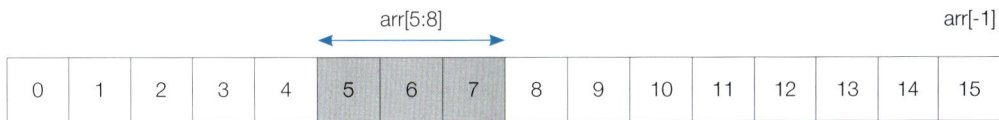

그림 3-4 0부터 15까지의 정수로 구성된 1차원 배열

```
In [ ]: # 기본 인덱스
        print(arr[5])  # 5

        # 마이너스 인덱스
        print(arr[-1])  # 15

        # 인덱스 범위 (슬라이싱)
        print(arr[5:8])  # array([5, 6, 7])
```

② 값 할당

인덱스를 사용하여 값을 선택하고, 해당 선택한 값에 새로운 값을 할당할 수 있다.

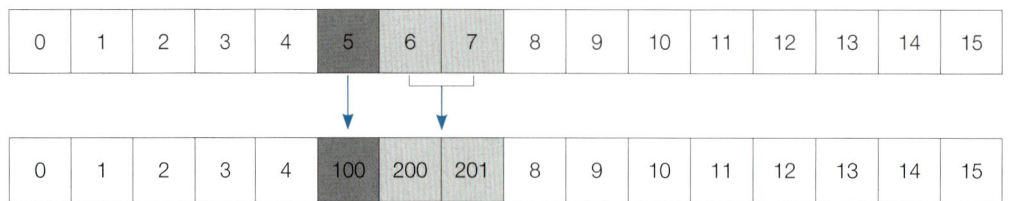

그림 3-5 1차원 배열에 인덱스를 사용하여 새로운 값을 할당

In [ ]:
```
# 단일 값 할당
arr[5] = 100
print(arr)
```

Out [ ]: array([0, 1, 2, 3, 4, 100, 6, 7, 8, 9, 10, 11, 12, 13, 14, 15])

In [ ]:
```
# 여러 값 할당
arr[6.8] = [200, 201]
print(arr)
```

Out [ ]: array([0, 1, 2, 3, 4, 100, 200, 201, 8, 9, 10, 11, 12, 13, 14, 15])

다차원 배열의 인덱싱

다차원 배열도 인덱스를 사용하여 값을 선택하고 변환할 수 있다.

In [ ]:
```
# 다차원 배열 생성 (메서드 체인 사용)
arr2 = np.arange(16).reshape(4, 4)
print(arr2)
```

Out [ ]: array([[0, 1, 2, 3],
       [4, 5, 6, 7],
       [8, 9, 10, 11],
       [12, 13, 14, 15]])

① 2차원 배열 인덱싱

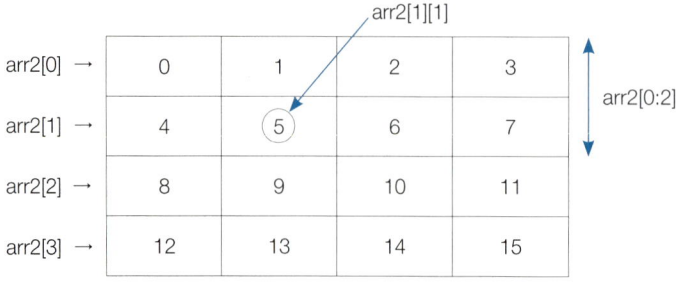

그림 3-6 2차원 배열의 인덱스를 활용한 값 선택 및 할당

```
In [ ]: # 한 행 전체 선택
        print(arr2[1])  # array([4, 5, 6, 7])

        # 개별 요소 선택 (두 가지 방법)
        print(arr2[1][1])  # 5
        print(arr2[1, 2])  # 6 (arr2[1][2]와 동일)

        # 값 할당
        arr2[1, 2] = 100
        print(arr2)
```

```
Out [ ]: array([[ 0,  1,  2,  3],
               [ 4,  5, 100,  7],
               [ 8,  9, 10, 11],
               [12, 13, 14, 15]])
```

② 2차원 배열 슬라이싱

```
In [ ]: # 행 슬라이싱
        print(arr2[0.2])
        # 또는
        print(arr2[.2])  # arr2[0.2]와 동일
```

```
Out [ ]: array([[ 0,  1,  2,  3],
               [ 4,  5, 100,  7]])
```

다차원 배열에서 콜론을 사용하여 인덱스 범위를 지정하는 방법은 동일하다.

- 콜론의 좌측 값을 생략할 경우 0번 인덱스로 설정
- 우측 값을 생략할 경우 배열의 크기만큼 인덱스가 설정

③ 2차원 슬라이싱(행과 열 동시 지정)

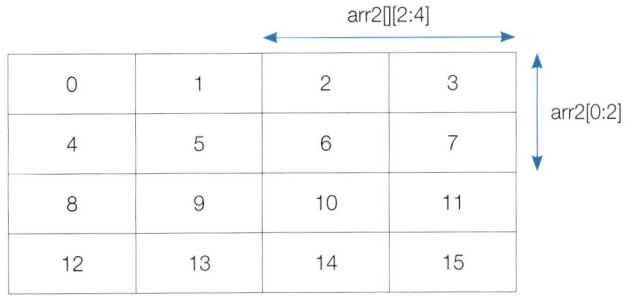

그림 3-7 2차원 배열의 인덱스를 활용한 값 선택 및 할당

```
In [ ]: # 특정 행과 열 범위 선택
        print(arr2[0:2, 2:4])
        # 또는
        print(arr2[:2, 2:])
Out [ ]: array([[  2,   3],
               [100,   7]])
```

불리언 인덱싱

불리언은 True, False의 값을 갖는 자료형이다. 배열에서 읽어오고 싶은 값이 위치한 곳에는 True를, 그렇지 않은 위치에는 False를 넣은 불리언 배열을 만들어서 값을 선택하는 방법을 불리언 인덱싱이라고 한다.

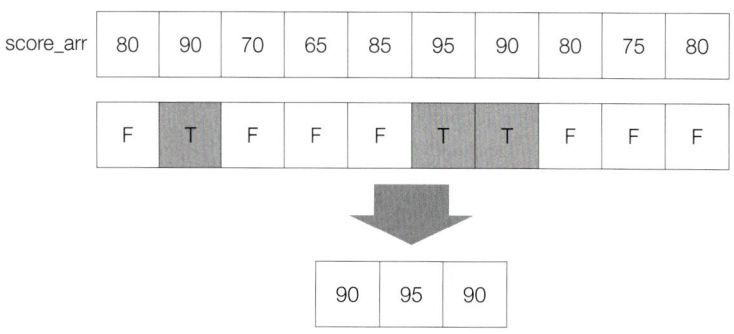

그림 3-8 1차원 배열의 불리언 인덱스 개념도

① 불리언 인덱싱의 개념

예를 들어 성적이 들어있는 배열에서 90점 이상의 점수만 선택하려고 한다면 다음 과정을 거친다.

(1) 원본 배열과 동일한 사이즈의 불리언 배열을 생성

(2) 조건을 만족하는 인덱스에는 True, 그렇지 않은 곳에는 False

(3) 이 불리언 배열을 인덱스로 사용하면 True 위치의 값만 반환

이처럼 불리언 인덱싱은 특정 조건을 만족하는 값을 선택(필터링)할 때 많이 사용한다.

② 불리언 인덱싱 실습

```
In [ ]: scores = [80, 90, 70, 65, 85, 95, 90, 80, 75, 80]
        score_arr = np.array(scores)
        print(score_arr)
```

```
Out [ ]: array([80, 90, 70, 65, 85, 95, 90, 80, 75, 80])
```

```
In [ ]: # 90점 이상인지 확인하는 불리언 배열 생성
        print(score_arr >= 90)
```

```
Out [ ]: array([False, True, False, False, False, True, True, False, False, False])
```

```
In [ ]: # 90점 이상인 점수만 선택
        print(score_arr[score_arr >= 90])
```

```
Out [ ]: array([90, 95, 90])
```

위 소스코드에서 알 수 있듯이, 특정 조건을 만족하는 불리언 배열은 조건식(score_arr >= 90)을 사용하여 쉽게 작성할 수 있다.

③ 불리언 인덱싱으로 값 변경

불리언 인덱싱을 사용하여 값을 선택하고, 값을 변경할 수도 있다. 90점 이상의 점수를 999점으로 바꾸어보겠다.

```
In [ ]: score_arr[score_arr >= 90] = 999
        print(score_arr)
```

```
Out [ ]: array([ 80, 999,  70,  65,  85, 999, 999,  80,  75,  80])
```

고급 인덱싱 기법

① 팬시 인덱싱(fancy indexing)

팬시 인덱싱은 정수 배열을 사용하여 원하는 위치의 요소들을 선택하는 방법이다.

```
In [ ]: arr = np.arange(20)
        # 특정 인덱스들만 선택
        indices = [1, 3, 5, 7]
        print(arr[indices])   # array([1, 3, 5, 7])

        # 2차원 배열에서 팬시 인덱싱
        arr2d = np.arange(12).reshape(3, 4)
        print(arr2d[[0, 2], [1, 3]])  # (0,1)과 (2,3) 위치의 값
```

② 다중 조건 불리언 인덱싱

다중 조건을 사용할 때는 논리 연산자 &(AND)와 |(OR)를 사용하여 여러 조건을 조합할 수 있다. 각 조건은 반드시 괄호로 묶어야 하며, &는 모든 조건을 만족하는 값을, |는 하나라도 만족하는 값을 선택한다.

```
In [ ]:  # 여러 조건 조합
         scores = np.array([80, 90, 70, 65, 85, 95, 90, 80, 75, 80])

         # 80점 이상 90점 미만
         print(scores[(scores >= 80) & (scores < 90)])

         # 70점 미만 또는 95점 이상
         print(scores[(scores < 70) | (scores >= 95)])
```

③ 조건에 따른 값 치환

np.where( ) 함수는 조건에 따라 서로 다른 값을 할당할 때 사용한다. 첫 번째 인자는 조건이고, 두 번째 인자는 조건이 True일 때의 값, 세 번째 인자는 False일 때의 값이다.

```
In [ ]:  # np.where를 사용한 조건부 값 치환
         scores = np.array([80, 90, 70, 65, 85, 95, 90, 80, 75, 80])
         # 90점 이상이면 'A', 아니면 'B'
         grades = np.where(scores >= 90, 'A', 'B')
         print(grades)
```

> 📢 **참고:** 메서드 체인(method chain)
>
> 여러 개의 메서드를 연속해서 이어서 호출하는 것을 메서드 체인이라고 한다.
>
> ```
> In [*]:  arr2 = np.arange(16).reshape(4, 4)   # 메서드 체인
> ```
>
> 지금까지는 하나의 메서드를 호출해서 반환받은 값을 변수에 담고, 그 변수를 사용하여 또 다른 메서드를 호출하는 방식을 사용했다. 메서드 체인을 사용하면 불필요한 변수를 생성하지 않고 코드 라인을 줄여서 가독성을 높일 수 있다. 하지만 체인이 너무 길어지면 코드를 작성하는 사람도, 읽는 사람도 힘들어진다.

실무 활용 예시 - 2차원 데이터 처리

In [ ]:
```python
# 성적표 데이터 (학생 x 과목)
grades = np.array([
    [85, 92, 78, 90],   # 학생1
    [76, 88, 82, 79],   # 학생2
    [92, 95, 89, 94],   # 학생3
    [68, 72, 75, 71]    # 학생4
])

# 각 학생의 평균 점수가 80점 이상인 학생들
student_avg = grades.mean(axis=1)
good_students = grades[student_avg >= 80]
print("평균 80점 이상 학생들의 성적.")
print(good_students)

# 모든 과목에서 85점 이상인 점수만 추출
excellent_scores = grades[grades >= 85]
print("85점 이상 점수들.", excellent_scores)
```

Out [ ]: 평균 80점 이상 학생들의 성적.
[[85 92 78 90]
[92 95 89 94]]
85점 이상 점수들.
[85 92 90 92 95 89 94]

In [ ]:
```python
# 성적표 데이터 (학생 x 과목)
grades = np.array([
    [85, 92, 78, 90],   # 학생1
    [76, 88, 82, 79],   # 학생2
    [92, 95, 89, 94],   # 학생3
    [68, 72, 75, 71]    # 학생4
])

# 각 학생의 평균 점수가 80점 이상인 학생들
student_avg = grades.mean(axis=1)
good_students = grades[student_avg >= 80]
print("평균 80점 이상 학생들의 성적.")
print(good_students)
```

```
In [ ]:  # 모든 과목에서 85점 이상인 점수만 추출
         excellent_scores = grades[grades >= 85]
         print("85점 이상 점수들.", excellent_scores)
```

넘파이 배열에서 조건을 사용한 데이터 필터링과 수정 방법은 실무에서 자주 사용하는 코드 패턴 중 하나다. 위의 코드에서 2차원 배열의 mean(axis=1)은 각 행의 평균을 계산한다. axis=1은 열 방향으로 계산한다는 의미이며, 학생별 평균 점수를 구할 때 사용된다.

2차원 배열에 조건을 직접 적용하면 배열의 구조와 관계없이 조건을 만족하는 값들만 추출되어 1차원 배열로 반환된다. grades[grades >= 85]는 원본이 4x4 배열이더라도 85점 이상인 값들만 일렬로 나열한 1차원 배열을 만든다.

예를 들어 grades가 [[85, 92, 78, 90], [76, 88, 82, 79]]라면, grades >= 85는 [[True, True, False, True], [False, True, False, False]]라는 불리언 배열을 생성한다. 이를 인덱스로 사용하면 True인 위치의 값들만 추출되어 [85, 92, 90, 88]처럼 1차원으로 반환된다.

3.1.4 배열의 연산과 변형

NumPy가 Numerical Python의 약자라는 것을 기억하는가? Numerical, 즉 수치형 데이터 연산과 관련된 풍부한 기능을 제공한다. 배열에 있는 여러 개 값을 반복문을 사용하지 않고 빠른 속도로 연산을 처리하여 결과값을 반환하는 특징이 있다.

벡터화 연산(vectorized operations)

간단한 1차원 배열 array([1, 2, 3, 4])를 만들어서 각 배열의 원소에 더하기와 곱하기 연산을 수행하는 예제를 살펴보겠다.

```
In [ ]:  arr = np.arange(1, 5)
         print(arr)   # array([1, 2, 3, 4])

         print(arr + 2)  # array([3, 4, 5, 6])
         print(arr * 2)  # array([2, 4, 6, 8])
```

반복문을 사용하지 않고, 배열 전체를 하나의 숫자처럼 연산식을 작성해도 각각의 원소에 연산 결과가 적용된다.

① 리스트와의 차이점

리스트의 경우 리스트와 정수형 데이터와의 더하기 연산은 불가능하다. 곱하기 연산의 경우, 값에 적용되는 것이 아니라 리스트 전체를 복사하는 형태로 처리된다.

```
In [ ]:  list_data = [1, 2, 3, 4]
         print(list_data * 2)  # [1, 2, 3, 4, 1, 2, 3, 4]
```

배열 간 연산

또 다른 배열 array([5, 6, 7, 8])을 만들어서 배열과 배열 간의 덧셈 연산을 수행해본다.

```
In [ ]:  arr1 = np.arange(5, 9)
         print(arr1)  # array([5, 6, 7, 8])

         print(arr + arr1)  # array([ 6,  8, 10, 12])
```

배열과 배열의 덧셈은 같은 인덱스에 위치한 값의 덧셈 연산으로 처리한다.

리스트의 경우, 리스트 전체가 더해지는 형태로 처리한다.

```
In [ ]:  list1 = [5, 6, 7, 8]
         print(list_data + list1)  # [1, 2, 3, 4, 5, 6, 7, 8]
```

NumPy에서 제공하는 다양한 산술 연산 함수 중 자주 사용하는 것들을 살펴보자.

표 3-7 주요 산술 연산 함수

square()	제곱	mean()	평균
sqrt()	제곱근(루트)	var()	편차
exp()	지수승	std()	표준편차
log()	로그	min()	최소값
add()	덧셈	max()	최대값
sum()	합계	argmin()	최소값의 인덱스
cumsum()	누적합	argmax()	최대값의 인덱스

① 수학 함수들

```
In [ ]: # 제곱
        print(np.square(arr))  # array([ 1,  4,  9, 16])

        # 제곱근(루트)
        print(np.sqrt(arr))    # array([1.        , 1.41421356, 1.73205081, 2.        ])

        # exp(지수승)
        print(np.exp(arr))     # array([ 2.71828183,  7.3890561 , 20.08553692, 54.59815003])

        # log
        print(np.log(arr))     # array([0.        , 0.69314718, 1.09861229, 1.38629436])
```

② 배열 연산 함수들

add( )의 경우 여러 개의 배열을 더하는 연산의 결과와 동일하다.

```
In [ ]: # 더하기
        print(np.add(arr, arr1))  # arr + arr1과 동일. array([ 6,  8, 10, 12])

        # 합계
        print(np.sum(arr))        # 10

        # 누적합
        print(np.cumsum(arr))     # array([ 1,  3,  6, 10])
```

③ 통계 함수들

데이터 분석에서 평균, 표준편차, 최대/최솟값 등의 통계 수치는 자주 사용하는 값이다.

```
In [ ]: # 평균
        print(np.mean(arr))    # 2.5

        # 편차
        print(np.var(arr))     # 1.25

        # 표준편차
        print(np.std(arr))     # 1.118033988749895
```

```
In [ ]:  # 최솟값
         print(np.min(arr))     # 1

         # 최댓값
         print(np.max(arr))     # 4

         # 최솟값의 인덱스
         print(np.argmin(arr))  # 0

         # 최댓값의 인덱스
         print(np.argmax(arr))  # 3
```

배열의 변형(transformation)

① transpose(축 변환)

reshape( )를 호출하여 생성한 배열의 차원과 모양(shape)을 바꿀 수 있었다. 기존에 있는 배열의 축을 바꾸는 방법인 transpose( )에 대해서 살펴보겠다.

```
In [ ]:  transpose(축)
```

② 2차원 배열의 축 변환

1차원 배열의 경우 배열의 축을 전환하더라도 동일한 배열을 반환한다. 2차원 이상의 배열의 경우 축을 전환한 배열을 반환한다.

0부터 9의 숫자가 들어있는 (2,5) 형태의 2차원 배열의 축을 전환하면 다음과 같다.

```
In [ ]:  arr = np.arange(10).reshape(2, 5)
         print(arr)
```
```
Out [ ]:  array([[0, 1, 2, 3, 4],
                [5, 6, 7, 8, 9]])
```

```
In [ ]:  print(arr.transpose())
```
```
Out [ ]:  array([[0, 5],
                [1, 6],
                [2, 7],
                [3, 8],
                [4, 9]])
```

첫 번째 행(row)에 있는 값들이 첫 번째 열(column)에 위치하고, 두 번째 행에 있는 값들이 두 번째 열에 위치하도록 변환된다.

③ 간단한 축 변환

transpose( ) 호출 시 축을 지정하지 않을 경우, 아래와 같이 간단하게 사용할 수 있다.

```
In [ ]: print(arr.T)  # arr.transpose()와 동일
```

NumPy의 연산 기능은 데이터 과학과 머신러닝에서 핵심적인 역할을 한다. 벡터화 연산을 통해 반복문 없이도 빠르고 효율적인 계산이 가능하며, 다양한 수학 함수와 통계 함수들을 통해 복잡한 데이터 분석 작업을 간단하게 수행할 수 있다.

3.2 Pandas

이것만은 기억하세요

✓ Pandas의 기본 구성 요소 : Series와 DataFrame

✓ Series: 1차원 데이터구조

✓ DataFrame: 여러 개의 Series로 구성된 2차원 데이터구조

✓ DataFrame 생성, 탐색, 정렬, 선택, 삭제, 연산, 변형 및 저장

들어가면서

Pandas는 데이터분석에 필수적인 패키지로 앞으로 가장 많이 사용할 패키지이다. 데이터 조작을 용이하게 하기 위해 다차원 배열에 인덱스를 지정한 자료구조를 정의하고, 정렬, 변환, 삭제 등을 할 수 있는 메서드를 제공한다. 이번 절에서는 Pandas의 자료구조인 Series와 DataFrame에 대해서 살펴보고, 공공 데이터를 DataFrame을 활용하여 전처리한다.

3.2.1 Series와 DataFrame의 개념

대부분 데이터 분석에 사용하는 데이터는 표 형태로 관리한다. 엑셀을 사용하여 데이터를 표 형태로 만들기도 하고, IT 시스템에서는 데이터베이스라는 저장소에서 테이블이라는 구조를 만들어 데이터를 관리한다. 다음은 지하철 승하차 데이터의 예시다.

표 3-8 표 형태의 데이터 사례

사용일자	노선명	역명	승차 총 승객 수	하차 총 승객 수	등록일자
20210201	중앙선	용문	1282	1259	20210204
20210201	중앙선	지평	48	43	20210204
20210201	중앙선	아신	415	413	20210204
20210201	중앙선	양수	1463	1466	20210204
20210201	중앙선	운길산	495	463	20210204
20210201	중앙선	팔당	687	662	20210204

Pandas는 Series(시리즈)라는 1차원 데이터 구조와 DataFrame(데이터프레임)이라는 2차원 데이터 구조를 제공하여 표 형태의 데이터를 효율적으로 처리할 수 있는 다양한 기능을 지원한다. DataFrame은 실제 업무에서 다루는 데이터를 직접 로드하고 편집할 수 있는 구조를 제공하므로, 데이터 분석 분야에서 핵심적인 도구로 활용되고 있다.

NumPy와 Pandas의 차이점

NumPy와 Pandas는 데이터 처리 방식에서 중요한 차이점을 가지고 있다. NumPy의 ndArray는 다차원 데이터를 효율적으로 제어할 수 있지만, 데이터 위치를 숫자 인덱스로만 접근해야 하므로 복잡한 형태의 데이터를 다루기에는 한계가 있다. 반면 Pandas의 Series와 DataFrame은 각 자료구조에 의미 있는 이름을 정의할 수 있고, 인덱스 역시 원하는 값으로 지정할 수 있어 사람이 데이터를 이해하고 처리하는 데 훨씬 수월하다.

그림 3-9 배열, 시리즈, 데이터프레임의 구조 비교

DataFrame

데이터 구조별로 살펴보면, 배열(NumPy Array)은 1차원 또는 다차원의 동일한 타입 데이터를 처리하며 숫자 인덱스만 사용할 수 있어 고성능 수치 연산에 특화되어 있다. 시리즈(Pandas Series)는 1차원 데이터 구조로 레이블 인덱스를 사용할 수 있고 다양한 데이터 타입을 지원한다. 데이터프레임(Pandas DataFrame)은 2차원 표 형태의 데이터 구조로, 여러 개의 Series가 모여 있는 형태이며 컬럼별로 다른 데이터 타입을 가질 수 있다.

① DataFrame의 기본 구조

DataFrame은 여러 개의 Series가 모여 있는 형태로 구성된다. 앞으로 다룰 데이터는 대부분 2차원 형태이므로 DataFrame에 초점을 맞추어 설명하겠다. DataFrame의 기본 구조는 가로줄인 행(row, 로우)과 세로줄인 열(column, 컬럼)으로 이루어져 있다. 프로그래밍에서는 로우/컬럼이라는 인자를 사용하므로, 행/열이라는 표현보다는 로우/컬럼이라는 표현에 익숙해지는 것이 좋다.

② DataFrame의 주요 특징

DataFrame의 주요 특징을 살펴보면, 각각의 로우와 컬럼은 하나의 Series로 볼 수 있으며, 컬럼의 경우 같은 형태의 데이터가 들어 있어 동일한 데이터 타입을 유지한다. DataFrame 내의 모든 필드에는 값이 들어 있어야 하며, 비어 있는 경우에는 데이터 분석 이전에 채우거나 삭제하는 작업이 필요하다.

	column ↓	column ↓	column ↓	column ↓	column ↓	
	사용일자	노선명	역명	승차 총 승객 수	하차 총 승객 수	
인덱스	20210201	중앙선	용문	1282	1259	← row
인덱스	20210201	중앙선	지평	48	43	← row
인덱스	20210201	중앙선	아신	415	413	← row
인덱스	20210201	중앙선	양수	1463	1466	← row
인덱스	20210201	중앙선	운길산	495	463	← row
Series 인덱스	20210201	중앙선	팔당	687	662	← row
	Series					

그림 3-10 데이터프레임의 주요 구성

Pandas 패키지 사용법

Pandas 패키지를 사용하기 위해서는 먼저 패키지를 import해야 한다. 일반적으로 import pandas as pd라는 네이밍 컨벤션을 사용한다.

실제 구조를 예시로 살펴보면, Series는 1차원 데이터로 온도 데이터를 요일별 인덱스와 함께 생성할 수 있다. DataFrame은 2차원 데이터로 온도, 습도, 강수량과 같은 여러 컬럼을 요일별 인덱스와 함께 표 형태로 구성할 수 있다.

① Series 예시

In [ ]:
```
import pandas as pd


# Series 생성 (1차원 데이터)
temperatures = pd.Series([23.5, 25.1, 19.8, 30.2],
                         index=['월', '화', '수', '목'],
                         name='온도')
print(temperatures)
```

```
Out [ ]:  월    23.5
          화    25.1
          수    19.8
          목    30.2
          Name: 온도, dtype: float64
```

② DataFrame 예시

```
In [ ]:  # DataFrame 생성 (2차원 데이터)
         weather_data = pd.DataFrame({
             '온도': [23.5, 25.1, 19.8, 30.2],
             '습도': [60, 65, 70, 55],
             '강수량': [0, 0, 5.2, 0]
         }, index=['월', '화', '수', '목'])

         print(weather_data)
```

```
Out [ ]:       온도   습도   강수량
          월   23.5   60   0.0
          화   25.1   65   0.0
          수   19.8   70   5.2
          목   30.2   55   0.0
```

NumPy Array와 DataFrame 비교

NumPy Array와 DataFrame을 실제로 비교해보면, NumPy Array 방식은 숫자 인덱스만 사용 가능하여 데이터 접근이 직관적이지 않다. 반면 DataFrame 방식은 의미 있는 인덱스와 컬럼명을 사용하여 특정 날짜의 온도나 전체 온도 컬럼, 특정 요일의 모든 데이터에 쉽게 접근할 수 있다.

① NumPy Array 방식

```
In [ ]:  import numpy as np

         # 숫자 인덱스만 사용 가능
         data_array = np.array([
             [23.5, 60, 0],
             [25.1, 65, 0],
             [19.8, 70, 5.2],
             [30.2, 55, 0]
         ])
```

```
In [ ]:  # 데이터 접근이 직관적이지 않음
         print(data_array[0][0])  # 첫 번째 날의 온도: 23.5
```

② DataFrame 방식

```
In [ ]:  # 의미 있는 인덱스와 컬럼명 사용
         print(weather_data.loc['월', '온도'])    # 월요일 온도: 23.5
         print(weather_data['온도'])              # 온도 컬럼 전체
         print(weather_data.loc['수'])            # 수요일 데이터 전체
```

이제 지금까지의 내용을 요약해보자.

표 3-9 Pandas Dataframe의 특징

직관적 데이터 접근	컬럼명과 인덱스명으로 데이터에 쉽게 접근
다양한 데이터 타입	한 DataFrame 내에서 서로 다른 데이터 타입 공존 가능
풍부한 기능	데이터 필터링, 그룹화, 집계, 결합 등 다양한 분석 기능
유연한 인덱싱	숫자뿐만 아니라 문자, 날짜 등 다양한 타입의 인덱스 사용
결측치 처리	NaN 값을 자동으로 처리하는 다양한 메서드 제공
외부 데이터 연동	CSV, Excel, 데이터베이스 등 다양한 데이터 소스와 연동

3.2.2 생성 및 삭제

데이터프레임 생성 방법

다양한 데이터 소스와 구조로부터 Pandas DataFrame을 생성할 때 사용한다. 리스트, 딕셔너리, 배열 등 여러 형태의 데이터를 DataFrame으로 변환하여 분석 작업을 시작할 수 있다.

[문법]
pd.DataFrame(data, index, columns, dtype) # 기본 생성자
pd.concat([df1, df2], axis) # 데이터프레임 결합

[파라미터]

- data: 데이터(리스트, 딕셔너리, 배열 등)
- index: 행 인덱스
- columns: 컬럼명
- dtype: 데이터 타입
- axis: 결합 축(0=행, 1=열)

[리턴값]

- 새로 생성된 DataFrame 객체

[예시 코드]

① 딕셔너리로부터 생성

```
In [ ]: import pandas as pd
        import numpy as np

        # 딕셔너리로부터 생성
        product_dict = {
            'product_name': ['노트북', '마우스', '키보드', '모니터'],
            'price': [1200000, 25000, 80000, 350000],
            'stock': [10, 50, 30, 15],
            'category': ['전자제품', '주변기기', '주변기기', '전자제품']
        }

        df_from_dict = pd.DataFrame(product_dict)
        print("═══ 딕셔너리로부터 생성 ═══")
        print(df_from_dict)
```

```
Out [ ]: ═══ 딕셔너리로부터 생성 ═══
           product_name    price  stock  category
        0         노트북   1200000     10      전자제품
        1          마우스     25000     50      주변기기
        2         키보드     80000     30      주변기기
        3         모니터    350000     15      전자제품
```

② 리스트로부터 생성

```
In [ ]:  # 리스트의 리스트로부터 생성
         product_list = [
             ['노트북', 1200000, 10, '전자제품'],
             ['마우스', 25000, 50, '주변기기'],
             ['키보드', 80000, 30, '주변기기'],
             ['모니터', 350000, 15, '전자제품']
         ]

         df_from_list = pd.DataFrame(
             product_list,
             columns=['product_name', 'price', 'stock', 'category'],
             index=['P001', 'P002', 'P003', 'P004']
         )
         print("\n=== 리스트로부터 생성 (인덱스 지정) ===")
         print(df_from_list)
```

```
Out [ ]:  === 리스트로부터 생성 (인덱스 지정) ===
               product_name    price   stock   category
         P001         노트북   1200000      10     전자제품
         P002         마우스     25000      50     주변기기
         P003         키보드     80000      30     주변기기
         P004         모니터    350000      15     전자제품
```

③ NumPy 배열로부터 생성

```
In [ ]:  # NumPy 배열로부터 생성
         np_array = np.random.randint(1, 100, size=(4, 3))
         df_from_numpy = pd.DataFrame(
             np_array,
             columns=['A', 'B', 'C'],
             index=['Row1', 'Row2', 'Row3', 'Row4']
         )
         print("\n=== NumPy 배열로부터 생성 ===")
         print(df_from_numpy)
```

```
Out [ ]: === NumPy 배열로부터 생성 ===
          A   B   C
   Row1  15  94  33
   Row2  28   8  69
   Row3  76   6  40
   Row4  99  47  61
```

외부 파일에서 데이터 불러오기

데이터 불러오기는 다양한 형태의 외부 데이터 파일을 Pandas DataFrame으로 불러올 때 사용한다. 실무에서 가장 자주 사용되는 기능으로 데이터 분석의 시작점이 된다.

[문법]
pd.read_csv(filepath, sep, header, encoding, dtype) # CSV 파일
pd.read_excel(filepath, sheet_name, header) # Excel 파일
pd.read_json(filepath, orient) # JSON 파일
pd.read_sql(query, connection) # SQL 데이터베이스
pd.read_html(url) # HTML 테이블
pd.read_parquet(filepath) # Parquet 파일

[파라미터]
- filepath: 파일 경로 또는 URL
- sep: 구분자(CSV 기본값: ,)
- header: 헤더 행 번호(기본값: 0)
- encoding: 문자 인코딩(예: utf-8, cp949)
- sheet_name: Excel 시트명 또는 번호
- dtype: 컬럼별 데이터 타입 지정

[리턴값]
- 파일에서 읽어온 DataFrame

 **참고:** Parquet 파일

Parquet(파케이) 파일은 컬럼 지향적(Columnar) 저장 형식의 데이터 파일로, 특히 대용량 데이터 처리와 분석에 최적화된 파일 형식이다.

[예시 코드]

① csv 파일 불러오기

In [ ]:
```python
# CSV 파일 불러오기
file_name = 'https://raw.githubusercontent.com/zzhining/python_data_basic2/refs/heads/main/3%EC%9E%A5/sample_products.csv'
df_csv = pd.read_csv(file_name, encoding='utf-8')
print("=== CSV 파일 불러오기 ===")
print(df_csv)
```

Out [ ]:
```
=== CSV 파일 불러오기 ===
   product_id product_name    price category
0        P001         노트북  1200000     전자제품
1        P002         마우스    25000     주변기기
2        P003         키보드    80000     주변기기
3        P004         모니터   350000     전자제품
4        P005         스피커   120000     주변기기
```

② csv 파일 불러오기 시 조건 지정

In [ ]:
```python
# 불러오기 시 조건 지정
df_filtered = pd.read_csv(
    file_name,
    encoding='utf-8',
    usecols=['product_name', 'price', 'category'],  # 특정 컬럼만
    nrows=3  # 상위 3행만
)
print("=== 조건을 지정하여 불러오기 ===")
print(df_filtered)
```

Out [ ]:
```
=== 조건을 지정하여 불러오기 ===
  product_name    price category
0         노트북  1200000     전자제품
1         마우스    25000     주변기기
2         키보드    80000     주변기기
```

데이터프레임 복사

복사는 원본 데이터의 변경 없이 데이터프레임을 조작하거나 백업본을 만들 때 사용한다. 깊은 복사와 참조 복사의 차이점을 이해하고 적절히 사용하는 것이 중요하다. 깊은 복사(Deep Copy)는 완전히 새로운 메모리 공간에 데이터를 복사한다. 원본과 복사본이 완전히 독립적이기 때문에 한쪽을 수정해도 다른 쪽에 영향을 주지 않는다. 반면에 참조 복사(Reference Copy)는 실제로는 복사가 아니라 같은 메모리 객체를 가리키는 새로운 변수를 만드는 것이다. 이는 새로운 객체를 생성하지 않고 기존 객체의 메모리 주소만 공유하기 때문에 한쪽에서 수정하면 다른 쪽도 즉시 변경된다.

[문법]
df.copy( ) # 깊은 복사
df_new = df # 참조 복사 (권장하지 않음)

[예시 코드]

```
# 원본 데이터프레임 생성
original_df = pd.DataFrame({
    'name': ['김철수', '이영희', '박민수'],
    'age': [25, 30, 35],
    'salary': [3000, 4000, 5000]
})

print("═══ 원본 데이터프레임 ═══")
print(original_df)

# 깊은 복사
deep_copy_df = original_df.copy()
deep_copy_df.loc[0, 'salary'] = 3500  # 복사본 수정

print("\n═══ 깊은 복사 후 수정 ═══")
print("원본:")
print(original_df)
print("복사본:")
print(deep_copy_df)

# 참조 복사 (주의!)
reference_df = original_df  # 같은 객체를 가리킴
reference_df.loc[1, 'age'] = 31
```

```
In [ ]: print("\n═══ 참조 복사 후 참조 데이터 변경 ═══")
        print("원본 (참조 복사로 인해 변경됨):")
        print(original_df)
```

Out [ ]: ═══ 원본 데이터프레임 ═══
         name age salary
      0 김철수   25   3000
      1 이영희   30   4000
      2 박민수   35   5000

      ═══ 깊은 복사 후 수정 ═══
      원본:
         name age salary
      0 김철수   25   3000
      1 이영희   30   4000
      2 박민수   35   5000
      복사본:
         name age salary
      0 김철수   25   3500
      1 이영희   30   4000
      2 박민수   35   5000

      ═══ 참조 복사 후 참조 데이터 변경 ═══
      원본 (참조 복사로 인해 변경됨):
         name age salary
      0 김철수   25   3000
      1 이영희   31   4000
      2 박민수   35   5000

행과 열 삭제

삭제는 불필요한 데이터나 결측치, 중복 데이터를 제거하여 데이터 품질을 향상시킬 때 사용한다. 데이터 전처리 과정에서 필수적인 작업이다.

> [문법]
> df.drop(labels, axis, inplace) # 행/열 삭제
> df.drop_duplicates(subset, keep) # 중복 행 삭제
> df.dropna(axis, how, subset) # 결측치 삭제
> del df['column'] # 열 삭제 (영구적)
> df.pop('column') # 열 삭제 후 반환

[파라미터]

- labels: 삭제할 행/열 이름
- axis: 삭제 축(0=행, 1=열)
- inplace: 원본 수정 여부(기본값: False)
- subset: 중복/결측치 확인할 컬럼
- keep: 중복 시 유지할 행(first, last, False)
- how: 결측치 삭제 조건(any, all)

[리턴값]

- 삭제 후 DataFrame(inplace=False 시)

[예시 코드]

```python
# 테스트용 데이터 생성
test_data = pd.DataFrame({
    'id': [1, 2, 3, 4, 5, 6],
    'name': ['김철수', '이영희', '박민수', '김철수', '정수진', '이영희'],
    'age': [25, 30, None, 25, 28, 30],
    'city': ['서울', '부산', '대구', '서울', None, '부산'],
    'salary': [3000, 4000, 5000, 3000, 3500, 4000],
    'temp_col': ['임시', '임시', '임시', '임시', '임시', '임시']
})

print("═══ 원본 데이터 ═══")
print(test_data)
```

```
═══ 원본 데이터 ═══
   id  name   age  city  salary  temp_col
0   1   김철수  25.0   서울    3000        임시
1   2   이영희  30.0   부산    4000        임시
2   3   박민수   NaN   대구    5000        임시
3   4   김철수  25.0   서울    3000        임시
4   5   정수진  28.0  None    3500        임시
5   6   이영희  30.0   부산    4000        임시
```

① 특정 열 삭제

```
In [ ]: # 특정 열 삭제
        df_drop_col = test_data.drop('temp_col', axis=1)
        print("\n=== 열 삭제 후 ===")
        print(df_drop_col)
```

```
Out [ ]: === 열 삭제 후 ===
           id  name   age  city  salary
        0   1   김철수  25.0   서울    3000
        1   2   이영희  30.0   부산    4000
        2   3   박민수   NaN   대구    5000
        3   4   김철수  25.0   서울    3000
        4   5   정수진  28.0   None   3500
        5   6   이영희  30.0   부산    4000
```

② 여러 열 삭제

```
In [ ]: # 여러 열 삭제
        df_drop_cols = test_data.drop(['temp_col', 'id'], axis=1)
        print("\n=== 여러 열 삭제 후 ===")
        print(df_drop_cols)
```

```
Out [ ]: === 여러 열 삭제 후 ===
           name   age  city  salary
        0  김철수  25.0   서울    3000
        1  이영희  30.0   부산    4000
        2  박민수   NaN   대구    5000
        3  김철수  25.0   서울    3000
        4  정수진  28.0  None   3500
        5  이영희  30.0   부산    4000
```

③ 특정 행 삭제(인덱스 기준)

```
In [ ]: # 특정 행 삭제 (인덱스 기준)
        df_drop_row = test_data.drop([0, 5], axis=0)
        print("\n=== 특정 행 삭제 후 ===")
        print(df_drop_row)
```

```
Out [ ]: ═══ 특정 행 삭제 후 ═══
         id  name   age  city  salary  temp_col
      1   2  이영희  30.0  부산   4000      임시
      2   3  박민수   NaN  대구   5000      임시
      3   4  김철수  25.0  서울   3000      임시
      4   5  정수진  28.0  None  3500      임시
```

④ 중복 행 삭제

```
In [ ]: # 중복 행 삭제
        df_no_duplicates = test_data.drop_duplicates(subset=['name', 'age'], keep='first')
        print("\n═══ 중복 행 삭제 후 (name, age 기준) ═══")
        print(df_no_duplicates)
```

```
Out [ ]: ═══ 중복 행 삭제 후 (name, age 기준) ═══
         id  name   age  city  salary  temp_col
      0   1  김철수  25.0  서울   3000      임시
      1   2  이영희  30.0  부산   4000      임시
      2   3  박민수   NaN  대구   5000      임시
      4   5  정수진  28.0  None  3500      임시
```

⑤ 결측치가 있는 행 삭제

```
In [ ]: # 결측치가 있는 행 삭제
        df_no_na = test_data.dropna()
        print("\n═══ 결측치 행 삭제 후 ═══")
        print(df_no_na)
```

```
Out [ ]: ═══ 결측치 행 삭제 후 ═══
         id  name   age  city  salary  temp_col
      0   1  김철수  25.0  서울   3000      임시
      1   2  이영희  30.0  부산   4000      임시
      3   4  김철수  25.0  서울   3000      임시
      5   6  이영희  30.0  부산   4000      임시
```

⑥ 특정 컬럼의 결측치만 삭제

```
In [ ]: # 특정 컬럼의 결측치만 삭제
        df_no_na_age = test_data.dropna(subset=['age'])
        print("\n═══ age 컬럼 결측치 행 삭제 후 ═══")
        print(df_no_na_age)
```

```
Out [ ]:  === age 컬럼 결측치 행 삭제 후 ===
      id  name   age   city   salary  temp_col
   0   1  김철수  25.0   서울    3000     임시
   1   2  이영희  30.0   부산    4000     임시
   3   4  김철수  25.0   서울    3000     임시
   4   5  정수진  28.0   None   3500     임시
   5   6  이영희  30.0   부산    4000     임시
```

데이터프레임 저장

분석 결과나 전처리된 데이터를 다양한 형태의 파일로 저장할 때 사용한다. 데이터 백업이나 다른 시스템과의 연동을 위해 필수적인 기능이다.

[문법]
df.to_csv(filepath, sep, encoding, index) # CSV 저장
df.to_excel(filepath, sheet_name, index) # Excel 저장
df.to_json(filepath, orient) # JSON 저장
df.to_parquet(filepath) # Parquet 저장
df.to_pickle(filepath) # Pickle 저장
df.to_sql(table_name, connection) # SQL 저장

[파라미터]
- filepath: 저장할 파일 경로
- sep: 구분자(CSV 기본값: ',')
- encoding: 문자 인코딩
- index: 인덱스 포함 여부(기본값: True)
- sheet_name: Excel 시트명
- orient: JSON 저장 형식

[리턴값]
- None(파일로 저장됨)

[예시 코드]

```
In [ ]:  # 저장용 샘플 데이터 생성
         save_data = pd.DataFrame({
             'product_id': ['P001', 'P002', 'P003', 'P004'],
             'product_name': ['노트북', '마우스', '키보드', '모니터'],
             'price': [1200000, 25000, 80000, 350000],
             'category': ['전자제품', '주변기기', '주변기기', '전자제품'],
             'reg_date': pd.date_range('2024-01-01', periods=4, freq='D')
         })

         # CSV 파일로 저장
         save_data.to_csv('products_output.csv',
                     encoding='utf-8-sig',  # 엑셀에서 한글 깨짐 방지
                     index=False)  # 인덱스 제외
```

3.2.3 데이터 선택 – 인덱싱과 조건 기반 선택

기본 인덱싱과 슬라이싱

인덱스를 사용하여 특정 컬럼이나 행을 지정하는 것은 데이터프레임에서 특정 컬럼이나 행 범위를 빠르게 추출할 때 사용하는 가장 기본적인 방법이다. 대괄호를 사용하여 컬럼명을 지정하거나 슬라이싱 문법으로 행 범위를 선택할 수 있다.

[문법]
```
# 컬럼 선택
df['column_name']  # Series 반환
df[['col1', 'col2']]  # DataFrame 반환

# 행 슬라이싱
df[start:end]  # start부터 end-1까지의 행 선택
```

[파라미터]

- column_name: 선택할 컬럼명(문자열)
- start, end: 슬라이싱 시작과 끝 인덱스(정수)

[리턴값]
- 단일 컬럼 선택 시 Series, 다중 컬럼 선택 시 DataFrame

[예시 코드]

```python
import pandas as pd

# 예시 데이터 생성
sales_data = pd.DataFrame({
    'product': ['노트북', '마우스', '키보드', '모니터', '스피커'],
    'price': [1200000, 25000, 80000, 350000, 120000],
    'quantity': [10, 50, 30, 15, 25],
    'category': ['전자제품', '주변기기', '주변기기', '전자제품', '주변기기']
})

# 단일 컬럼 선택
product_series = sales_data['product']
print(product_series)
```

```
0    노트북
1    마우스
2    키보드
3    모니터
4    스피커
```

① 다중 컬럼 선택

```python
# 다중 컬럼 선택
price_quantity = sales_data[['product', 'price', 'quantity']]
print(price_quantity)
```

```
   product    price  quantity
0    노트북  1200000        10
1    마우스    25000        50
2    키보드    80000        30
3    모니터   350000        15
4    스피커   120000        25
```

② 행 슬라이싱

```
In [ ]:  # 행 슬라이싱 (첫 3개 행 선택)
         first_three = sales_data[0:3]
         print(first_three)
```

```
Out [ ]:    product    price  quantity  category
         0  노트북    1200000        10   전자제품
         1  마우스      25000        50   주변기기
         2  키보드      80000        30   주변기기
```

조건부 선택(Boolean Indexing)

불리언 인덱싱(Boolean Indexing)은 특정 조건을 만족하는 데이터만 필터링하여 추출할 때 사용한다. 조건식은 비교 연산자를 사용하여 생성하며, 결과로 나오는 불린 마스크를 데이터프레임에 적용한다.

> [문법]
> df[condition] # 조건을 만족하는 행 선택
> df.query('condition_string') # 문자열 조건으로 선택

[파라미터]

- condition: 불린 Series(True/False 값)
- condition_string: 조건을 나타내는 문자열

[리턴값]
- 조건을 만족하는 행들로 구성된 DataFrame

예시 코드를 살펴보자.

① Boolean Indexing

```
In [ ]:  # 가격이 100000원 이상인 제품 선택
         expensive_products = sales_data[sales_data['price'] >= 100000]
         print(expensive_products)
```

```
Out [ ]:    product    price  quantity  category
         0  노트북    1200000        10   전자제품
         3  모니터     350000        15   전자제품
         4  스피커     120000        25   주변기기
```

② query 메서드 사용

```
In [ ]: # query 메서드 사용
        high_quantity = sales_data.query('quantity > 20')
        print(high_quantity)
```

```
Out [ ]:    product   price  quantity  category
        1   마우스     25000        50    주변기기
        2   키보드     80000        30    주변기기
        4   스피커    120000        25    주변기기
```

loc과 iloc을 활용한 라벨/위치 기반 선택

loc은 인덱스와 컬럼의 라벨을 기준으로 데이터를 선택하고, iloc은 정수 위치를 기준으로 선택한다. 특정 행과 컬럼의 교집합 영역을 정확히 지정하여 데이터를 추출할 때 사용한다.

[문법]
df.loc[row_indexer, column_indexer] # 라벨 기반 선택
df.iloc[row_indexer, column_indexer] # 위치 기반 선택

[파라미터]

- row_indexer: 행 선택자(라벨명, 슬라이스, 리스트, 불린 마스크)
- column_indexer: 컬럼 선택자(컬럼명, 슬라이스, 리스트)

[리턴값]
- 선택된 영역의 데이터(Series 또는 DataFrame)

[예시 코드]

```
In [ ]: # 인덱스 설정
        sales_data_indexed = sales_data.set_index('product')
        print(sales_data_indexed)
```

```
Out [ ]:            price  quantity  category
        product
        노트북    1200000        10    전자제품
        마우스      25000        50    주변기기
        키보드      80000        30    주변기기
        모니터     350000        15    전자제품
        스피커     120000        25    주변기기
```

① loc: 라벨 기반 선택

```
In [ ]:  # loc: 라벨 기반 선택
         notebook_info = sales_data_indexed.loc['노트북', 'price']
         print(f"노트북 가격: {notebook_info}")  # 노트북 가격: 1200000
```

Out [ ]: 노트북 가격: 1200000

② loc: 여러 데이터 선택

```
In [ ]:  # 여러 제품의 가격과 수량 선택
         selected_data = sales_data_indexed.loc[['노트북', '모니터'], ['price', 'quantity']]
         print(selected_data)
```

```
Out [ ]:  # 여러 제품의 가격과 수량 선택
          selected_data = sales_data_indexed.loc[['노트북', '모니터'], ['price', 'quantity']]
          print(selected_data)
```

③ iloc

```
In [ ]:  # iloc: 위치 기반 선택 (첫 번째와 세 번째 행, 두 번째와 세 번째 컬럼)
         positional_data = sales_data.iloc[[0, 2], [1, 2]]
         print(positional_data)
```

Out [ ]:
```
      price  quantity
   0  1200000      10
   2    80000      30
```

다중 조건 선택

여러 조건을 동시에 적용하여 더 정교한 데이터 필터링을 수행할 때 사용한다. 각 조건은 괄호로 묶어야 하며, 논리 연산자를 사용하여 조건들을 결합한다.

> [문법]
> df[(condition1) & (condition2)] # AND 조건
> df[(condition1) | (condition2)] # OR 조건
> df[~condition] # NOT 조건

[파라미터]

- condition1, condition2: 각각의 불린 조건
- &: AND 연산자
- |: OR 연산자
- ~: NOT 연산자

[리턴값]

- 복합 조건을 만족하는 행들로 구성된 DataFrame

[예시 코드]

① 가격이 50000원 이상이면서 수량이 20개 이상인 제품

```
# 가격이 50000원 이상이면서 수량이 20개 이상인 제품
filtered_products = sales_data[(sales_data['price'] >= 50000) & (sales_data['quantity'] >= 20)]
print(filtered_products)
```

```
   product   price  quantity  category
2  키보드      80000        30   주변기기
4  스피커     120000        25   주변기기
```

② 전자제품이거나 가격이 30000원 이하인 제품

```
# 전자제품이거나 가격이 30000원 이하인 제품
electronic_or_cheap = sales_data[(sales_data['category'] == '전자제품') | (sales_data['price'] <= 30000)]
print(electronic_or_cheap)
```

```
   product    price  quantity  category
0  노트북    1200000       10   전자제품
1  마우스      25000       50   주변기기
3  모니터     350000       15   전자제품
```

그룹별 데이터 선택

데이터를 특정 기준으로 그룹화한 후 특정 그룹만 선택하거나, 그룹별로 계산된 결과를 원본 데이터에 적용할 때 사용한다. 그룹화는 데이터 분석에서 카테고리별, 지역별, 시간대별 등 특정 기준으로 데이터를 나누어 분석할 때 필수적인 기법이다.

[문법]
df.groupby('column').get_group('group_value') # 특정 그룹 선택
df.groupby('column')[target_column].transform(func) # 그룹별 변환

[파라미터]

- column: 그룹화 기준 컬럼명
- group_value: 선택할 그룹의 값
- target_column: 변환할 대상 컬럼
- func: 적용할 함수

[리턴값]

- get_group( )은 특정 그룹에 속하는 모든 행을 DataFrame 형태로 반환
- transform( )은 원본 DataFrame과 동일한 크기의 Series를 반환하며, 각 행에 해당 그룹의 계산 결과가 할당된다.

[예시 코드]

① get_group – 카테고리별 그룹화 후 전자제품 그룹만 선택

get_group( ) 메서드는 groupby로 생성된 그룹 중 특정 그룹만 추출할 때 사용한다. 전체 데이터에서 특정 카테고리나 조건에 해당하는 데이터만 분리하여 분석할 때 유용하다.

```
In [ ]:  # 카테고리별 그룹화 후 전자제품 그룹만 선택
         electronics_group = sales_data.groupby('category').get_group('전자제품')
         print(electronics_group)
```

```
Out [ ]:      product    price   quantity   category
         0    노트북     1200000     10       전자제품
         3    모니터      350000     15       전자제품
```

② transform – 각 카테고리별 평균 가격을 원본 데이터에 추가

transform( ) 메서드는 그룹별 계산 결과를 원본 데이터의 각 행에 매핑할 때 사용한다. aggregation과 달리 원본 데이터의 행 개수를 유지하면서 그룹별 통계값을 각 행에 추가할 수 있다. 이는 각 데이터가 속한 그룹의 평균, 합계 등과 비교 분석할 때 매우 유용하다.

```
In [ ]:  # 각 카테고리별 평균 가격을 원본 데이터에 추가 sales_data['category_avg_price'] =
         sales_data.groupby('category')['price'].transform('mean') print(sales_data[['product',
         'category', 'price', 'category_avg_price']])
```

```
Out [ ]:     product    category    price   category_avg_price
         0   노트북      전자제품    1200000           775000.0
         1   마우스      주변기기      25000            75000.0
         2   키보드      주변기기      80000            75000.0
         3   모니터      전자제품     350000           775000.0
         4   스피커      주변기기     120000            75000.0
```

시계열 데이터 선택

시계열 데이터에서 특정 기간, 시간대, 또는 날짜 범위의 데이터를 선택할 때 사용한다. 인덱스가 datetime 형태로 설정되어 있어야 효과적으로 활용할 수 있다. 시계열 분석은 주가 데이터, 판매 추이, 온도 변화 등 시간에 따라 변하는 데이터를 다룰 때 필수적이다.

[문법]
df[df.index.year == year] # 특정 연도 선택
df.between_time(start_time, end_time) # 시간 범위 선택
df.loc['start_date':'end_date'] # 날짜 범위 선택

[파라미터]
- year: 선택할 연도(정수)
- start_time, end_time: 시간 범위(시간 문자열)
- start_date, end_date: 날짜 범위(날짜 문자열)

[리턴값]
- 지정된 시간 조건을 만족하는 데이터

[예시 코드]

시계열 데이터를 다루기 위해서는 먼저 날짜 컬럼을 인덱스로 설정해야 한다. set_index( )를 사용하여 date 컬럼을 인덱스로 변환하면 날짜 기반 선택과 필터링이 가능해진다.

```
In [ ]:  # 시계열 데이터 생성
         dates = pd.date_range('2024-01-01', periods=5, freq='D')
         time_series_data = pd.DataFrame({
             'date': dates,
             'sales': [100, 150, 200, 120, 180],
             'returns': [5, 8, 12, 6, 9]
         })
         time_series_data.set_index('date', inplace=True)

         print(time_series_data)
```

```
Out [ ]:             sales  returns
         date
         2024-01-01   100        5
         2024-01-02   150        8
         2024-01-03   200       12
         2024-01-04   120        6
         2024-01-05   180        9
```

① 특정 날짜 범위 선택

loc를 사용한 날짜 범위 선택은 시작일과 종료일을 모두 포함하는 범위를 반환한다. 문자열 형태로 날짜를 지정할 수 있어 직관적이고 편리하다. 이 방법은 특정 기간의 매출 분석, 월별 또는 분기별 데이터 추출 등에 자주 사용된다.

```
In [ ]:  # 특정 날짜 범위 선택
         jan_1_to_3 = time_series_data.loc['2024-01-01':'2024-01-03']
         print(jan_1_to_3)
```

```
Out [ ]:             sales  returns
         date
         2024-01-01   100        5
         2024-01-02   150        8
         2024-01-03   200       12
```

② 연도 기준 필터링

인덱스의 year 속성을 사용하면 특정 연도의 데이터만 선택할 수 있다. 여러 해에 걸친 데이터에서 연도별 비교 분석을 할 때 유용하다. 마찬가지로 month, day, dayofweek 등의 속성을 사용하여 월별, 일별, 요일별 필터링도 가능하다.

```
In [ ]: # 2024년 데이터만 선택 (연도 기준 필터링)
        year_2024 = time_series_data[time_series_data.index.year == 2024]
        print(year_2024)
```

```
Out [ ]:            sales  returns
        date
        2024-01-01    100        5
        2024-01-02    150        8
        2024-01-03    200       12
        2024-01-04    120        6
        2024-01-05    180        9
```

3.2.4 데이터 변환 – 파생변수 생성 및 함수 적용

기본 파생변수 생성

기존 컬럼들을 활용하여 간단한 산술 연산이나 논리 연산을 통해 새로운 컬럼을 생성할 때 사용한다. 대괄호 표기법이나 assign 메서드를 통해 파생변수를 만들 수 있다.

파생변수(Derived Variable)는 원본 데이터의 하나 이상의 컬럼을 조합하거나 변환하여 생성한 새로운 변수다. 데이터 분석에서 원본 데이터만으로는 파악하기 어려운 인사이트를 발견하거나, 머신러닝 모델의 성능을 향상시키기 위해 사용된다.

[문법]
df['new_column'] = expression # 새로운 컬럼 생성
df.assign(new_col=expression) # assign 메서드 사용

[파라미터]

- new_column: 생성할 컬럼명(문자열)
- expression: 계산식 또는 값
- new_col: assign에서 사용할 컬럼명

[리턴값]

- 새로운 컬럼이 추가된 DataFrame(assign의 경우 새 DataFrame 반환)

[예시 코드]

In [ ]:
```python
import pandas as pd
import numpy as np

# 예시 데이터 생성
sales_data = pd.DataFrame({
    'product': ['노트북', '마우스', '키보드', '모니터', '스피커'],
    'price': [1200000, 25000, 80000, 350000, 120000],
    'quantity': [10, 50, 30, 15, 25],
    'cost': [800000, 15000, 50000, 200000, 80000]
})
print(sales_data)
```

Out [ ]:
```
  product    price  quantity    cost
0   노트북  1200000        10  800000
1   마우스    25000        50   15000
2   키보드    80000        30   50000
3   모니터   350000        15  200000
4   스피커   120000        25   80000
```

① 새로운 컬럼 생성

In [ ]:
```python
# 총 매출액 계산
sales_data['total_sales'] = sales_data['price'] * sales_data['quantity']

# 총 이익 계산
sales_data['profit'] = (sales_data['price'] - sales_data['cost']) * sales_data['quantity']

# 이익률 계산
sales_data['profit_rate'] = (sales_data['profit'] / sales_data['total_sales']) * 100

print(sales_data[['product', 'total_sales', 'profit', 'profit_rate']])
```

Out [ ]:
```
  product  total_sales   profit  profit_rate
0   노트북     12000000  4000000    33.333333
1   마우스      1250000   500000    40.000000
2   키보드      2400000   900000    37.500000
3   모니터      5250000  2250000    42.857143
4   스피커      3000000  1000000    33.333333
```

② assign 메서드 사용

assign( )은 DataFrame에 새로운 열을 추가하거나 기존 열을 수정한 새로운 DataFrame을 반환한다.

In [ ]:
```
# assign 메서드 사용
sales_with_rank = sales_data.assign(
    sales_rank=sales_data['total_sales'].rank(ascending=False)
)
print(sales_with_rank[['product', 'total_sales', 'sales_rank']])
```

Out [ ]:
```
   product  total_sales  sales_rank
0   노트북     12000000      1.0
1   마우스      1250000      5.0
2   키보드      2400000      4.0
3   모니터      5250000      2.0
4   스피커      3000000      3.0
```

apply 함수를 활용한 사용자 정의 함수 적용

복잡한 계산 로직이나 사용자 정의 함수를 데이터프레임의 각 행이나 컬럼에 적용할 때 사용한다. 단순한 산술 연산으로는 처리하기 어려운 조건부 로직이나 복합 계산에 유용하다.

[문법]
df.apply(func, axis=0) # DataFrame에 함수 적용
df['column'].apply(func) # Series에 함수 적용
df.apply(lambda x: expression, axis=1) # 람다 함수 사용

[파라미터]
- func: 적용할 함수
- axis: 적용 방향(0=행별, 1=컬럼별)
- expression: 람다 함수의 계산식

[리턴값]
- 함수가 적용된 결과(Series 또는 DataFrame)

[예시 코드]

```
In [ ]:  # 제품 등급 분류 함수 정의
         def classify_product_grade(row):
             if row['profit_rate'] >= 40:
                 return 'A급'
             elif row['profit_rate'] >= 35:
                 return 'B급'
             else:
                 return 'C급'
```

① DataFrame에 함수 적용

```
In [ ]:  # apply를 사용하여 제품 등급 생성
         sales_data['grade'] = sales_data.apply(classify_product_grade, axis=1)
```

② 람다 함수 사용

```
In [ ]:  # 람다 함수를 사용한 가격 구간 분류
         sales_data['price_category'] = sales_data['price'].apply(
             lambda x: '고가' if x >= 300000 else '중가' if x >= 100000 else '저가'
         )
         print(sales_data[['product', 'profit_rate', 'grade', 'price_category']])
```

```
Out [ ]:     product  profit_rate  grade  price_category
         0   노트북     33.333333    C급     고가
         1   마우스     40.000000    A급     저가
         2   키보드     37.500000    B급     저가
         3   모니터     42.857143    A급     고가
         4   스피커     33.333333    C급     중가
```

③ 컬럼별 통계 계산(axis=0)

```
In [ ]:  # 컬럼별 통계 계산 (axis=0)
         column_stats = sales_data[['price', 'quantity', 'profit']].apply(np.mean)
         print(f"평균값:\n{column_stats}")
```

```
Out [ ]:  평균값:
          price       355000.0
          quantity        26.0
          profit     1730000.0
          dtype: float64
```

map을 활용한 데이터 변환

딕셔너리나 매핑 테이블을 사용하여 값을 변환하거나, 모든 요소에 동일한 함수를 적용할 때 사용한다. map은 주로 카테고리형 데이터의 라벨 변환에 유용하다.

```
[문법]
df['column'].map(mapping)  # Series에 매핑 적용
df.map(func)  # DataFrame 전체에 함수 적용 (pandas 2.1+)
```

[파라미터]

- mapping: 딕셔너리, Series, 또는 함수
- func: 각 요소에 적용할 함수

[리턴값]

- 변환된 데이터(Series 또는 DataFrame)

[예시 코드]

```
In [ ]: print(sales_data)

Out [ ]:    product    price  quantity    cost  total_sales   profit  profit_rate  grade
        0    노트북  1200000        10  800000     12000000  4000000    33.333333    C급
        1    마우스    25000        50   15000      1250000   500000    40.000000    A급
        2    키보드    80000        30   50000      2400000   900000    37.500000    B급
        3    모니터   350000        15  200000      5250000  2250000    42.857143    A급
        4    스피커   120000        25   80000      3000000  1000000    33.333333    C급
```

① map – 딕셔너리

```
In [ ]: # 카테고리 매핑 딕셔너리 생성
        category_mapping = {
            '노트북': '컴퓨터',
            '마우스': '주변기기',
            '키보드': '주변기기',
            '모니터': '디스플레이',
            '스피커': '오디오'
        }

        # map을 사용한 카테고리 변환
```

```
In [ ]:  sales_data['product_category'] = sales_data['product'].map(category_mapping)

         # 등급별 포인트 매핑
         grade_points = {'A급': 100, 'B급': 80, 'C급': 60}
         sales_data['grade_points'] = sales_data['grade'].map(grade_points)

         print(sales_data[['product', 'product_category', 'grade', 'grade_points']])
```

```
Out [ ]:      product   product_category   grade   grade_points
         0    노트북            컴퓨터         C급             60
         1    마우스           주변기기         A급            100
         2    키보드           주변기기         B급             80
         3    모니터          디스플레이         A급            100
         4    스피커            오디오         C급             60
```

② map – 함수

```
In [ ]:  # 숫자 데이터에 함수 적용 (소수점 반올림)
         numeric_columns = ['profit_rate']
         sales_data['profit_rate_rounded'] = sales_data['profit_rate'].map(lambda x: round(x, 1))
         print(sales_data[['product', 'profit_rate', 'profit_rate_rounded']])
```

```
Out [ ]:      product   profit_rate   profit_rate_rounded
         0    노트북      33.333333                  33.3
         1    마우스      40.000000                  40.0
         2    키보드      37.500000                  37.5
         3    모니터      42.857143                  42.9
         4    스피커      33.333333                  33.3
```

조건부 파생변수 생성(np.where, np.select)

복잡한 조건문을 통해 파생변수를 생성할 때 사용한다. np.where는 간단한 이진 조건에, np.select는 다중 조건 분류에 적합하다.

> [문법]
> np.where(condition, value_if_true, value_if_false) # 이진 조건
> np.select(condlist, choicelist, default) # 다중 조건
> pd.cut(data, bins, labels) # 구간 분할

[파라미터]

- condition: 조건식
- value_if_true/false: 조건에 따른 반환값
- condlist: 조건들의 리스트
- choicelist: 각 조건에 대응하는 값들의 리스트
- bins: 구간 경계값들
- labels: 각 구간의 라벨

[리턴값]

- 조건에 따라 분류된 값들의 배열

[예시 코드]

① np.where

```
In [ ]: # np.where를 사용한 이진 분류
        sales_data['is_profitable'] = np.where(sales_data['profit'] > 1000000, '고수익', '일반수익')
        print(sales_data[['product', 'profit', 'is_profitable']])
```

```
Out [ ]:    product   profit  is_profitable
         0    노트북  4000000          고수익
         1    마우스   500000         일반수익
         2    키보드   900000         일반수익
         3    모니터  2250000          고수익
         4    스피커  1000000         일반수익
```

② np.select를 사용한 다중 조건 분류

```
In [ ]: conditions = [
            sales_data['total_sales'] >= 10000000,
            sales_data['total_sales'] >= 5000000,
            sales_data['total_sales'] >= 2000000
        ]

        choices = ['대형거래', '중형거래', '소형거래']

        sales_data['transaction_size'] = np.select(conditions, choices, default='미니거래')

        print(sales_data[['product', 'total_sales', 'is_profitable', 'transaction_size']])
```

Out [ ]:
	product	total_sales	is_profitable
0	노트북	12000000	고수익
1	마우스	1250000	일반수익
2	키보드	2400000	일반수익
3	모니터	5250000	고수익
4	스피커	3000000	일반수익

③ pd.cut을 사용한 구간 분할

In [ ]:
```
price_bins = [0, 50000, 200000, float('inf')]
price_labels = ['저가', '중가', '고가']
sales_data['price_segment'] = pd.cut(sales_data['price'], bins=price_bins, labels=price_labels)

print(sales_data[['product', 'price', 'price_segment']])
```

Out [ ]:
	roduct	price	price_segment
0	노트북	1200000	고가
1	마우스	25000	저가
2	키보드	80000	중가
3	모니터	350000	고가
4	스피커	120000	중가

집계 함수를 활용한 파생변수 생성

그룹별 통계나 이동 평균 등의 집계 함수를 사용하여 파생변수를 생성할 때 사용한다. transform은 그룹별 계산 결과를 원본 데이터의 모든 행에 매핑한다.

> [문법]
> df.groupby('column').transform(func) # 그룹별 변환
> df['column'].rolling(window).func( ) # 이동 평균/합계
> df['column'].expanding( ).func( ) # 누적 집계

[파라미터]

- column: 그룹화 기준 컬럼
- func: 적용할 집계 함수
- window: 이동 윈도우 크기

[리턴값]

- 집계 결과가 원본 데이터와 같은 크기로 반환

[예시 코드]

```python
In [ ]: # 제품 카테고리별 평균 수익률 계산
        sales_data['category_avg_profit_rate'] = sales_data.groupby('product_category')['profit_rate'].transform('mean')

        # 제품 카테고리별 총 매출 대비 비중 계산
        sales_data['category_total_sales'] = sales_data.groupby('product_category')['total_sales'].transform('sum')
        sales_data['sales_share_in_category'] = (sales_data['total_sales'] / sales_data['category_total_sales']) * 100

        print(sales_data[['product', 'product_category', 'profit_rate', 'category_avg_profit_rate', 'sales_share_in_category']])
```

	product	product_category	profit_rate	category_avg_profit_rate	sales_share_in_category
0	노트북	컴퓨터	33.333333	33.333333	100.000000
1	마우스	주변기기	40.000000	38.750000	34.246575
2	키보드	주변기기	37.500000	38.750000	65.753425
3	모니터	디스플레이	42.857143	42.857143	100.000000
4	스피커	오디오	33.333333	33.333333	100.000000

```python
In [ ]: # 정렬 후 누적 합계 계산 (매출 순위별 누적 매출)
        sales_sorted = sales_data.sort_values('total_sales', ascending=False)
        sales_sorted['cumulative_sales'] = sales_sorted['total_sales'].cumsum()
        sales_sorted['cumulative_sales_ratio'] = (sales_sorted['cumulative_sales'] / sales_sorted['total_sales'].sum()) * 100

        print(sales_sorted[['product', 'total_sales', 'cumulative_sales', 'cumulative_sales_ratio']].round(1))
```

	product	total_sales	cumulative_sales	cumulative_sales_ratio
0	노트북	12000000	12000000	50.2
3	모니터	5250000	17250000	72.2
4	스피커	3000000	20250000	84.7
2	키보드	2400000	22650000	94.8
1	마우스	1250000	23900000	100.0

3.2.5 데이터 탐색 및 집계 연산

기본 데이터 탐색 함수

데이터의 전체적인 구조와 특성을 파악하기 위해 처음 데이터를 접했을 때 사용하는 기본 탐색 함수들이다. 데이터의 크기, 타입, 분포, 결측치 등을 빠르게 확인할 수 있다.

[문법]
```
df.info()  # 데이터프레임 기본 정보
df.describe()  # 기술통계량 요약
df.head(n)  # 상위 n개 행
df.tail(n)  # 하위 n개 행
df.shape  # 데이터프레임 크기
df.dtypes  # 컬럼별 데이터 타입
df.isnull().sum()  # 결측치 개수
df.value_counts()  # 값 빈도수
```

[예시 코드]

```python
import pandas as pd
import numpy as np

# 예시 데이터 생성 (전자상거래 주문 데이터)
order_data = pd.DataFrame({
    'order_id': ['ORD001', 'ORD002', 'ORD003', 'ORD004', 'ORD005', 'ORD006', 'ORD007', 'ORD008'],
    'customer_id': ['C001', 'C002', 'C001', 'C003', 'C002', 'C004', 'C001', 'C003'],
    'product_category': ['전자제품', '의류', '전자제품', '도서', '의류', '전자제품', '도서', '의류'],
    'order_amount': [150000, 45000, 320000, 25000, 67000, 89000, 35000, 52000],
    'customer_age': [28, 35, 28, 42, 35, 31, 28, 42],
    'region': ['서울', '부산', '서울', '대구', '부산', '서울', '서울', '대구'],
    'order_date': pd.to_datetime(['2024-01-15', '2024-01-16', '2024-01-18', '2024-01-20',
                                  '2024-01-22', '2024-01-25', '2024-01-28', '2024-01-30'])
})

# 기본 데이터 정보 탐색
print("═ 데이터프레임 기본 정보 ═")
print(f"데이터 크기: {order_data.shape}")
print(f"컬럼명: {list(order_data.columns)}")
```

```
In [ ]:  print("\n=== 데이터 타입 정보 ===")
         print(order_data.dtypes)

         print("\n=== 기술통계량 ===")
         print(order_data.describe())

         print("\n=== 카테고리별 주문 빈도 ===")
         print(order_data['product_category'].value_counts())
         # 전자제품    3
         # 의류       3
         # 도서       2

         print("\n=== 지역별 분포 ===")
         print(order_data['region'].value_counts())
         # 서울    4
         # 부산    2
         # 대구    2

         print("\n=== 결측치 확인 ===")
         print(order_data.isnull().sum())
```

기술통계량 및 데이터 요약

데이터의 분포, 중심경향성, 변산성 등을 종합적으로 파악하고 변수 간 관계를 분석할 때 사용한다. 수치형 데이터의 통계적 특성을 자세히 분석하는 데 유용하다.

[문법]
df.agg(['function1', 'function2']) # 다중 집계 함수
df.quantile([0.25, 0.5, 0.75]) # 분위수 계산
df.corr() # 상관계수 행렬
df.nunique() # 고유값 개수
df.mode() # 최빈값

[파라미터]

- function_list: 적용할 집계 함수들의 리스트
- percentiles: 계산할 분위수 리스트

[리턴값]

- agg( ): 각 함수별 결과가 포함된 DataFrame
- quantile( ): 분위수 값들
- corr( ): 상관계수 행렬 DataFrame

[예시 코드]

```python
In [ ]: # 주문금액에 대한 다양한 통계량 계산
        amount_stats = order_data['order_amount'].agg(['mean', 'median', 'std', 'min', 'max', 'count'])
        print("=== 주문금액 통계량 ===")
        print(amount_stats)
        # mean      98250.0
        # median    68000.0
        # std       96854.4
        # min       25000.0
        # max      320000.0
        # count         8.0

        # 분위수 계산
        print("\n=== 주문금액 분위수 ===")
        quantiles = order_data['order_amount'].quantile([0.25, 0.5, 0.75, 0.9])
        print(quantiles)
        # 0.25     46250.0
        # 0.50     68000.0
        # 0.75    113500.0
        # 0.90    218000.0

        # 고객 연령과 주문금액 간 상관관계
        print("\n=== 수치형 변수 간 상관관계 ===")
        numeric_corr = order_data[['customer_age', 'order_amount']].corr()
        print(numeric_corr)
        #               customer_age  order_amount
        # customer_age      1.000000     -0.284264
        # order_amount     -0.284264      1.000000

        # 카테고리별 고유값 개수
        print("\n=== 각 컬럼별 고유값 개수 ===")
        print(order_data.nunique())
        # order_id          8
```

```
In [ ]:  # customer_id       4
         # product_category  3
         # order_amount      8
         # customer_age      4
         # region            3
         # order_date        8
```

피봇 테이블(pivot_table)

데이터를 행과 열의 교차점에 따라 재구성하여 집계 분석을 수행할 때 사용한다. 엑셀의 피봇테이블과 유사한 기능으로 다차원 데이터 분석에 매우 유용하다.

[문법]
pd.pivot_table(data, values, index, columns, aggfunc, fill_value)
df.pivot_table(values, index, columns, aggfunc, margins)

[파라미터]

- data: 피봇할 DataFrame
- values: 집계할 값 컬럼
- index: 행 인덱스로 사용할 컬럼
- columns: 열로 사용할 컬럼
- aggfunc: 집계 함수(기본값: mean)
- fill_value: 결측치 대체값
- margins: 합계 행/열 추가 여부

[리턴값]

- 피봇된 형태의 DataFrame

[예시 코드]

```
In [ ]:  # 지역별, 카테고리별 평균 주문금액 피봇테이블
         region_category_pivot = pd.pivot_table(
             order_data,
             values='order_amount',
             index='region',
             columns='product_category',
```

```python
    aggfunc='mean',
    fill_value=0
)

print("=== 지역별 카테고리별 평균 주문금액 ===")
print(region_category_pivot)
# product_category   도서    의류    전자제품
# region
# 대구              25000  52000      0
# 부산                  0  56000      0
# 서울              35000      0  186000

# 다중 집계 함수 적용
multi_agg_pivot = pd.pivot_table(
    order_data,
    values='order_amount',
    index='region',
    columns='product_category',
    aggfunc=['mean', 'count', 'sum'],
    fill_value=0,
    margins=True  # 총합 행/열 추가
)

print("\n=== 다중 집계 함수 피봇테이블 (일부) ===")
print(multi_agg_pivot['mean'])  # 평균값만 출력
#             도서    의류    전자제품
# region
# 대구        25000  52000      0
# 부산            0  56000      0
# 서울        35000      0  186000
# All        30000  54667  186000

# 고객 연령대별, 지역별 주문 건수
order_data['age_group'] = pd.cut(order_data['customer_age'],
                                  bins=[0, 30, 40, 50],
                                  labels=['20대', '30대', '40대'])

age_region_pivot = pd.pivot_table(
    order_data,
```

```
In [ ]:     values='order_id',
            index='age_group',
            columns='region',
            aggfunc='count',
            fill_value=0
        )

        print("\n═══ 연령대별 지역별 주문 건수 ═══")
        print(age_region_pivot)
```

그룹별 집계 연산(groupby)

groupby( )는 특정 기준에 따라 데이터를 그룹화하고 각 그룹에 대해 집계 연산을 수행할 때 사용한다. groupby 연산은 다음 세 단계로 이루어진다.

1. Split (분할): 지정된 기준에 따라 데이터를 여러 그룹으로 분할
2. Apply (적용): 각 그룹에 독립적으로 함수나 연산을 적용
3. Combine (결합): 결과를 하나의 데이터 구조로 결합

groupby( ) 메서드가 호출되면 GroupBy 객체를 반환(Lazy Evaluation)하고, 실제 연산은 집계 함수(agg, mean, sum 등)가 호출될 때 수행된다.

[문법]
df.groupby('column').agg(func) # 그룹별 집계
df.groupby(['col1', 'col2']).func( ) # 다중 컬럼 그룹화
df.groupby('column')['target'].agg(['func1', 'func2']) # 다중 함수
df.groupby('column').size( ) # 그룹별 크기
df.groupby('column').describe( ) # 그룹별 기술통계

[파라미터]

- column: 그룹화 기준 컬럼
- func: 적용할 집계 함수
- target: 집계 대상 컬럼

[리턴값]
- 그룹별 집계 결과 DataFrame 또는 Series

[예시 코드]

In [ ]:
```python
# 고객별 주문 통계
customer_stats = order_data.groupby('customer_id').agg({
    'order_amount': ['count', 'sum', 'mean', 'max'],
    'order_id': 'count'
}).round(2)

print("=== 고객별 주문 통계 ===")
print(customer_stats)
#               order_amount                          order_id
#               count    sum      mean     max        count
# customer_id
# C001          3        505000   168333   320000     3
# C002          2        112000   56000    67000      2
# C003          2        77000    38500    52000      2
# C004          1        89000    89000    89000      1

# 지역별 상세 분석
region_analysis = order_data.groupby('region').agg({
    'order_amount': ['count', 'sum', 'mean', 'std'],
    'customer_age': 'mean',
    'customer_id': 'nunique'  # 고유 고객 수
}).round(2)

print("\n=== 지역별 상세 분석 ===")
print(region_analysis)

# 상품 카테고리별 월별 주문 트렌드
order_data['order_month'] = order_data['order_date'].dt.month
monthly_category = order_data.groupby(['order_month', 'product_category']).agg({
    'order_amount': ['count', 'sum'],
    'customer_id': 'nunique'
})

print("\n=== 월별 카테고리별 주문 현황 ===")
print(monthly_category)

# 그룹별 크기와 기술통계
print("\n=== 지역별 그룹 크기 ===")
```

```
In [ ]: print(order_data.groupby('region').size())
        # region
        # 대구    2
        # 부산    2
        # 서울    4

        print("\n=== 카테고리별 주문금액 기술통계 ===")
        category_describe = order_data.groupby('product_category')['order_amount'].describe()
        print(category_describe.round(2))
```

3.3 주가 데이터 탐색 실습

이것만은 기억하세요

✓ Pandas-datareader 패키지는 웹 서버에서 제공하는 데이터를 내려받아 데이터프레임 형태로 만들어 사용할 수 있다.

✓ 데이터 수집: 분석을 위한 데이터를 모아서 하나의 데이터프레임 형태로 만든다.

✓ 데이터 가공: 데이터 탐색, 정렬, 선택, 삭제 등 다양한 연산을 수행한다.

들어가면서

지금까지 다룬 NumPy와 Pandas의 다양한 기능을 활용하여 주식 데이터를 분석하는 실습을 진행한다. 먼저 아래의 문제를 스스로 해결해보고 책에서 제시된 코드를 확인해보자. 결과를 얻기 위한 코드는 다양한 방법이 있으니 책에 나온 코드와 작성한 코드가 다르더라도 잘못된 것이 아님을 잊지말자.

3.3.1 라이브러리 설치 및 문제

프로젝트 개요

① 목적

이 프로젝트는 실제 주식 데이터를 활용하여 Pandas 라이브러리의 핵심 메서드들을 체계적으로 학습하고 실무에 적용하는 것을 목표로 한다. 이론적 지식을 넘어서 실제 금융 데이터를 통해 데이터 분석의 전 과정을 경험함으로써 Pandas의 강력한 기능들을 깊이 있게 이해할 수 있다.

② 사용 데이터

NVIDIA(NVDA) 주식의 1년간 일별 거래 데이터를 yfinance API를 통해 수집하여 사용한다. 이 데이터는 시가, 고가, 저가, 종가, 거래량 등의 실제 금융 정보를 포함하고 있어 의미 있는 분석 결과를 도출할 수 있다.

③ 학습 목표

이 프로젝트를 통해 다음과 같은 Pandas 핵심 기능들을 활용해본다.

- 데이터 로딩 및 기본 정보 확인: head( ), tail( ), info( ), describe( ), shape
- 데이터 선택 및 필터링: 컬럼 선택, 조건부 필터링, quantile( ) 활용
- 데이터 정렬: sort_values( ) 메서드 활용
- 파생 변수 생성: 수식 연산을 통한 새로운 컬럼 생성
- 날짜 데이터 처리: DatetimeIndex 활용 및 날짜 속성 추출
- 그룹 집계: groupby( )와 agg( ) 메서드를 활용한 월별, 연도별 분석
- 고급 데이터 변환: 연속된 패턴 분석을 위한 복합 연산

④ 라이브러리 설치 및 데이터 로드

```
In [ ]: # yfinacnce 설치가 필요한 경우, 아래 주석을 해지하고 실행
#!pip install yfinance

import yfinance as yf
import pandas as pd

df = yf.download("NVDA", period="1y", interval="1d", multi_level_index=False)
df.head()
```

```
Out [ ]: [*********************100%%***********************]  1 of 1 completed
                 Open        High         Low       Close   Adj Close      Volume
Date
2024-08-10   99.820000  101.750000   99.019997  100.170006  100.170006   134256400
2024-08-12  100.769997  102.800003   99.959999  101.540001  101.540001    98311600
2024-08-13  101.540001  104.250000  101.400002  103.739998  103.739998   111043000
2024-08-14  104.510002  105.889999  103.669998  103.730003  103.730003    72522800
2024-08-15  104.720001  106.220001  103.870003  106.220001  106.220001    71986200
```

문제 출제

① 기본 정보 확인

 문제 3-1

데이터프레임(df)의 기본 정보를 확인하세요(shape, info, describe 활용).

 문제 3-2

데이터프레임의 컬럼명과 데이터 타입을 확인하세요.

 문제 3-3

데이터프레임의 첫 5개 행과 마지막 5개 행을 확인하세요.

② 기본 통계

 문제 3-4

종가('Close') 기준 최댓값, 최솟값, 평균값을 각각 구하세요.

 문제 3-5

거래량('Volume')의 평균, 중앙값, 표준편차를 구하세요.

 문제 3-6

고가('High')와 저가('Low')의 차이 평균을 계산하세요.

③ 데이터 선택

'Date', 'Close', 'Volume' 컬럼만 선택한 새로운 데이터프레임을 만드세요.

최근 10개 데이터(마지막 10개 행)만 선택하세요.

종가가 백분위수 90% 이상인 날짜가 몇 일인지 출력하세요.

거래량이 평균 거래량보다 많았던 날의 데이터를 선택하세요.

④ 데이터 정렬

거래량('Volume') 기준으로 내림차순 정렬하세요.

⑤ 데이터 변환

'Daily_Change' 컬럼을 생성하고, 종가와 시가의 차이를 계산하세요.

'Change_Rate' 컬럼을 생성하고, 일일 변동률((종가-시가)/시가*100)을 계산하세요.

날짜에서 연도, 월, 요일을 추출하여 각각 'Year', 'Month', 'Weekday' 컬럼을 생성하세요.

⑥ 그룹화 및 집계

월별로 그룹화하여 평균 종가와 총 거래량을 계산하세요.

연도별로 그룹화하여 최고가와 최저가를 구하세요.

⑦ 응용 문제

연속해서 상승한 날이 가장 많았던 기간과 일수를 찾으세요.

3.3.2 주식 데이터 EDA

yfinance 라이브러리를 통해 1년간의 일별 주식 데이터를 수집하고, 다양한 통계 분석과 파생 변수 생성을 통해 주식 데이터의 특성을 파악하는 실습을 진행한다.

라이브러리 설치 및 데이터 로드

In [ ]:
```python
# yfinacnce 설치가 필요한 경우, 아래 주석을 해지하고 실행
#!pip install yfinance

import yfinance as yf
import pandas as pd

df = yf.download("NVDA", period="1y", interval="1d", multi_level_index=False)
df.head()
```

Out [ ]: [*********************100%%**********************] 1 of 1 completed

Date	Open	High	Low	Close	Adj Close	Volume
2024-08-10	99.820000	101.750000	99.019997	100.170006	100.170006	134256400
2024-08-12	100.769997	102.800003	99.959999	101.540001	101.540001	98311600
2024-08-13	101.540001	104.250000	101.400002	103.739998	103.739998	111043000
2024-08-14	104.510002	105.889999	103.669998	103.730003	103.730003	72522800
2024-08-15	104.720001	106.220001	103.870003	106.220001	106.220001	71986200

기본 정보 확인

In [ ]:
```python
# 1. 기본 정보 확인
print("Shape:", df.shape)
print("\n=====Info:=====")
df.info()
print("\n=====Describe:=====")
print(df.describe())
```

Out [ ]:
```
=====Info:=====
Shape: (253, 6)
<class 'pandas.core.frame.DataFrame'>
DatetimeIndex: 253 entries, 2024-08-10 to 2025-08-08
Data columns (total 6 columns):
 #   Column     Non-Null Count  Dtype
---  ------     --------------  -----
 0   Open       253 non-null    float64
 1   High       253 non-null    float64
 2   Low        253 non-null    float64
 3   Close      253 non-null    float64
 4   Adj Close  253 non-null    float64
 5   Volume     253 non-null    int64
```

```
Out [ ]: dtypes: float64(5), int64(1)
         memory usage: 13.8 KB

         =====Describe:=====
                      Open        High         Low       Close   Adj Close      Volume
         count  253.000000  253.000000  253.000000  253.000000  253.000000  2.530000e+02
         mean   121.474901  122.988968  119.943516  121.471779  121.471779  3.063451e+07
         std     17.020781   17.146059   16.870924   17.022080   17.022080  1.721845e+07
         min     90.690002   92.410004   88.900002   90.849998   90.849998  1.221860e+07
         25%    109.750000  111.419998  108.459999  109.660004  109.660004  1.946900e+07
         50%    118.220001  119.769997  116.599998  118.220001  118.220001  2.614280e+07
         75%    133.410004  134.860001  131.720001  133.479996  133.479996  3.717590e+07
         max    152.890015  153.130005  150.649994  152.890015  152.890015  1.374750e+08
```

```python
In [ ]:  # 2. 컬럼명과 데이터 타입
         print("컬럼명:", df.columns.tolist())
         print("데이터 타입:")
         print(df.dtypes)
```

```
Out [ ]: 컬럼명: ['Open', 'High', 'Low', 'Close', 'Adj Close', 'Volume']
         데이터 타입:
         Open         float64
         High         float64
         Low          float64
         Close        float64
         Adj Close    float64
         Volume         int64
         dtype: object
```

데이터 미리보기

```python
In [ ]:  # 3. 첫 5개, 마지막 5개 행
         print("첫 5개 행:")
         print(df.head())
         print("\n마지막 5개 행:")
         print(df.tail())
```

Out [ ]: 첫 5개 행:

	Open	High	Low	Close	Adj Close	Volume
Date						
2024-08-10	99.820000	101.750000	99.019997	100.170006	100.170006	134256400
2024-08-12	100.769997	102.800003	99.959999	101.540001	101.540001	98311600
2024-08-13	101.540001	104.250000	101.400002	103.739998	103.739998	111043000
2024-08-14	104.510002	105.889999	103.669998	103.730003	103.730003	72522800
2024-08-15	104.720001	106.220001	103.870003	106.220001	106.220001	71986200

마지막 5개 행:

	Open	High	Low	Close	Adj Close	Volume
Date						
2025-08-04	145.000000	152.479996	144.550003	151.720001	151.720001	91273300
2025-08-05	149.000000	150.570007	146.720001	147.779999	147.779999	46896400
2025-08-06	147.309998	149.759995	146.119995	148.190002	148.190002	31871900
2025-08-07	149.169998	151.669998	148.660004	150.100006	150.100006	31142000
2025-08-08	149.899994	153.130005	149.800003	152.890015	152.890015	31450900

기본 통계 분석

```python
In [ ]: # 4. 종가 기본 통계
print(f"종가 최댓값: {df['Close'].max():,.0f}")
print(f"종가 최솟값: {df['Close'].min():,.0f}")
print(f"종가 평균값: {df['Close'].mean():,.0f}")
```

Out [ ]: 종가 최댓값: 153
종가 최솟값: 91
종가 평균값: 121

```python
In [ ]: # 5. 거래량 통계
print(f"거래량 평균: {df['Volume'].mean():,.0f}")
print(f"거래량 중앙값: {df['Volume'].median():,.0f}")
print(f"거래량 표준편차: {df['Volume'].std():,.0f}")
```

Out [ ]: 거래량 평균: 30,634,512
거래량 중앙값: 26,142,800
거래량 표준편차: 17,218,449

```
In [ ]:  # 6. 고가-저가 차이 평균
         high_low_diff = df['High'] - df['Low']
         print(f"고가-저가 차이 평균: {high_low_diff.mean():,.0f}")
```

Out [ ]: 고가-저가 차이 평균: 3

데이터 선택 및 필터링

```
In [ ]:  # 7. 특정 컬럼 선택
         selected_df = df[['Close', 'Volume']].copy()
         print(selected_df.head())
```

Out [ ]:
```
                  Close     Volume
Date
2024-08-10   100.170006  134256400
2024-08-12   101.540001   98311600
2024-08-13   103.739998  111043000
2024-08-14   103.730003   72522800
2024-08-15   106.220001   71986200
```

```
In [ ]:  # 8. 최근 10개 데이터
         recent_10 = df.tail(10)
         print(recent_10)
```

Out [ ]:
```
                  Open        High         Low       Close   Adj Close     Volume
Date
2025-07-28   147.970001  150.559998  147.339996  149.500000  149.500000   26468000
2025-07-29   148.610001  150.190002  147.449997  148.800003  148.800003   19938500
2025-07-30   149.440002  150.000000  147.320007  148.860001  148.860001   26142800
2025-07-31   148.500000  149.270004  146.000000  147.750000  147.750000   33529100
2025-08-01   147.800003  148.570007  144.699997  145.880005  145.880005   38434300
2025-08-04   145.000000  152.479996  144.550003  151.720001  151.720001   91273300
2025-08-05   149.000000  150.570007  146.720001  147.779999  147.779999   46896400
2025-08-06   147.309998  149.759995  146.119995  148.190002  148.190002   31871900
2025-08-07   149.169998  151.669998  148.660004  150.100006  150.100006   31142000
2025-08-08   149.899994  153.130005  149.800003  152.890015  152.890015   31450900
```

```
In [ ]:  # 9. 종가 상위 10% 이상 필터링
         threshold = df['Close'].quantile(0.90)
         high_price = df[df['Close'] >= threshold]
         print(f"종가 {threshold:.2f} 이상인 날: {len(high_price)}일")
```

Out [ ]: 종가 142.67 이상인 날: 25일

In [ ]:
```
# 10. 평균 거래량보다 많은 날
avg_volume = df['Volume'].mean()
high_volume_days = df[df['Volume'] > avg_volume]
print(f"평균 거래량({avg_volume:,.0f})보다 많았던 날: {len(high_volume_days)}일")
```

Out [ ]: 평균 거래량(30,634,512)보다 많았던 날: 108일

데이터 정렬

In [ ]:
```
# 11. 거래량 내림차순 정렬
volume_sorted = df.sort_values('Volume', ascending=False)
print(volume_sorted['Volume'].head())
```

Out [ ]:
```
Date
2024-11-14    137475000
2024-08-10    134256400
2024-11-21    117752200
2024-08-13    111043000
2024-08-28    105726200
Name: Volume, dtype: int64
```

파생 변수 생성

In [ ]:
```
# 12. 일일 변동폭
df['Daily_Change'] = df['Close'] - df['Open']
print(df[['Open', 'Close', 'Daily_Change']].head())
```

Out [ ]:
```
                  Open        Close   Daily_Change
Date
2024-08-10    99.820000   100.170006       0.350006
2024-08-12   100.769997   101.540001       0.770004
2024-08-13   101.540001   103.739998       2.199997
2024-08-14   104.510002   103.730003      -0.779999
2024-08-15   104.720001   106.220001       1.500000
```

In [ ]:
```
# 13. 변동률
df['Change_Rate'] = ((df['Close'] - df['Open']) / df['Open'] * 100).round(2)
print(df[['Open', 'Close', 'Change_Rate']].head())
```

```
Out [ ]:              Open         Close    Change_Rate
        Date
        2024-08-10   99.820000    100.170006      0.35
        2024-08-12   100.769997   101.540001      0.76
        2024-08-13   101.540001   103.739998      2.17
        2024-08-14   104.510002   103.730003     -0.75
        2024-08-15   104.720001   106.220001      1.43
```

날짜 기반 분석

```python
# 14. 날짜 정보 추출
df['Year'] = df.index.year
df['Month'] = df.index.month
df['Weekday'] = df.index.day_name()
print(df[['Year', 'Month', 'Weekday']].head())
```

```
Out [ ]:              Year   Month   Weekday
        Date
        2024-08-10   2024     8      Saturday
        2024-08-12   2024     8      Monday
        2024-08-13   2024     8      Tuesday
        2024-08-14   2024     8      Wednesday
        2024-08-15   2024     8      Thursday
```

```python
# 15. 월별 집계
monthly_stats = df.groupby('Month').agg({
    'Close': 'mean',
    'Volume': 'sum'
}).round(0)
print(monthly_stats)
```

```
Out [ ]:       Close        Volume
        Month
        1      146.0    635966900.0
        2      135.0    640074000.0
        3      147.0    795509000.0
        4      142.0    648851600.0
        5      133.0    635348400.0
        6      126.0    722698100.0
        7      146.0    653493900.0
        8      121.0   1069105700.0
```

```
Out [ ]:  9    116.0    558764400.0
         10    130.0    741327300.0
         11    140.0    801077100.0
         12    141.0    446421400.0
```

In [ ]:
```python
# 16. 연도별 최고가, 최저가
yearly_stats = df.groupby('Year').agg({
    'High': 'max',
    'Low': 'min'
})
print(yearly_stats)
```

Out [ ]:
```
           High         Low
Year
2024   153.130005   88.900002
2025   153.130005  144.550003
```

고급 분석

In [ ]:
```python
# 17. 연속 상승일 계산
df['Price_Up'] = (df['Close'] > df['Open']).astype(int)
df['Consecutive_Up'] = df['Price_Up'].groupby((df['Price_Up'] != df['Price_Up'].shift()).cumsum()).cumsum()
max_consecutive = df['Consecutive_Up'].max()
print(f"최대 연속 상승일: {max_consecutive}일")
```

Out [ ]: 최대 연속 상승일: 7일

요약

1 0부터 9까지의 숫자로 이루어진 1차원 배열을 생성하는 함수는?

　① np.zeros(10)

　② np.ones(10)

　③ np.arange(10)

　④ np.random(10)

　⑤ np.linspace(0, 9)

　답 : ③ np.arange(10)는 0부터 9까지(10 미포함)의 연속된 정수 배열을 생성한다. np.zeros( )는 0으로 채운 배열, np.ones( )는 1로 채운 배열을 만든다.

2 NumPy 배열의 형태(shape)를 확인하는 속성은?

　① arr.size

　② arr.shape

　③ arr.dim

　④ arr.length

　⑤ arr.dimension

　답 : ② shape 속성은 배열의 각 차원의 크기를 튜플로 반환한다.

3 DataFrame에서 특정 열을 선택하는 올바른 방법은?

　① df.select('컬럼명')

　② df['컬럼명']

　③ df.get('컬럼명')

　④ df.column('컬럼명')

　⑤ df.pick('컬럼명')

　답 : ② df['컬럼명'] 또는 df.컬럼명으로 특정 열을 선택할 수 있다.

4 DataFrame에서 특정 열로 그룹화한 후 집계함수를 적용하는 메서드는?

① df.group_by( )

② df.groupby( )

③ df.aggregate_by( )

④ df.cluster_by( )

⑤ df.partition_by( )

답 : ② df.groupby('열이름')은 지정된 열의 값에 따라 데이터를 그룹화한다. 이후 .sum( ), .mean( ) 등의 집계함수를 적용할 수 있다.

5 DataFrame의 데이터 타입을 변경하는 메서드는?

① df.convert( )

② df.astype( )

③ df.change_type( )

④ df.cast( )

⑤ df.transform_type( )

답 : ② df.astype( )은 DataFrame 또는 Series의 데이터 타입을 변경하는 메서드다. 예: df['나이'].astype('int')로 문자열을 정수형으로 변환할 수 있다.

Chapter 4

데이터 시각화

4장에서는 다양한 그래프를 사용해 데이터를 시각화하는 방법에 대해 살펴본다. 데이터 시각화는 대규모 데이터를 탐색하거나 이해할 때 가장 좋은 방법이다.

이 장에서는 무엇을 배우나요?

– 다양한 색 테마, 차트 기능을 추가한 고수준의 인터페이스 seaborn을 배운다.
– 데이터 시각화를 위한 기본적인 패키지 matplotlib을 배운다.
– 데이터 특징에 알맞은 시각화 방법을 알아본다.

가벼운 마음으로 시작해보세요

현대인이 하루 중 가장 많이 사용하는 전자장치는 스마트폰이다. 스마트폰은 단순히 많이 사용한다는 표현을 넘어 우리와 항상 함께하며 이동 경로, 구매 내역, 대화 기록 등 개인의 모든 정보를 수집하고 있다. 클라우드 저장소와의 연동을 통해 데이터 저장 능력이 대폭 확장되면서, 사용자조차 인지하지 못하는 개인 데이터가 축적되고 있는 상황이다.

개인용 스마트폰이 이러한 수준이라면, 기관에서 관리하는 데이터의 규모는 더욱 방대하다. IoT 센서 기술, 네트워크 통신 기술의 발달과 하드웨어 저장 용량의 급속한 증가로 실시간 데이터 생성이 가속화되고 있다. 이러한 데이터 폭증 현상은 데이터를 효과적으로 이해하고 분석하기 위한 새로운 접근 방식의 필요성을 제기했다. 4장에서 다루는 데이터 시각화는 이러한 요구에 대응하는 핵심 기법 중 하나다. 데이터 시각화는 대규모 데이터를 탐색하고 이해하는 데 가장 효과적인 방법이다.

지금부터 다양한 그래프를 활용한 데이터 시각화 방법론을 체계적으로 살펴보자.

seaborn → matplotlib → plotly → 데이터 시각화 실습

4.1 데이터를 시각화하는 방법

이것만은 기억하세요
- ✓ 파이썬 기반의 시각화 라이브러리: seaborn, matplotlib, plotly
- ✓ 정적 시각화와 동적 시각화 방법

들어가면서

"매출이 15% 증가했습니다"라고 말하는 것과 직관적인 그래프로 증가 추세와 원인을 명확하게 보여주는 것 중 어느 쪽이 더 설득력 있을까?

최근에 데이터 분석 능력을 갖춘 인재에 대한 수요가 급증하고 있지만, 단순히 데이터를 분석하는 것만으로는 충분하지 않다. 복잡한 분석 결과를 누구나 이해할 수 있는 시각적 형태로 전달하는 능력이야말로 진정한 경쟁력이라 할 수 있다. 파이썬 기반 데이터 시각화 라이브러리의 유형 및 각각의 특징에 대해서 알아보자.

4.1.1 파이썬 데이터 시각화 패키지

파이썬에서 데이터 시각화를 위한 대표적인 패키지로는 matplotlib과 seaborn이 있다. matplotlib이 데이터 시각화를 위한 가장 기본적인 패키지이고, seaborn은 matplotlib을 기반으로 다양한 색 테마와 차트 기능을 추가한 고수준(high-level) 인터페이스다.

*"Seaborn is a Python data visualization library based on matplotlib.
It provides a high-level interface for drawing attractive and informative statistical graphics."*

여기서 고수준이라는 것은 활용 난이도가 높다는 뜻이 아니다. 컴퓨터에 가까운 기계어에 가까울수록 저수준(low-level), 사람이 다루고 이해하기 쉬울수록 고수준(high-level)이다. 즉, seaborn은 matplotlib에 비해 사용하기 쉬운 패키지다.

matplotlib만으로도 그래프를 그릴 수 있지만, seaborn을 사용하면 그래프를 훨씬 더 수월하게 그릴 수 있을 뿐만 아니라 시각적으로 다양한 효과를 낼 수 있다. 이 책에서는 matplotlib을 그래프를 그리는 도화지를 세팅하는 요소로, seaborn을 그래프를 그리는 물감으로 활용한다.

matplotlib(맷플롯립)은 파이썬에서 데이터 시각화, 즉 다양한 그래프를 그리는 라이브러리를 제공하는 패키지다. matplotlib이 제공하는 기능을 살펴보기 전에 스케치북에 막대그래프를 그리는 상황을 생각해보자. 어떤 도구가 필요한가? x축, y축을 그리기 위한 자, 막대그래프를 그릴 펜, 예쁘게 색칠할 색연필도 있으면 좋겠다. 스케치북은 얼마나 클까? 8절인가? 스케치북 한 장에 그래프를 하나만 그릴까? 아니면 반을 나누어서 두 개의 그래프를 그릴까? 막대의 한 눈금 크기는 어떻게 설정하는 것이 좋을까? 제목이나 각 축에 이름을 설정하는 것도 필요한가?

지금 생각했던 이 모든 것을 설정할 수 있도록 도와주는 기능을 파이썬으로 작성할 수 있게 한 곳에 모아 놓은 것이 바로 matplotlib과 seaborn이다. matplotlib이 전문가용 그래프 그리기 도구라면, 초보자도 쉽게 그래프를 그릴 수 있는 도구를 제공하는 것이 바로 seaborn(씨본)이다.

plotly는 인터랙티브 웹 기반 시각화의 선두주자다. 정적인 이미지가 아닌 사용자가 직접 조작할 수 있는 살아있는 그래프를 만들 수 있어, 프레젠테이션이나 대시보드 구축에 탁월하다. 특히 비전공자들과의 소통이 중요한 비즈니스 환경에서 그 진가를 발휘한다.

이 세 라이브러리의 특성을 이해하고 상황에 맞게 선택해서 사용할 수 있다면, 여러분의 데이터 스토리텔링 능력은 한 단계 더 발전할 것이다. 각 도구의 장단점을 파악하고 적재적소에 활용하는 것이 진정한 데이터 시각화 전문가로 성장하는 지름길이다.

4.2 seaborn

이것만은 기억하세요

- ✓ seaborn은 matplotlib을 기반으로 다양한 색 테마와 차트 기능을 추가한 고수준(high-level) 인터페이스다.
- ✓ 산점도(scatterplot)와 회귀선(regplot)은 두 변수 간의 상관관계를 확인하기 좋은 그래프다.
- ✓ 선그래프(lineplot)와 막대그래프(barplot)는 시간의 변화에 따른 추이를 확인하기 좋은 시각화 방법이다.
- ✓ 박스플롯(boxplot)과 바이올린플롯(violinplot)은 카테고리별 데이터의 최댓값, 최솟값, 중앙값을 확인할 때 용이하다.
- ✓ 히스토그램(histplot)으로 데이터의 분포를 이해할 수 있다.
- ✓ 히트맵(heatmap)은 여러 변수를 한 번에 비교할 때 유용하게 사용하는 시각화 방법이다.

들어가면서

파이썬 생태계에서 데이터 시각화를 담당하는 대표적인 라이브러리들은 각각 고유한 강점을 가지고 있다. matplotlib은 파이썬 시각화의 아버지 격으로, 모든 것을 세밀하게 조절할 수 있는 강력함을 제공한다. 마치 포토샵처럼 픽셀 하나하나까지 완벽하게 통제할 수 있지만, 그만큼 학습 곡선이 가파르다는 특징이 있다.

seaborn은 matplotlib을 기반으로 만들어진 고급 통계 시각화 라이브러리다. 복잡한 통계 분석 결과를 아름다운 그래프로 쉽게 만들 수 있어서 데이터 사이언스 분야에서 특히 인기가 높다. 한 줄의 코드로 상관관계 히트맵이나 분포도를 그릴 수 있어 효율성 면에서 뛰어나다.

4.2.1 Tips 데이터셋

seaborn 내장 데이터셋

그래프를 그리기 위해서는 데이터가 필요한데, seaborn 패키지에서 제공하는 내장 데이터를 사용하여 실습을 진행한다. seaborn 패키지에서는 데이터 수집과 전처리에 소요되는 시간을 줄이고, seaborn 패키지의 다양한 기능을 활용하는 방법을 효율적으로 익힐 수 있도록 정제된 데이터셋을 제공한다(모든 데이터셋이 완벽하게 정제된 것은 아니지만, 대부분 정제된 형태로 제공한다).

먼저 seaborn 패키지를 import한다. seaborn은 일반적으로 네임스페이스를 sns로 지정하여 사용한다.

```
In [ ]: import seaborn as sns
        import pandas as pd
```

① 데이터 로드 방법

load_dataset( )을 호출하여 데이터를 읽어들이면, 데이터프레임 형태로 반환한다.

[문법]
sns.load_dataset(불러올_데이터셋_이름)

② 사용 가능한 데이터셋 확인

seaborn 패키지에서 제공하는 데이터셋 이름은 get_dataset_names( )을 호출하여 확인할 수 있다.

```
In [ ]: sns.get_dataset_names( )
Out [ ]: ['anagrams',
         'anscombe',
         'attention',
         'brain_networks',
         'car_crashes',
         'diamonds',
         'dots',
         'exercise',
         'flights',
         'fmri',
         'gammas',
         'geyser',
         'iris',
         'mpg',
         'penguins',
         'planets',
         'tips',
         'titanic']
```

각 데이터의 자세한 설명은 https://github.com/mwaskom/seaborn-data을 참고할 수 있다.

이번 장에서는 음식점에서 지불한 팁, 금액, 손님 정보 등을 확인할 수 있는 tips 데이터셋을 사용하여 실습을 진행한다.

```
In [ ]: df = sns.load_dataset("tips")
        df.head( )
```

```
Out [ ]:    total_bill   tip    sex   smoker  day   time    size
        0       16.99   1.01  Female    No   Sun  Dinner    2
        1       10.34   1.66    Male    No   Sun  Dinner    3
        2       21.01   3.50    Male    No   Sun  Dinner    3
        3       23.68   3.31    Male    No   Sun  Dinner    2
        4       24.59   3.61  Female    No   Sun  Dinner    4
```

7개의 컬럼으로 구성된 데이터가 로딩되었다. 각각의 필드가 의미하는 내용은 다음과 같다.

- total_bill: 전체 금액
- tip: 팁 금액
- sex: 성별
- smoker: 흡연여부
- day: 방문요일
- time: 방문시간
- size: 인원 수

③ 데이터 구조

데이터프레임의 info( )를 사용하여 데이터 구조를 확인해보자.

```
In [ ]: df.info( )
```

```
Out [ ]: <class 'pandas.core.frame.DataFrame'>
         RangeIndex. 244 entries, 0 to 243
         Data columns (total 7 columns).
          #   Column      Non-Null Count   Dtype
         ---  ------      --------------   -----
          0   total_bill  244 non-null     float64
          1   tip         244 non-null     float64
          2   sex         244 non-null     category
```

```
Out [ ]:  3   smoker   244 non-null   category
          4   day      244 non-null   category
          5   time     244 non-null   category
          6   size     244 non-null   int64
         dtypes. category(4), float64(2), int64(1)
         memory usage. 7.3 KB
```

tips 데이터셋은 7개 컬럼, 244개의 로우로 구성된 데이터다. total_bill, tip, size는 숫자(float, int)형이고 나머지 컬럼은 범주형(category) 데이터다.

④ 데이터 분포

describe( )를 호출하여 숫자형 데이터의 값의 분포를 확인한다.

```
In [ ]: df.describe( )
```

```
Out [ ]:        total_bill         tip        size
         count  244.000000  244.000000  244.000000
         mean    19.785943    2.998279    2.569672
         std      8.902412    1.383638    0.951100
         min      3.070000    1.000000    1.000000
         25%     13.347500    2.000000    2.000000
         50%     17.795000    2.900000    2.000000
         75%     24.127500    3.562500    3.000000
         max     50.810000   10.000000    6.000000
```

위의 출력 결과로 부터 다음과 같은 사항을 발견할 수 있다.

- 음식값(total_bill): 3.07달러에서 50.81달러, 평균적으로 19.79달러를 지불
- 팁(tip): 1달러에서 10달러, 평균적으로 3달러 정도 지불
- 인원수(size): 주로 2~3명이 방문

⑤ 범주형 데이터의 탐색

unique( ), value_counts( )를 사용하여 범주형 데이터를 가진 컬럼이 어떤 값을 가지고 있는지, 몇 개의 값을 가지고 있는지 확인한다.

```
In [ ]: # 성별
        df['sex'].unique( )
```

```
Out [ ]: ['Female', 'Male']
         Categories (2, object). ['Female', 'Male']
```

```
In  [ ]: df['sex'].value_counts( )
```

```
Out [ ]: Male      157
         Female     87
         Name. sex, dtype. int64
```

위의 출력결과로 부터 성별 데이터(sex)는 Female, Male의 2개의 유니크한 값을 가지고, Male은 157명, Female은 87명임을 확인할 수 있다.

```
In  [ ]: # 전체 범주형 데이터 요약
         # 모든 범주형 변수의 고유값 개수
         categorical_columns = df.select_dtypes(include=['category']).columns

         for col in categorical_columns:
             print(f"{col}. {df[col].nunique( )}개의 고유값")
             print(f"   값. {list(df[col].unique( ))}")
             print( )
```

지금까지 tips 데이터셋의 탐색을 통해 데이터 시각화를 위한 준비를 했다. 이제 이 tips 데이터셋을 사용하여 다양한 시각화 기법을 실습할 수 있다. 분석 가능한 질문들을 생각해보자.

데이터셋

- 데이터 크기: 244행 × 7열
- 숫자형 변수: total_bill, tip, size
- 범주형 변수: sex, smoker, day, time
- 결측치: 없음(모든 컬럼이 244개의 non-null 값)

데이터 분석을 위한 질문들

- 음식값과 팁 사이에 상관관계가 있는가?
- 성별에 따라 팁을 주는 패턴이 다른가?
- 요일별로 매출이나 팁에 차이가 있는가?

- 흡연 여부가 소비 패턴에 영향을 주는가?
- 인원수가 많을수록 팁을 더 많이 주는가?

이러한 질문들을 seaborn 패키지를 사용한 데이터 시각화를 통해 탐색해보자.

4.2.2 산점도(scatterplot)

산점도의 이해

산점도는 x축 변수와 y축 변수의 관계를 확인할 때 사용하는 그래프다. 산점도는 각 변수의 값을 x-y 2차원 평면에 점으로 표시한다. 따라서 각각의 점들의 분포 패턴에 따라 상관관계를 판단할 수 있다. 상관관계의 강도는 점들이 직선에 얼마나 가깝게 분포되어 있는지로 판단한다. 점들이 직선에 가까울수록 강한 상관관계를 의미한다.

- 양의 상관관계: 점들이 오른쪽 위로 상승하는 형태
- 음의 상관관계: 점들이 오른쪽 아래로 하강하는 형태
- 무상관: 점들이 특별한 패턴 없이 분산된 형태

예를 들어서 공부 시간이 길어질수록 성적이 높아지는지 알아보고 싶을 때 공부 시간과 성적의 산점도를 확인할 수 있다. 공부 시간이 길수록 성적이 높아질 것이므로, 공부 시간과 성적은 (A)와 같은 형태의 그래프가 그려질 것이다. 반면 게임하는 시간과 성적 간의 상관관계는 게임을 하는 시간이 길어질수록 성적이 떨어지는 (C)와 같은 패턴을 보이거나, (D)와 같이 게임 시간과 성적이 관련성이 없을 수도 있다.

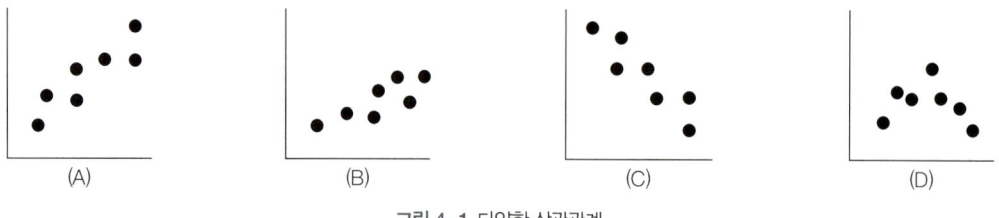

그림 4-1 다양한 상관관계

seaborn scatterplot 기본 사용법

scatterplot을 그리기 위해 x축과 y축의 값을 입력한다.

[문법]
sns.scatterplot(x, y)

[Scatterplot 주요 파라미터]
- x: x축 변수
- y: y축 변수
- hue: 그룹핑할 변수(색상)
- size: 그룹핑할 변수(점의 크기)
- style: 그룹핑할 변수(점의 모양)
- data: 데이터프레임 또는 다차원 배열

tips 데이터를 활용한 산점도 실습

① (기본 산점도) 음식가격과 팁의 상관관계

비싼 음식을 먹은 사람들이 팁을 많이 지불했는지 확인하기 위해 음식가격(total_bill)과 팁(tip)의 상관관계를 산점도로 그려본다.

In [ ]: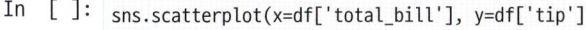

Out [ ]: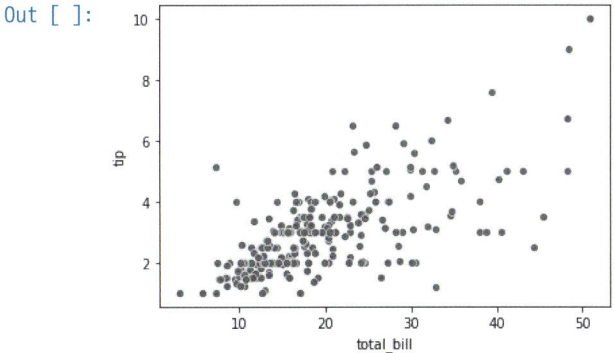

음식가격의 값이 커질수록 팁의 가격도 증가하는 것을 확인할 수 있다. 즉 음식가격과 팁은 양의 상관관계가 있음을 확인할 수 있다.

② 색상을 활용한 그룹별 분석

성별에 따라 어떤 차이가 있는지 확인하기 위해 hue 속성값을 지정한다.

In [ ]: `sns.scatterplot(x=df['total_bill'], y=df['tip'], hue=df['sex'])`

Out [ ]:
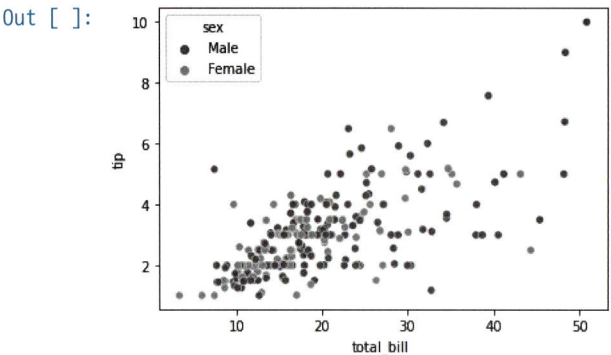

hue 속성을 지정한 인자(성별)에 따라 점의 색상이 다르게 표시된다.

③ (버블차트) 크기를 활용한 3차원 정보 표현

인원 수에 따른 값의 분포도 함께 확인하기 위해 size 속성값을 지정한다.

In [ ]: `sns.scatterplot(x=df['total_bill'], y=df['tip'], hue=df['sex'], size=df['size'])`

Out [ ]:
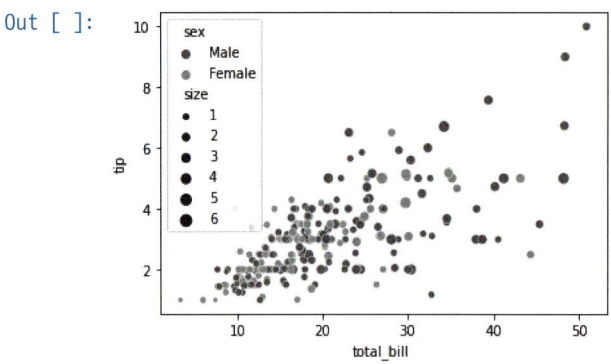

차이가 미미하긴 하지만, 점의 크기가 인원 수에 따라 다르게 표시된다. 각각의 점의 사이즈를 다르게 표시하는 버블차트는 값의 차이가 큰 경우에 사용하는 것이 효과적이다.

④ 다차원 시각화

산점도는 가로축, 세로축뿐 아니라 점의 색상, 크기를 사용하여 3가지 이상의 변수의 상관관계를 표시할 수 있다. 2차원 평면에 시각화하지만 2차원 이상의 값을 표현할 수 있다는 장점이 있다.

```
In [ ]:  # 4개 변수를 동시에 표현
         sns.scatterplot(x=df['total_bill'], y=df['tip'],
                         hue=df['sex'],      # 색상으로 성별 구분
                         size=df['size'],    # 크기로 인원수 표현
                         style=df['time'],   # 모양으로 시간대 구분
                         alpha=0.7)          # 투명도 조절
```

Out [ ]:

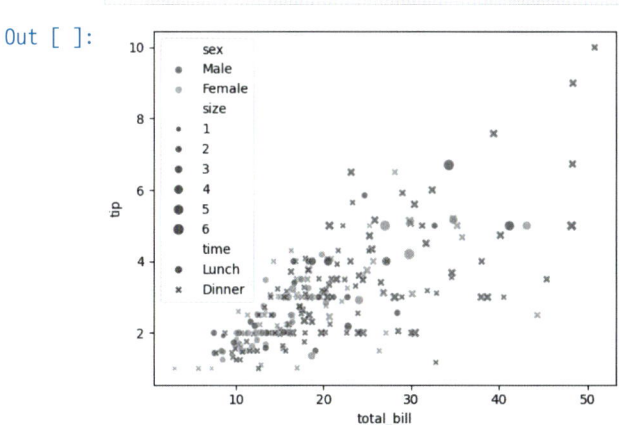

산점도 활용 가이드라인

① 산점도가 적합한 경우

- 연속형 변수 간의 상관관계 분석
- 데이터 포인트가 많은 경우(50개 이상)
- 이상치나 패턴 탐지
- 다중 변수의 관계를 색상, 크기, 모양으로 표현할 때

② 막대그래프가 더 적합한 경우

- 카테고리별 수치 비교
- 데이터 포인트가 적은 경우(20개 미만)
- 정확한 수치 값을 강조하고 싶을 때
- 순위나 크기 순서를 명확히 보여주고 싶을 때

참고: 산점도 vs 막대그래프, 데이터 양에 따른 선택

산점도를 사용하면 데이터가 어떻게 분포되었는지 또는 각 점들 간의 관련을 이해하는데 도움이 되고, 데이터 분포에 존재하는 패턴을 신속히 식별할 수 있다. x-y 평면에 표시할 점의 수가 많을 때 유용하다. 표시할 점의 수가 적은 경우에는 막대그래프가 더 효과적일 수 있다.

① 데이터가 적을 때의 산점도

In [ ]:
```
x = [1, 2, 3, 4, 5]
y = [10, 20, 25, 30, 42]
sns.scatterplot(x=x, y=y)
```

Out [ ]:

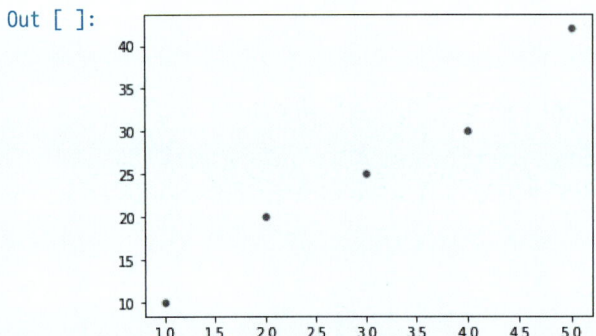

② 같은 데이터를 막대그래프로 시각화

In [ ]: `sns.barplot(x=x, y=y)`

Out [ ]:

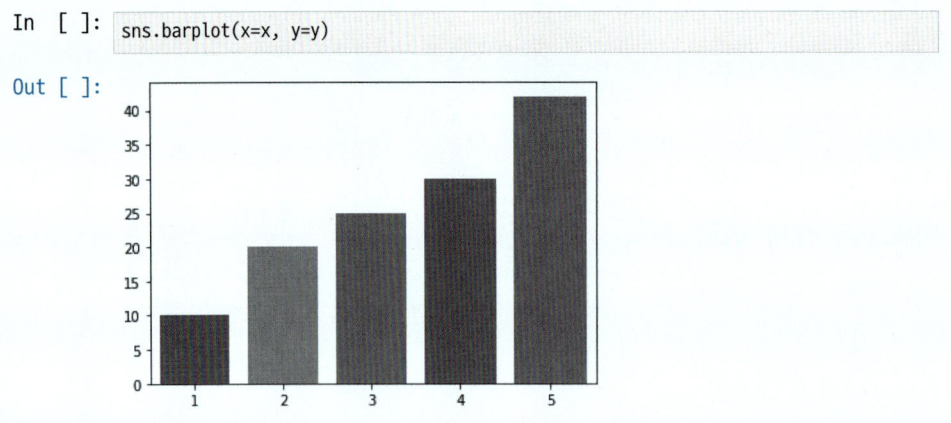

데이터 포인트가 5개뿐인 경우, 막대그래프가 각 값의 크기를 더 명확하게 보여준다.

4.2.3 회귀선(regplot)

회귀선의 이해

회귀(回歸)란 사전적인 의미로 '한 바퀴 돌아서 본디의 자리나 상태로 돌아오는 것'이다. 데이터가 아무리 흩어져 있어도 상관관계가 있는 값이라면 본질적으로 나타내는 경향이 있기 마련이다. regplot은 개별 데이터 분포를 대표할 수 있는 하나의 선인 회귀(regression)선을 표시하는 그래프다. 이 선은 산점도에 표시된 모든 데이터 포인트들의 전체적인 경향을 하나의 직선으로 요약해서 보여준다.

seaborn regplot 기본 사용법

regplot을 그리기 위해 x축과 y축의 값을 입력한다.

> [문법]
> sns.regplot(x, y)

[regplot 주요 파라미터]
- x: x축 변수
- y: y축 변수
- scatter: 산점도를 함께 표시할지 여부
- ci: 신뢰구간(기본값: 95%)
- data: 데이터프레임 또는 다차원 배열

tips 데이터를 활용한 regplot 실습

① 기본 회귀선 그래프

tips 데이터셋을 사용하여 음식가격(total_bill)과 팁(tip)의 상관관계를 regplot을 그려본다.

```
In [ ]: sns.regplot(x=df['total_bill'], y=df['tip'])
```

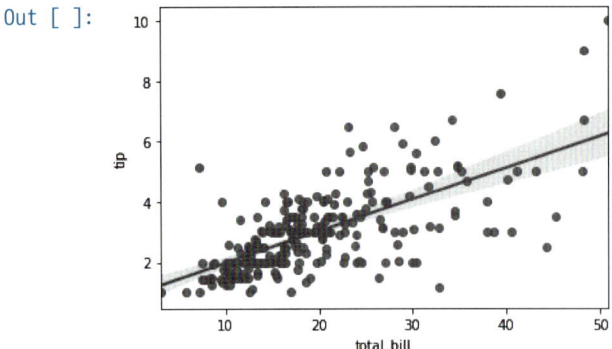

scatterplot과 함께 하나의 선이 그어진다. 이 선이 바로 회귀선으로, 데이터의 전체적인 경향을 나타낸다.

② 회귀선만 표시하기

회귀선만 표시하고 싶은 경우, scatter 속성을 False로 설정한다.

```
In [ ]: sns.regplot(x=df['total_bill'], y=df['tip'], scatter=False)
```

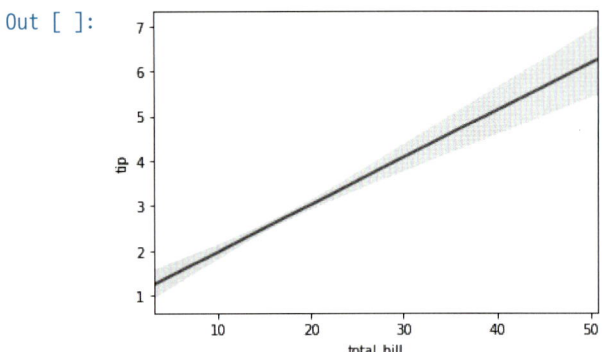

③ 신뢰구간의 이해

회귀선을 기준으로 주변에 연한 배경이 함께 표시되는 것을 확인할 수 있다. 이 배경은 회귀선의 신뢰구간을 나타낸다. 즉, 기존 데이터 분포가 회귀선을 기준으로 얼마나 퍼져 있는지 확인하는데 도움이된다. 신뢰구간을 표시하지 않으려면 ci=None으로 설정한다.

```
In [ ]: sns.regplot(x=df['total_bill'], y=df['tip'], scatter=False, ci=None)
```

Out [ ]:

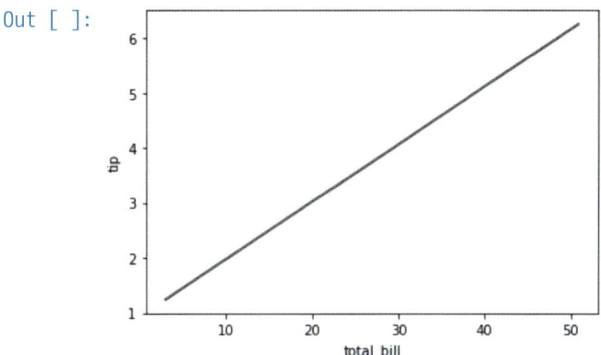

회귀선은 데이터의 상관관계를 파악할 수 있을 뿐 아니라 데이터의 경향성을 확인하여 새로운 데이터가 들어왔을 때 예측할 때에도 도움이 된다. 예를 들어 새로운 고객이 방문했을 때 총 지불한 음식 가격이 30달러라면 약 4달러 정도 팁을 지불할 것이라고 예측할 수 있다. 또한 지금까지 한 번도 발생하지 않았던 일에 대해서도 예측할 수 있다. 음식 가격으로 100달러를 지불하는 경우 약 12달러의 팁을 지불할 것이라고 예상할 수 있다.

regplot과 scatterplot은 모두 데이터 간의 상관관계를 파악할 때 유용하다. 각각의 시각화 방법은 어떻게 활용하는 것이 좋을까? regplot은 두 변수 간의 전체적인 경향을 파악하고자 할 때 선택하는 것을 권장한다. 특히 미래 값을 예측하고자 할 때, 그리고 데이터의 선형 관계를 정량적으로 확인하고자 할 때 적합하다. 또한 신뢰구간을 통해 예측의 불확실성을 표현하고자 할 때에도 유용하다. 반면 scatterplot은 개별 데이터 포인트의 분포 패턴을 자세히 관찰하고자 할 때 선택하는 것을 권한다. 특히 이상치를 식별하고자 할 때 효과적이며, 여러 그룹을 색상이나 크기로 구분해서 표시하고자 할 때 활용할 수 있다.

4.2.4 선그래프(lineplot)

선그래프의 이해

선그래프(lineplot)는 우리 일상생활에서 자주 접하는 그래프 중 하나다. 일기예보에서 이번주 예상 기온 변화를 나타낸 그래프, 시간에 따른 주가 변화량을 나타내는 그래프 등 주로 시간의 변화에 따른 값의 변화를 나타낼 때 많이 사용한다.

선그래프는 x축에 연도, 월, 일과 같은 시간을 사용한다면 시간에 따른 데이터 변화 추이를 쉽게 확인할 수 있다. 그렇기 때문에 선그래프는 변수의 변화, 트렌드, 변화율 정보가 중요한 경우 사용한다.

seaborn lineplot 기본 사용법

선그래프는 seaborn의 lineplot을 사용하여 나타낸다.

[문법]
sns.lineplot(x, y)

[lineplot 주요 파라미터]
- x: x축 변수
- y: y축 변수
- hue: 그룹핑할 변수(색상)
- size: 그룹핑할 변수(점의 크기)
- style: 그룹핑할 변수(점의 모양)
- data: 데이터프레임 또는 다차원 배열

① 기본 선그래프 생성

선그래프를 그리기 위해 임의의 리스트 두 개를 생성하고, 선그래프를 확인해본다.

```
In [ ]: x = [1, 2, 3, 4, 5]
        y = [10, 20, 25, 30, 42]
        sns.lineplot(x=x, y=y)
```

Out [ ]:
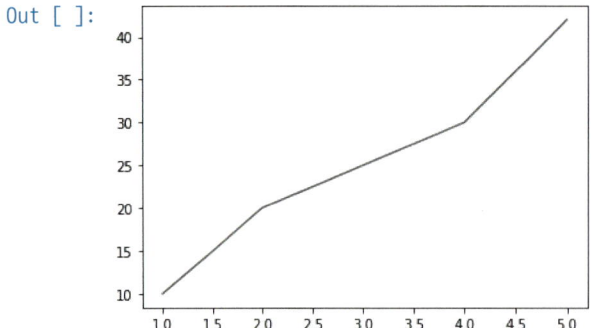

② tips 데이터를 활용한 선그래프 실습

tips 데이터를 사용해서 선그래프를 그려본다. x축에는 인원수(size), y축에는 팁(tip)을 할당해서 인원수 변화에 따른 팁의 변화량을 시각화한다.

```
In [ ]: sns.lineplot(x=df['size'], y=df['tip'])
```

214 Chapter 4. 데이터 시각화

Out [ ]:

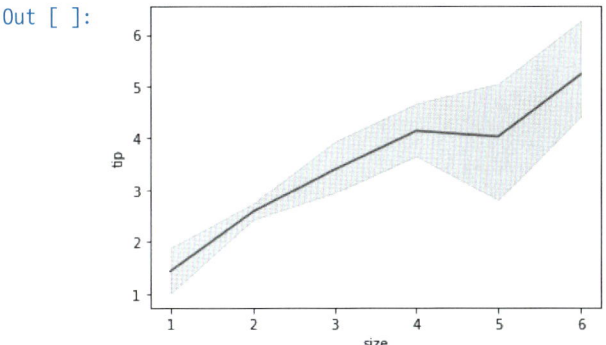

앞의 그래프와 다르게 연한 배경이 함께 그려진다. 이번 예제는 x축의 값에 해당하는 y축의 값이 여러 개 존재하기 때문에 값의 분포를 나타내는 부분이 함께 표시된다. size가 2인 경우는 대부분 tip의 값이 표시된 직선 값에 수렴되는 반면, size가 5인 경우에는 값의 편차가 큰 것을 확인할 수 있다.

lineplot을 그릴 때 함께 그려지는 배경은 값의 신뢰구간을 나타낸다. 기본적으로 신뢰구간 95%를 기준으로 그래프가 그려지도록 설정되어 있다. 만약 신뢰구간을 변경하고 싶다면, lineplot( )을 호출할 때 ci 값을 변경해서 설정한다. 예를들어 size가 5일 때, tip의 최솟값과 최댓값을 확인하면 각각 2.0, 5.14다.

In [ ]:
```
print("min:{}, max:{}".format(
    min(df[df['size'] == 5]['tip']),
    max(df[df['size'] == 5]['tip'])
))
```

Out [ ]: min:2.0, max:5.14

즉 size와 tip을 각각 x축과 y축으로 설정하여 데이터를 시각화하고자 할 경우, size가 5일 때, tip에 표시해야 하는 값은 2.0부터 5.14의 구간이 되는 것이다. 이러한 정보를 모두 포함하여 데이터를 시각화하고자 할 때에는 신뢰구간을 100%으로 설정하여 시각화 할 수 있다.

In [ ]:
```
sns.lineplot(x=df['size'], y=df['tip'], ci=100)
```

Out [ ]:

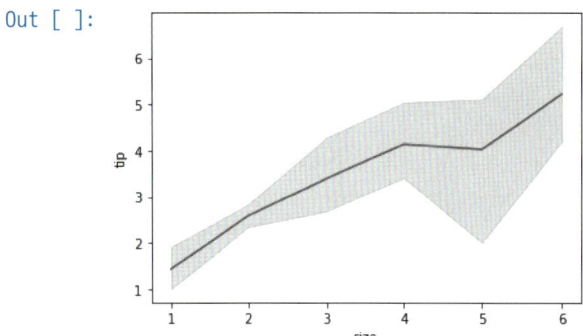

만약 선 그래프에 시각화 목적이 각 데이터 간의 경향성 파악으로 신뢰구간의 정보를 표시하고 싶지 않다면, ci 인자의 값을 None으로 설정한다.

In [ ]: `sns.lineplot(x=df['size'], y=df['tip'], ci=None)`

Out [ ]:

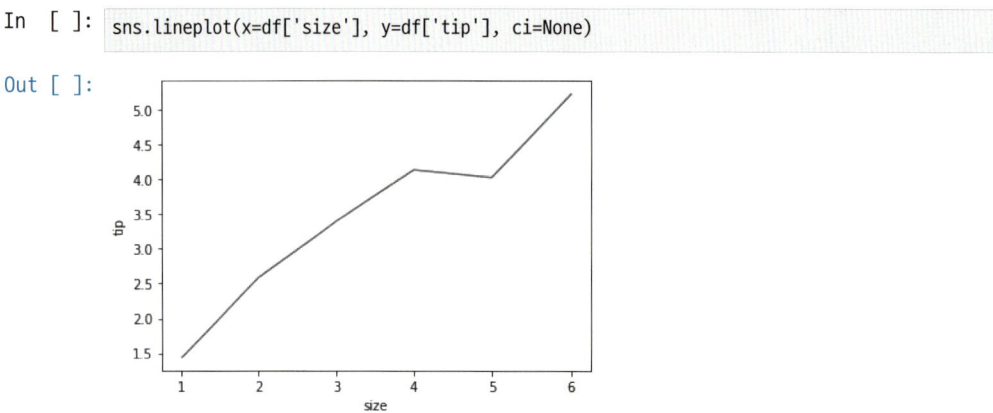

선그래프도 hue 옵션을 사용해서 색상을 달리하여 표시할 수 있다. 인원수에 따른 팁의 선그래프를 요일에 따라 값을 나누어 표시한다.

In [ ]: `sns.lineplot(x=df['size'], y=df['tip'], hue=df['day'], ci=None)`

Out [ ]:

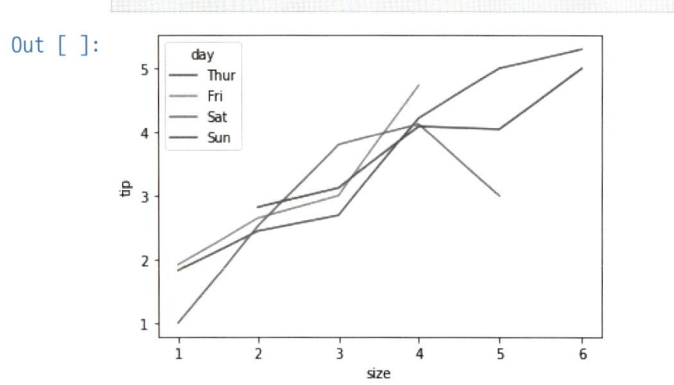

hue 속성은 범주(category)에 따라 색상을 달리 지정하는데, 다양한 숫자 값이 들어있는 변수를 지정할 경우, 의미를 해석할 수 없는 그래프가 그려진다. 현재 실습하는 데이터의 경우 데이터의 사이즈가 작기 때문에 컴퓨터 메모리에 큰 부하를 주지 않지만, 데이터 사이즈가 큰 경우에는 메모리에 큰 부하를 주어 프로그램이 멈출 수 있으니 주의한다.

```
In [ ]: # hue 속성에 여러 개의 값이 포함된 변수를 지정한 경우
        sns.lineplot(x=df['day'], y=df['total_bill'], hue=df['tip'], ci=None)
```

Out [ ]:

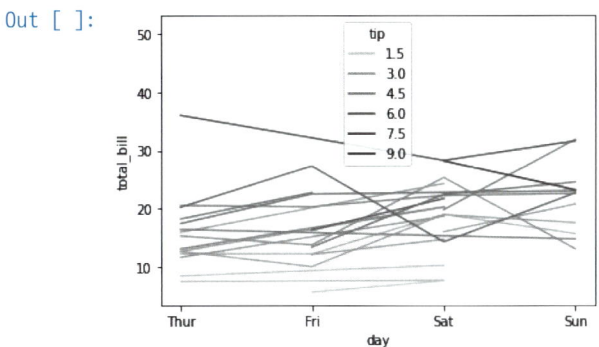

이렇게 하면 tip의 각 고유값마다 별도의 선이 그려져 그래프가 복잡해지고 해석이 어려워진다.

선그래프는 시간에 따른 변화 추이를 분석할 때 적합한 시각화 방법이다. 시계열 데이터를 선 그래프로 시각화하게 될 경우에 특히 연속적인 데이터의 트렌드를 파악하고자 할 때와 여러 그룹 간의 변화 패턴을 비교하고자 할 때 유용하다. 예측 모델의 결과를 시각화할 때도 효과적이다.

선그래프 사용 시 주의할 점들이 있다. x축에는 순서가 있는 변수를 사용해야 하며, hue 매개변수에는 범주형 변수만 사용해야 한다. 너무 많은 선이 겹치면 해석이 어려워지므로 주의가 필요하다. 신뢰구간이 필요 없는 경우에는 ci=None으로 설정하는 것이 좋다.

4.2.5 막대그래프(barplot)

막대그래프의 이해

막대그래프(barplot, countplot)는 수치를 막대의 길이로 표현해 시각화하는 방법이다. 막대그래프는 값들의 차이가 미미하거나 표시할 막대의 수가 많은 경우, 그래프를 이해하기 어려운 문제가 있다. 이러한 경우 선그래프를 활용하거나 막대의 색상을 조절하여 시각화하는 것이 좋다.

seaborn barplot 기본 사용법

기본적인 막대그래프는 seaborn의 barplot을 사용하여 그린다.

```
[문법]
sns.barplot(x, y)
```

[barplot 주요 파라미터]
- x: x축 변수
- y: y축 변수
- hue: 그룹핑할 변수(색상)
- orient: 막대의 방향(기본: vertical, 수평: horizontal)
- ci: 신뢰구간(기본: 95%)
- data: 데이터프레임 또는 다차원 배열

tips 데이터를 활용한 막대그래프 생성

앞서서 선그래프를 그렸던 동일한 변수(x=인원수(size), y=팁(tip))를 사용하여 막대그래프를 그려본다.

In [ ]: 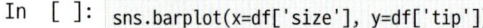 `sns.barplot(x=df['size'], y=df['tip'])`

Out [ ]: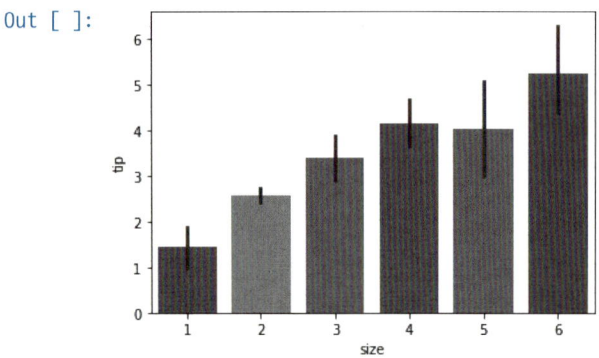

각 size에 따른 tip의 평균값을 막대 길이로 표시한다. 막대그래프의 각각의 막대에는 중심선이 그려지는데, 이는 신뢰구간을 의미한다.

① 신뢰구간 제거

중심선 없이 막대그래프를 그리기 위해서는 ci=None 옵션을 설정한다.

In [ ]: `sns.barplot(x=df['size'], y=df['tip'], ci=None)`

Out [ ]:
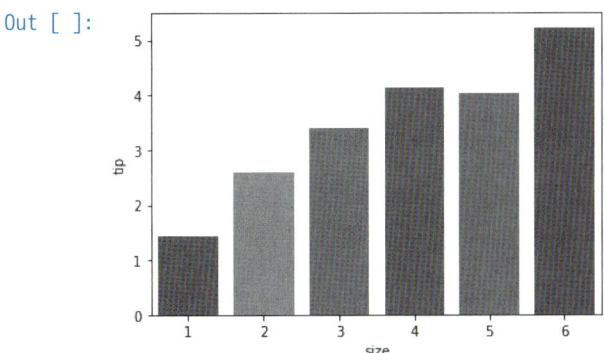

막대의 길이가 비슷하여 차이가 미미한 경우에는, 다른 형태의 그래프를 그려서 값을 확인하는 것이 좋다. 어떤 데이터에 어떤 그래프를 그려야 한다는 정답은 없다. 데이터의 특징 및 분포에 따라 적절한 그래프를 선택하여 그릴 수 있도록, 다양한 데이터 시각화 방법의 특징에 대해서 숙지하는 것이 좋다.

In [ ]: `sns.barplot(x=df['day'], y=df['tip'])`

Out [ ]:
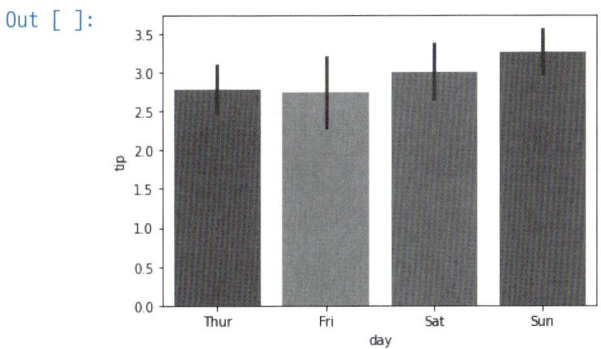

② countplot: 개수 세기 전용 막대그래프

seaborn에서는 barplot( )과 모양은 유사하지만, y축의 값을 x축 변수의 개수(count)를 표시하는 countplot( )도 제공한다. countplot( )은 y축에 변수의 개수를 표시하기 때문에 x축에 설정할 변수만 지정한다.

In [ ]: `sns.countplot(x=df['day'])`

Out [ ]:

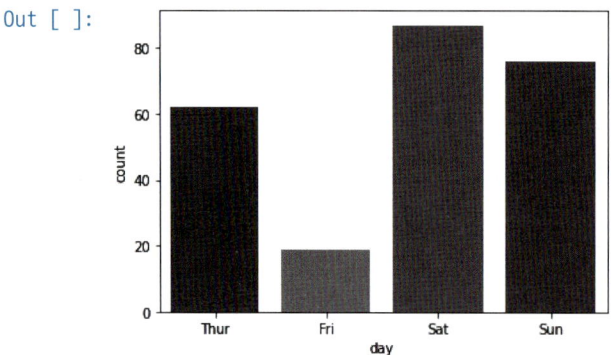

countplot( )은 데이터프레임의 value_counts( )을 호출한 결과를 시각화하여 보여준다.

In [ ]: `df['day'].value_counts( )`

Out [ ]: Sat   87
         Sun   76
         Thur   62
         Fri   19
         Name: day, dtype: int64

시각화를 사용하여 데이터를 살펴보면, 숫자나 표 형태의 데이터를 확인하는 것보다 훨씬 더 데이터를 이해하기 수월하고, 기억하기도 쉽다.

막대그래프는 가장 직관적이고 이해하기 쉬운 시각화 방법 중 하나로, 프레젠테이션이나 보고서에서 핵심 메시지를 전달할 때 매우 효과적이다. 막대그래프를 사용하여 데이터를 시각화할 경우, 효과적인 막대그래프를 위해 막대 순서는 크기나 시간 등 의미 있는 순서로 정렬하는 것이 좋다. 색상을 활용하여 중요한 카테고리를 강조하고, 축 제목과 범례를 명확하게 작성해야 한다. 막대 간격은 너무 좁거나 넓지 않게 적절히 조절하는 것이 중요하다.

막대그래프는 언제 선택하는 것이 좋을까? 막대그래프는 카테고리별 수치를 비교하고자 할 때 적합한 시각화 방법이다. 그룹 간의 평균값을 비교하고자 할 때와 빈도나 개수를 표시하고자 할 때 유용하다. 순위나 크기 순서를 강조하고자 할 때도 효과적이다.

반면 다른 그래프가 더 적합한 경우들이 있다. 막대 길이가 매우 비슷할 때는 선그래프나 점그래프가 좋으며, 시간 변화 추이를 보고자 할 때는 선그래프가 적합하다. 연속형 변수 간의 관계를 파악하고자 할 때는 산점도를, 분포를 확인하고자 할 때는 히스토그램이나 박스플롯을 사용하는 것이 좋다.

참고: 막대그래프의 변형: pointplot

pointplot은 막대그래프에서 막대를 제외하고, 데이터의 평균값을 선으로 잇고 신뢰구간을 함께 표시한 그래프다.

In [ ]: `sns.pointplot(x=df['day'], y=df['tip'])`

Out [ ]:

4.2.6 박스 플롯(boxplot), 바이올린 플롯(violinplot)

박스플롯(boxplot)과 바이올린플롯(violinplot)의 이해

박스플롯(boxplot, 상자그림)은 막대그래프와 유사하게 수치를 길이로 표현하지만, 사분위수를 함께 시각화한다. 박스플롯의 각각의 표시선(whisker)은 다음과 같은 의미를 갖는다.

[박스플롯의 구성 요소]

- 박스의 아래선: 1사분위수(Q1, 25%)
- 박스의 중간선: 중앙값(Q2, 50%)
- 박스의 위선: 3사분위수(Q3, 75%)
- 아래쪽 수염: $Q1 - 1.5 \times IQR$
- 위쪽 수염: $Q3 + 1.5 \times IQR$
- 점들: 이상치(outliers)

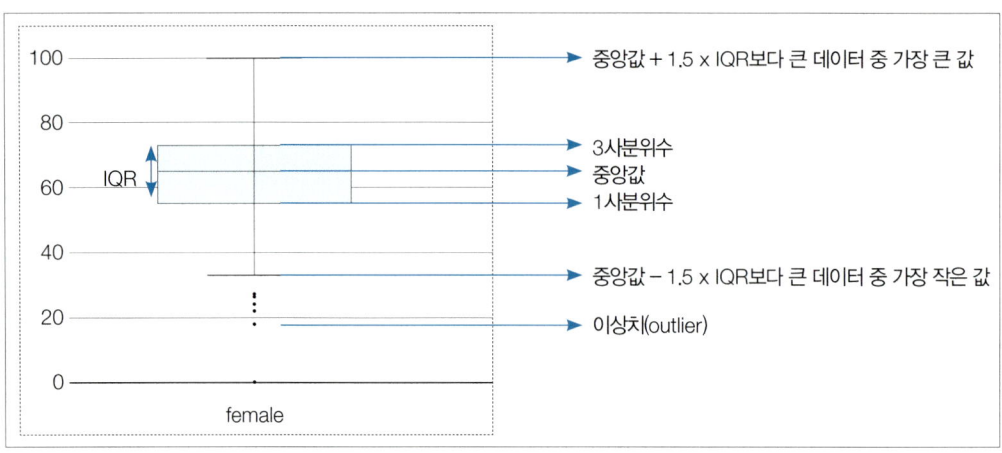

그림 4-2 박스플롯(boxplot)의 표시선 의미

박스플롯은 사분위수와 IQR(1사분위수와 3사분위수의 간격)을 기반한 이상치를 확인할 수 있기 때문에 변수의 분포가 치우침이 있는지, 이상치가 어느 정도 포함되어 있는지 한눈에 확인할 수 있다.

박스플롯과 유사하게 변수의 분포를 한눈에 살펴볼 수 있는 또 다른 그래프가 있다. 바이올린플롯(violinplot)은 박스플롯의 가장 큰 값과 작은 값을 모두 하나로 연결하여 하나의 도형으로 표시한다. 그 모양이 가운데는 볼록하고 양 끝으로 갈수록 가늘어지는 형태를 띠어 바이올린 모양 같아서 바이올린플롯이라고 한다.

박스플롯과 바이올린플롯은 단순한 평균값으로는 알 수 없는 데이터의 숨겨진 분포 특성을 드러내는 강력한 도구다. 데이터 분석에서 이상치 탐지, 분포 분석, 그룹 간 비교에 필수적으로 사용된다.

seaborn boxplot, violinplot 기본 사용법

박스플롯은 seaborn의 boxplot을 사용하여 그린다.

```
[문법]
sns.boxplot(x, y)
```

[Boxplot 주요 파라미터]

- x: x축 변수
- y: y축 변수
- hue: 그룹핑할 변수(색상)
- orient: 막대의 방향(기본: vertical, 수평: horizontal)
- data: 데이터프레임 또는 다차원 배열

바이올린플롯은 seaborn의 violinplot을 사용하여 그린다.

> [문법]
> sns.violinplot(x, y)

[Violinplot 주요 파라미터]
- x: x축 변수
- y: y축 변수
- hue: 그룹핑할 변수(색상)
- orient: 막대의 방향(기본: vertical, 수평: horizontal)
- data: 데이터프레임 또는 다차원 배열

tips 데이터를 활용한 실습

① 기본 플롯 생성

앞서서 막대그래프를 그렸던 동일한 변수(x=인원수(size), y=팁(tip))를 사용하여 박스플롯을 그려보자.

```
In [ ]: sns.boxplot(x=df['size'], y=df['tip'])
```

Out [ ]:
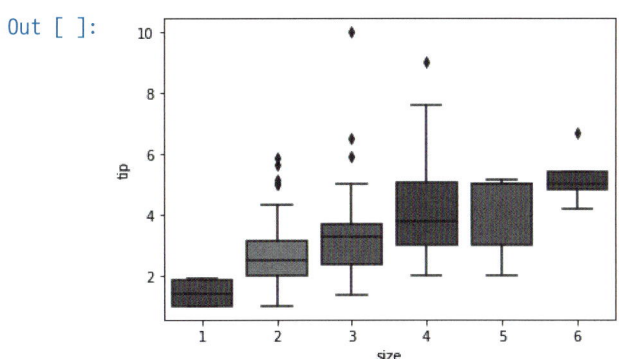

막대그래프에서 중앙선을 통해 신뢰구간을 확인할 수 있었지만, 박스플롯에서는 데이터의 분포를 좀 더 확실하게 확인할 수 있다. 인원수가 3일 때, 팁을 일반적인 금액보다 매우 큰 값(약 10달러)을 낸 사례도 확인할 수 있고, 인원수가 4일 때는 팁의 금액 분포가 굉장히 다양하게 분포되어 있음도 확인할 수 있다.

앞서서 박스플롯을 그렸던 동일한 변수(x=인원수(size), y=팁(tip))를 사용하여 바이올린플롯을 그려본다.

```
In [ ]: sns.violinplot(x=df['size'], y=df['tip'])
```
Out [ ]:
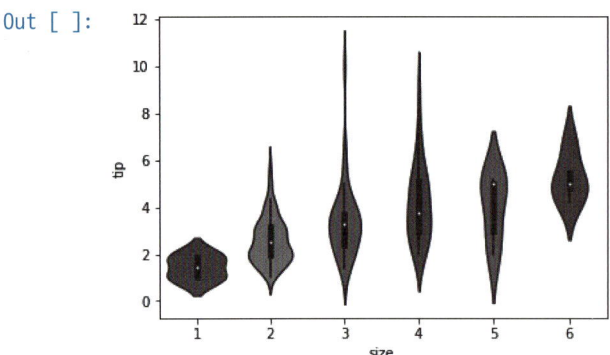

박스플롯과 바이올린플롯 모두 데이터의 분포를 확인할 수 있지만, 각각의 특성이 다르다. 박스플롯은 데이터 분포의 중앙값을 확인하는데 더욱 효과적이고, 바이올린플롯은 최댓값, 최솟값을 확인하는 데에 더욱 효과적이다.

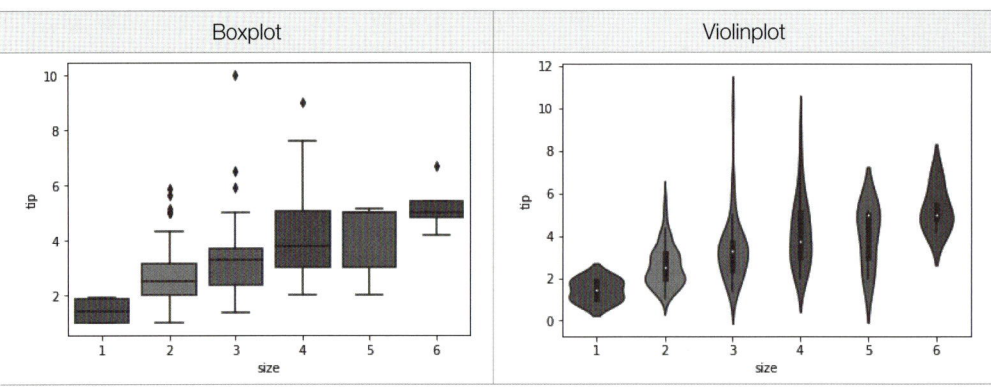

표 4-1 박스플롯 vs 바이올린플롯

구분	박스플롯	바이올린플롯
주요 강점	정확한 사분위수 값 확인 가능	데이터의 밀도 분포를 시각적으로 표현
이상치 처리	이상치를 명확하게 식별	분포의 모양(치우침, 봉우리 개수 등)을 명확히 확인
해석 특징	통계적 해석이 직관적	다봉분포(bimodal) 식별 가능

박스플롯 해석에는 몇 가지 핵심 요령이 있다. 박스의 높이는 IQR의 크기를 나타내며, 클수록 데이터 분산이 크다는 의미이다. 중앙선이 박스 중앙에 있으면 대칭분포를, 치우쳐 있으면 비대칭분포를 나타낸다. 수염 길이가 길수록 극값이 중앙값에서 멀리 떨어져 있으며, 이상치를 나타내는 점이 많을수록 이상치가 많다는 것이다.

바이올린플롯 해석도 중요한 포인트들이 있다. 모양이 대칭이면 정규분포에 가깝고, 봉우리가 여러 개면 다봉분포를 의미한다. 너비가 좁은 부분은 해당 값의 빈도가 낮으며, 전체적인 모양으로 데이터의 전반적인 분포 패턴을 파악할 수 있다.

박스플롯과 바이올린플롯은 비슷한 정보를 전달하지만 활용 시나리오에 따른 선택 기준도 명확하다. 일반적으로 박스플롯은 정확한 사분위수 정보가 필요할 때, 이상치 식별이 중요한 분석에서, 여러 그룹 간 중앙값을 비교할 때, 통계 보고서나 학술 논문에서 선택하는 것이 적합하다. 반면에 바이올린플롯은 데이터의 분포 모양이 중요할 때, 다봉분포나 치우침을 확인할 때, 밀도 정보가 필요한 분석에서, 시각적 임팩트가 중요한 프레젠테이션에서 선택하는 것이 좋다.

4.2.7 히스토그램(histplot)

히스토그램의 이해

히스토그램(histplot)은 변수의 분포를 막대형 그래프를 사용하여 표시하는 방법이다. 히스토그램은 x축에 계급을, y축에 도수를 나타낸 뒤, 각 계급의 크기를 가로의 길이로, 도수를 세로의 길이로 하는 직사각형을 차례로 그려서 표현한다.

히스토그램은 데이터의 분포를 이해하는 가장 기본적이면서도 강력한 도구다. 특히 데이터의 정규성 확인, 이상치 탐지, 변수 변환의 필요성 판단 등 탐색적 데이터 분석에서 필수적으로 사용된다.

 **참고:** 막대그래프와의 차이점

막대그래프와 다르게 히스토그램은 가로축과 세로축이 연속적이며, 막대들 사이에 간격이 없다.

seaborn histplot 기본 사용법

히스토그램은 seaborn의 histplot을 사용하여 그린다.

> [문법]
> sns.histplot(data)

[histplot 주요 파라미터]
- data: 데이터프레임 또는 다차원 배열
- hue: 그룹핑할 변수(색상)

- bins: 막대의 개수
- kde: 막대를 부드럽게 연결한 선을 표시할지 여부(Kernel Density Estimation, 커널 밀도 추정)

tips 데이터를 활용한 히스토그램 실습

① 기본 히스토그램 생성

tips 데이터의 음식값(total_bill)의 분포를 확인하는 히스토그램을 그려본다.

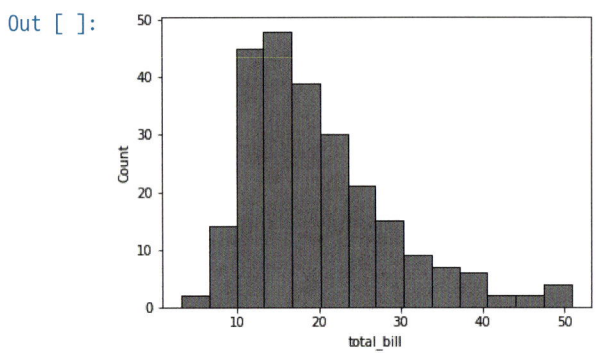

음식값(total_bill)은 값이 상대적으로 작은 경우가 많이 발생한 것을 확인할 수 있다. 막대그래프와 달리 히스토그램은 막대의 간격 없이 모두 붙어있다.

② bins(구간) 조정

히스토그램의 막대의 개수는 자동으로 생성되고, 임의로 막대의 개수를 지정하여 그릴 수 있다. 막대의 개수는 histplot의 bins 속성을 지정하여 조절할 수 있다. 참고로 bins는 커다란 통을 뜻한다. 데이터를 담는 통의 개수를 지정하는 속성값이라고 기억해 두자!

In [ ]: `sns.histplot(data=df['total_bill'], bins=5)`

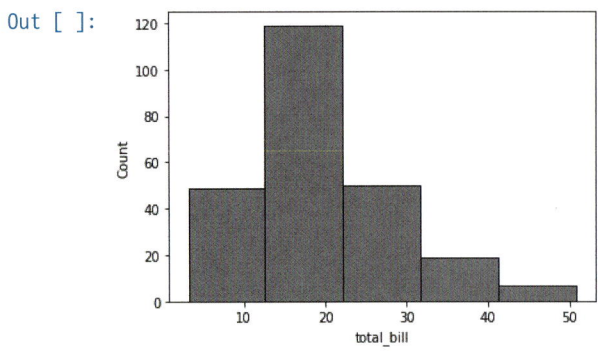

bins=5의 속성을 추가하여 히스토그램을 그렸다. bins의 개수가 적을 경우, 데이터의 분포를 제대로 파악하지 못할 수 있으니 유의해야 한다.

[bins 개수 선택 기준]
- 너무 적으면: 분포의 세부사항을 놓칠 수 있음
- 너무 많으면: 노이즈가 많아져 패턴 파악이 어려움
- 일반적 가이드: √n (데이터 개수의 제곱근) 또는 Sturges' rule 사용 sns.histplot(data=df['total_bill'], bins='sturges')

③ KDE(커널 밀도 추정) 활용

히스토그램을 그릴 때 자주 사용하는 속성 중 하나는 KDE다. KDE는 데이터의 밀도(Kernel Density Estimation)를 표시한 값으로 히스토그램에서 확인할 수 있는 데이터 분포를 부드럽게 연결한 선으로 나타낸다.

In [ ]: `sns.histplot(data=df['total_bill'], kde=True)`

Out [ ]:

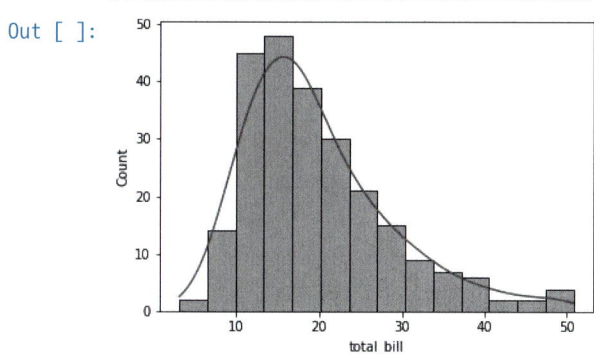

일반적으로 데이터는 종 모양의 정규분포인 경우가 많기 때문에, 평균값을 중심으로 양 옆으로 점진적인 감소 모양을 보이는 형태의 히스토그램이 많다. 위의 데이터(total_bill)의 경우, kde 곡선이 왼쪽으로 치우친 모양을 띠고 있어서 데이터가 전체 범위에서 수치가 낮은 쪽에 몰려 있음을 확인할 수 있다.

[분포의 모양 해석]
- 정규분포: 종 모양, 평균을 중심으로 대칭
- 왼쪽 치우침(right skewed): 긴 꼬리가 오른쪽에 위치
- 오른쪽 치우침(left skewed): 긴 꼬리가 왼쪽에 위치
- 이봉분포(bimodal): 두 개의 봉우리
- 균등분포: 평평한 형태

히스토그램의 막대의 높이는 빈도, 즉 도수의 크기를 나타낸다.

분포 시각화를 위한 다른 방법

히스토그램처럼 데이터의 분포를 나타내는 그래프로 kdeplot과 rugplot이 있다.

① kdeplot

kdeplot은 앞에서 살펴본 히스토그램에서 kde 속성을 지정하여 그렸던 곡선이다. 히스토그램은 y축이 빈도수를 나타내는 Count였는데, kdeplot은 밀도를 나타내는 Density로 표시된다.

```
In [ ]: sns.kdeplot(data=df['total_bill'])
```

Out [ ]:

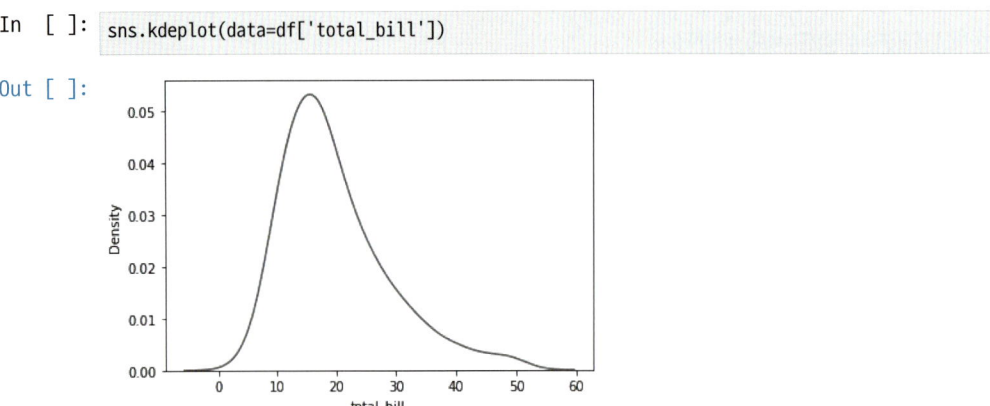

② rugplot

rugplot은 바닥에 까는 카페트(rug) 모양처럼 작은 실 모양의 선이 데이터의 분포에 따라 표시되는 그래프다.

```
In [ ]: sns.rugplot(data=df['total_bill'])
```

Out [ ]:

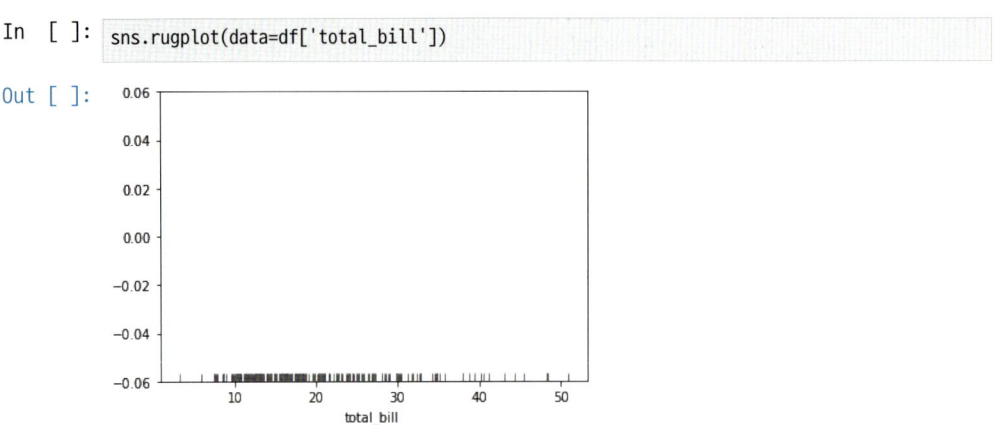

③ 히스토그램 vs 카운트플롯

히스토그램은 연속형 변수의 분포를 확인할 때 사용하는 그래프로, 범주형(categorical) 데이터를 사용하여 그래프를 그릴 경우, 카운트플롯(countplot)과 유사한 형태로 그려진다.

• 범주형 데이터 히스토그램

In [ ]: `sns.histplot(data=df['day'])`

Out [ ]:

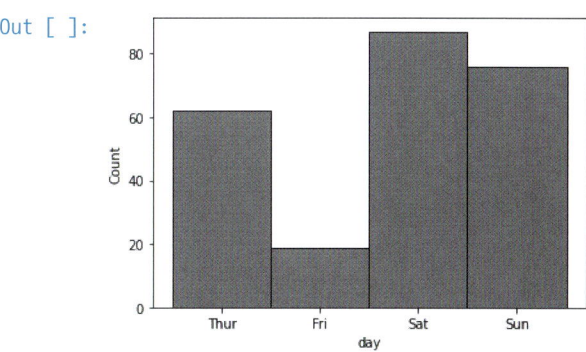

• 범주형 데이터 카운트플롯

In [ ]: `sns.countplot(x=df['day'])`

Out [ ]:

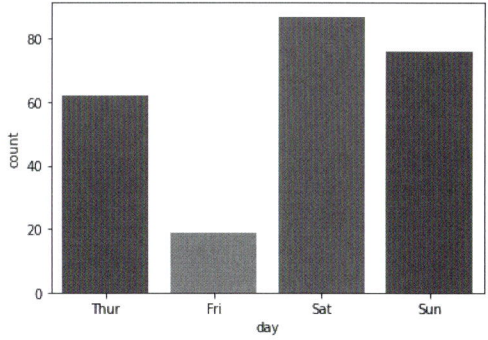

4.2.8 히트맵(heatmap)

히트맵의 이해

히트맵(heatmap)은 여러 가지 변수를 한 번에 비교할 때 유용하게 사용하는 시각화 방법으로, 2차원 격자 모양으로 나뉜 각각의 칸에 데이터의 값을 색상으로 표시한다.

히트맵은 3차원 데이터(x축, y축, 값)를 2차원 평면에 효과적으로 표현할 수 있는 강력한 도구다.

히트맵의 입력으로 사용되는 데이터의 구조는 기존에 사용했던 1차원 형태가 아닌 2차원 형태의 데이터를 입력받는다.

[히트맵 데이터의 특징]
- x축과 y축: 범주형 데이터(실수형 데이터는 사용하지 않음)
- 격자 안의 값: 숫자 형태의 변수만 가능
- 표시할 값: 평균값, 최댓값(max), 합계(sum), 최솟값(min), 개수(count) 등

seaborn heatmap 기본 사용법

히트맵은 seaborn의 heatmap( )을 사용하여 그린다.

[문법]
sns.heatmap(data)

[heatmap 주요 파라미터]
- data: 2D 데이터셋(rectangular dataset)
- annot: 값 표시 여부

tips 데이터를 활용한 히트맵 실습

① 기본 히트맵 생성

히트맵에서 사용하는 데이터는 데이터프레임을 피봇팅하여 생성할 수 있다. 인원수, 요일에 따른 평균 팁을 표시하도록 피봇 테이블을 생성한다.

```
In [ ]: pivot_df = df.pivot_table("tip", "day", "size", observed=True)
        pivot_df

Out [ ]: size    1       2         3         4         5         6
         day
         Thur    1.83    2.442500  2.692500  4.218000  5.000000  5.3
         Fri     1.92    2.644375  3.000000  4.730000  NaN       NaN
         Sat     1.00    2.517547  3.797778  4.123846  3.000000  NaN
         Sun     NaN     2.816923  3.120667  4.087778  4.046667  5.0
```

피봇 형태로 변형한 데이터(pivot_df)를 사용하여 히트맵을 그린다.

In [ ]: `sns.heatmap(pivot_df)`

Out [ ]:

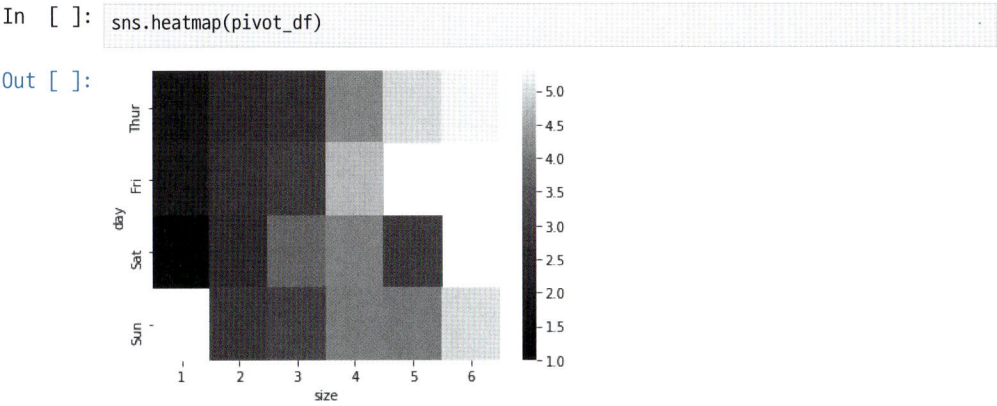

히트맵 우측에 색상표를 참고하여 해석할 수 있다.

- 색상이 밝아질수록: 큰 값
- 어두워질수록: 작은 값
- 흰색: 결측치(NaN)

결측치를 제외하고 size가 클수록, day가 Sun일 때에 표시된 값(tip)이 큰 값을 갖는다는 것을 확인할 수 있다.

② 히트맵 값 표시

히트맵은 색상을 기반으로 값의 분포와 경향성을 파악하지만, 구체적으로 값을 확인할 수도 있다. heatmap의 annot 속성을 True로 지정하면 값을 함께 표시할 수 있다.

In [ ]: `sns.heatmap(pivot_df, annot=True)`

Out [ ]:

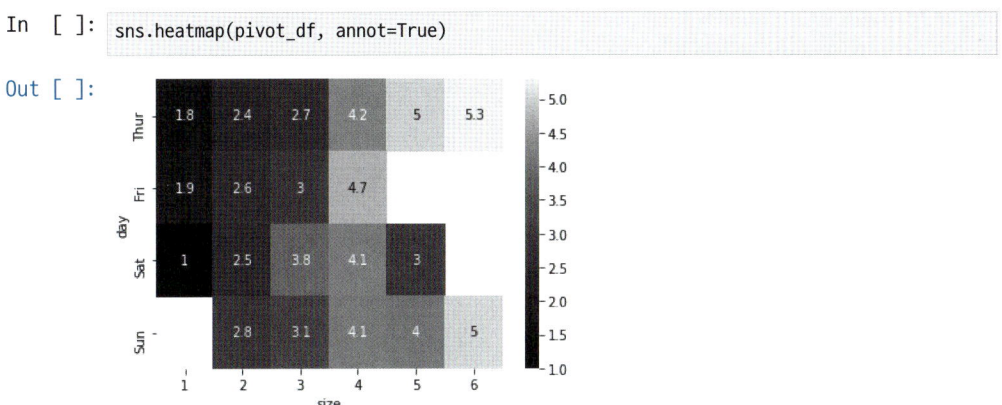

히트맵은 3차원 형태의 데이터를 표시하기 때문에 데이터가 지나치게 많을 경우 혼란스러울 수 있다. 또한 x축과 y축에 표시할 데이터가 순차적으로 정렬되어 있어야 해석하는데 용이하니 주의가 필요하다.

```
In [ ]: # 카테고리 순서 지정
        day_order = ['Thur', 'Fri', 'Sat', 'Sun']
        size_order = [1, 2, 3, 4, 5, 6]

        # 순서가 지정된 피봇 테이블
        pivot_ordered = df.pivot_table('tip', 'day', 'size')
        pivot_ordered = pivot_ordered.reindex(day_order)
        pivot_ordered = pivot_ordered.reindex(columns=size_order)

        sns.heatmap(pivot_ordered, annot=True)
```

[히트맵 최적화 팁]
- 적절한 크기: 너무 많은 카테고리는 피하기(20×20 이하 권장)
- 정렬: 의미 있는 순서로 정렬(크기순, 시간순 등)
- 색상 선택: 데이터 특성에 맞는 색상 팔레트 사용
- 결측치 처리: 적절한 방법으로 결측치 처리

4.3 matplotlib

이것만은 기억하세요

✓ matplotlib은 데이터 시각화를 위한 가장 기본적인 저수준(low-level) 인터페이스이다.

✓ matplotlib으로 그래프의 크기를 지정하고 x축, y축, 범례를 지정할 수 있다.

✓ matplotlib으로 여러 개의 서브플롯을 생성할 수 있다.

✓ matplotlib과 seaborn을 함께 사용하여 데이터를 시각화 할 수 있다.

들어가면서

어렸을 때 미술학원에 다닌 적이 있다. 4B연필로 밑그림을 그리고 손바닥이 새카매지도록 크레파스로 색칠했는데 그림이 너무 마음에 들지 않았다. 학원 벽에 붙어있는 멋진 그림들을 보고, 옆에서 그림을 그리는 언니 오빠들의 모습을 보며 '붓으로 그림을 그리면 저렇게 멋지게 그릴 수 있을까? 나도 어서 물감으로 그림을 그리고 싶다!'고 바랐던 적도 있었다. 얼마나 애타게 기다렸던지 물감으로 처음 그리던 날이 아직도 생생하게 기억에 남는다. 팔레트에 물감을 짜서 정성스럽게 굳혀 준비하고 드디어 붓에 물을 묻혀서 색칠을 시작했다. 그 결과는 참담했다. 온갖 색깔이 다 번지고 얼마나 물칠을 했던지 종이가 찢어지고 난리도 아니었다.

matplotlib(맷플롯립)은 물감 같은 라이브러리다. 익숙해지면 엄청나게 화려한 효과와 함께 그래프를 그릴 수 있지만, 익숙하기 전까지는 사용법도 복잡하고 어렵게 그린 그래프도 그리 보기 좋지 않다. 이번 절에서는 matplotlib에서 제공하는 다양한 기능을 사용해서 그래프를 그리는 방법을 간단히 살펴보고, seaborn에서는 할 수 없는 figure를 구성하는 방법을 알아본다.

4.3.1 그래프 그리기

기본 막대그래프 생성

matplotlib으로 막대그래프를 그리는 기본 방법이다.

```
In [ ]:  import matplotlib.pyplot as plt

         x = ['2019', '2020', '2021']
         y = [100, 200, 300]

         plt.bar(x, y)
         plt.show( )
```

Out [ ]:
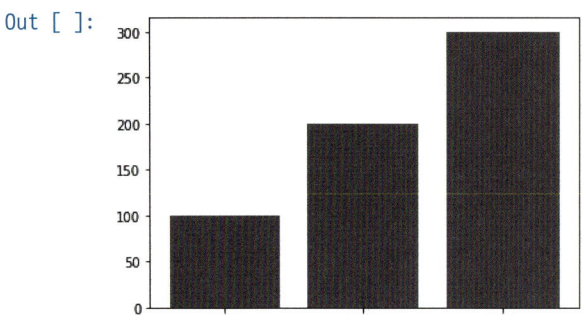

seaborn은 한 줄로 막대그래프를 그릴 수 있지만, matplotlib은 막대그래프를 생성(bar)하고 화면에 표시(show)하는 명령어를 각각 수행한다. x축에 넣을 값과 y축에 넣을 값을 plt.bar( ) 함수에 x, y 순서대로 전달하면 막대그래프가 그려진다. plt.show( )는 "화면에 표시하라"는 명령이다.

① plt.bar( ) 함수 파라미터

matplotlib의 막대그래프는 seaborn의 barplot보다 투박한 느낌이지만, 다양한 파라미터로 모양과 색상을 변경할 수 있다.

[파라미터]
- width: 막대 너비
- align: x축 시작 위치(기본값: center)
- color: 막대 색상
- edgecolor: 테두리 색상
- linewidth: 테두리 선 너비

② 파라미터 적용 예시

```
In [ ]: x = [1, 2, 3, 4, 5, 6, 7, 8, 9, 10, 11, 12]
        y = [10, 20, 30, 40, 50, 60, 70, 80, 90, 100, 110, 120]

        plt.bar(x, y, width=1, align='edge', color="red", edgecolor="blue", linewidth=2)
        plt.show( )
```

Out [ ]:

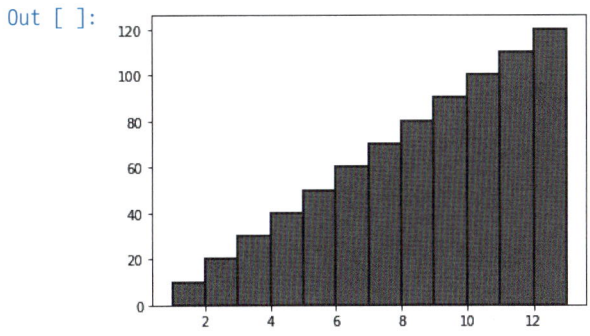

matplotlib은 seaborn만큼 자동으로 예쁜 디자인을 제공하지는 않지만, 세밀한 커스터마이징이 가능하다는 장점이 있다. 특히 도화지 역할을 하는 Figure 객체를 통해 복잡한 시각화 작업의 기초를 제공한다.

4.3.2 도화지 설정하기

figure의 개념과 구성요소

그래프를 그릴 밑바탕이 되는 도화지 같은 공간을 figure라고 한다. 그래프의 형태에 따라 도화지의 사이즈를 커스터마이징하여 지정할 수 있다.

준비된 도화지 위에 그래프를 그린다. 그래프를 플롯(plot)이라고 한다. 도화지에는 플롯을 하나만 그릴 수도 있고, 여러 개를 그릴 수도 있다. 여러 개의 플롯을 그릴 경우, 먼저 도화지 영역을 나누고 각각의 영역에 플롯을 그린다. 도화지의 영역을 나누는 것을 서브플롯(subplots)이라고 한다.

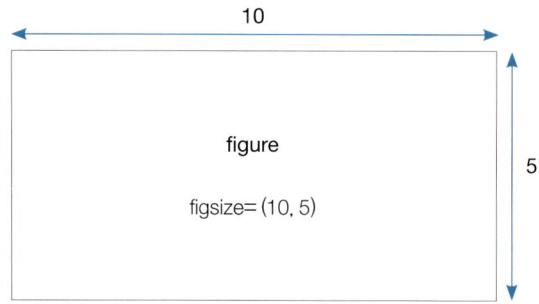

그림 4-3 가로 10 인치, 세로 5인치의 사이즈를 갖는 도화지 설정

① figure의 구성 요소

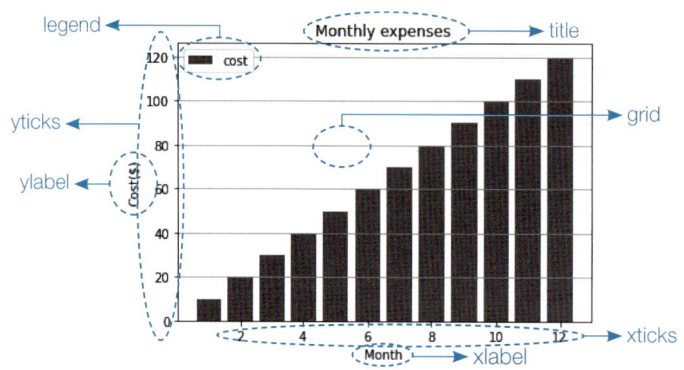

그림 4-4 figure에 subplots을 설정하여 그래프를 그릴 틀을 잡고 그래프를 채운다.

[구성 요소]

- title: 제목 설정
- xlabel: x축 이름
- ylabel: y축 이름
- legend: 범례 설정
- grid: 눈금 설정
- subplots: 여러 개의 도화지 생성
- figure: 도화지 설정(크기 지정은 figsize 옵션)

figure의 구성요소를 적용하여 막대그래프에 제목, x축 이름, y축 이름, 범례, 눈금을 설정해보자.

```
In [ ]:  x = [1, 2, 3, 4, 5, 6, 7, 8, 9, 10, 11, 12]
         y = [10, 20, 30, 40, 50, 60, 70, 80, 90, 100, 110, 120]

         plt.bar(x, y)

         # 추가 설정
         plt.title('Monthly expenses')   # 제목
         plt.xlabel('Month')             # x축 이름
         plt.ylabel('Cost($)')           # y축 이름
         plt.legend(['cost'])            # 범례
         plt.grid(True, axis='y')        # y축 눈금
         plt.show( )
```

figure 크기 설정

도화지의 크기는 figure의 figsize 속성을 지정해 변경할 수 있다. figsize=(10, 5)로 설정하면 가로 10인치, 세로 5인치의 사이즈를 갖는 도화지가 생성된다.

```
In [ ]:  x = [1, 2, 3, 4, 5, 6, 7, 8, 9, 10, 11, 12]
         y = [10, 20, 30, 40, 50, 60, 70, 80, 90, 100, 110, 120]

         # 도화지 크기 설정
         fig = plt.figure(figsize=(10, 5))   # 가로, 세로 크기

         plt.bar(x, y)
         plt.title('Monthly expenses')
         plt.xlabel('Month')
         plt.ylabel('Cost($)')
         plt.grid(True, axis='y')
         plt.show( )
```

Out [ ]:

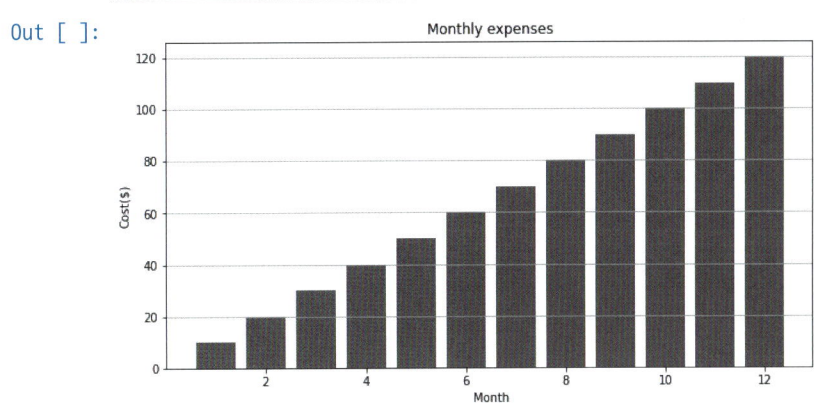

subplots 설정

하나의 도화지에 여러 개의 구역을 나누고 싶을 때 subplots을 사용한다. 마치 큰 종이를 여러 개의 작은 칸으로 나누어 각각에 다른 그림을 그리는 것과 같다.

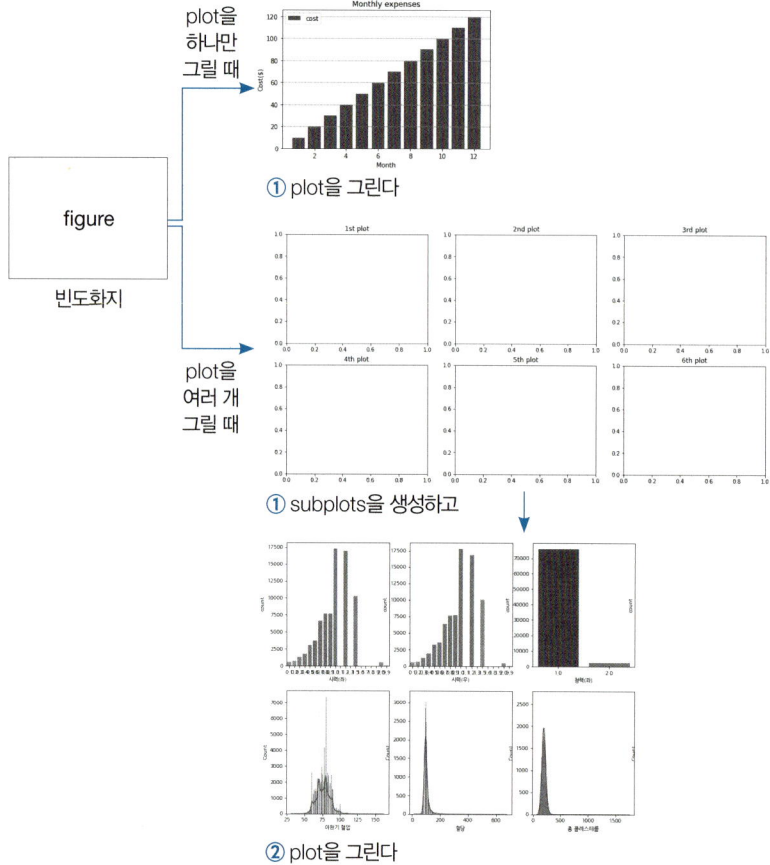

그림 4-5 도화지의 영역을 나누는 서브플롯

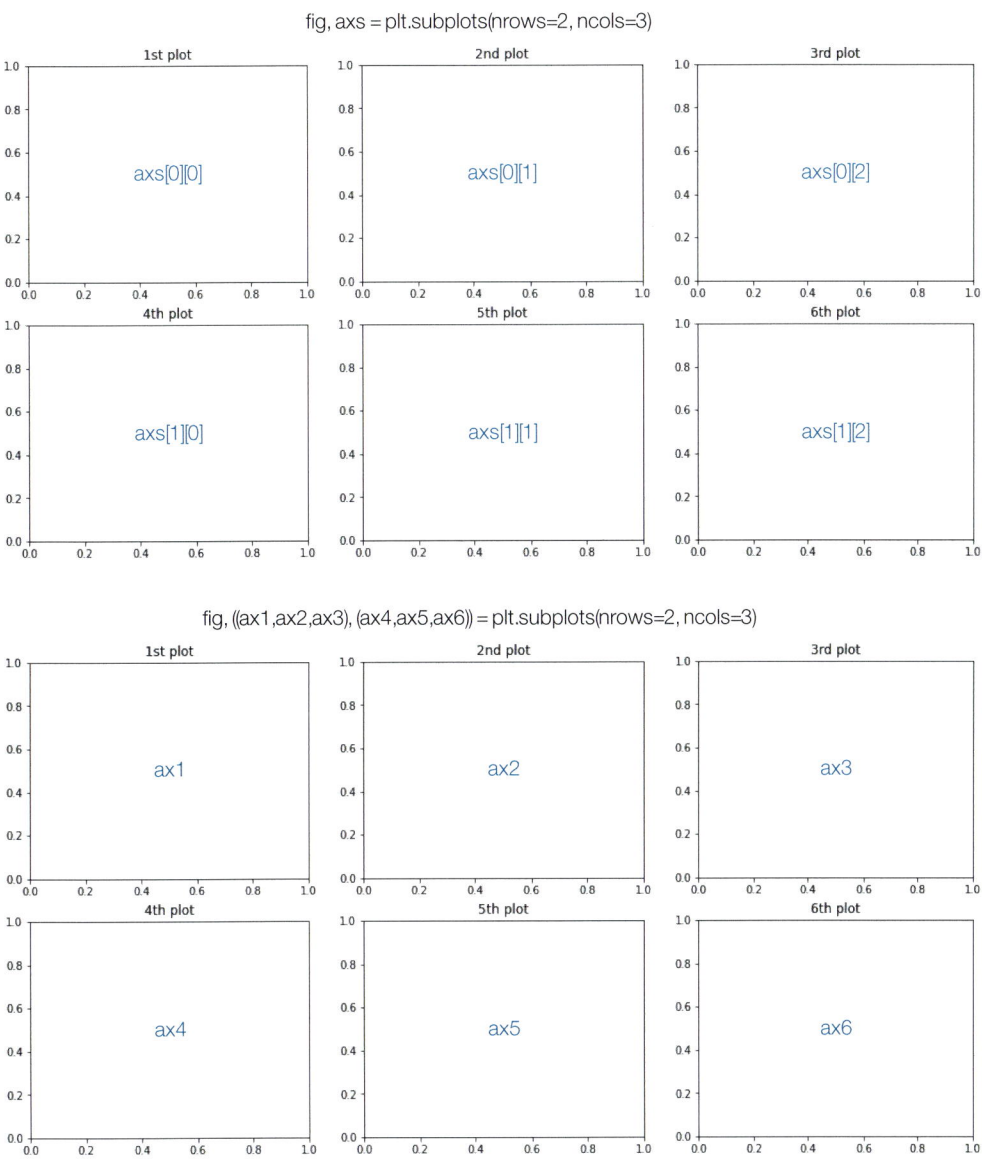

그림 4-6 서브플롯을 담을 변수를 생성한다.

In [ ]: `plt.subplots(nrows=1, ncols=1, sharex=False, sharey=False)`

subplots는 기본적으로 도화지에 1×1로 설정된 서브플롯을 생성하여 반환한다. 이는 하나의 그래프만 그릴 수 있는 도화지 하나를 만든다는 뜻이다. 여러 개의 구역으로 나누어 설정할 때는 nrows와 ncols의 개수를 지정한다. nrows는 세로로 몇 줄로 나눌지, ncols는 가로로 몇 칸으로 나눌지를 정한다.

① 다중 서브플롯 생성

다음 코드는 2×3으로 배치된 총 6개의 작은 도화지를 만든다. 위쪽 줄에 3개, 아래쪽 줄에 3개씩 배치된다. fig.set_size_inches(16, 8)은 전체 도화지의 크기를 가로 16인치, 세로 8인치로 설정한다. 각각의 작은 도화지에는 ax1, ax2 같은 이름을 붙여서 나중에 쉽게 찾을 수 있다. set(title="1st plot")은 각 도화지의 제목을 정하는 명령이다.

```
In [ ]: fig, ((ax1, ax2, ax3), (ax4, ax5, ax6)) = plt.subplots(nrows=2, ncols=3)  # 6개의 도화지 생성
        fig.set_size_inches(16, 8)   # 사이즈 설정

        # 각각의 도화지 이름 설정
        ax1.set(title="1st plot")
        ax2.set(title="2nd plot")
        ax3.set(title="3rd plot")
        ax4.set(title="4th plot")
        ax5.set(title="5th plot")
        ax6.set(title="6th plot")
```

Out [ ]:

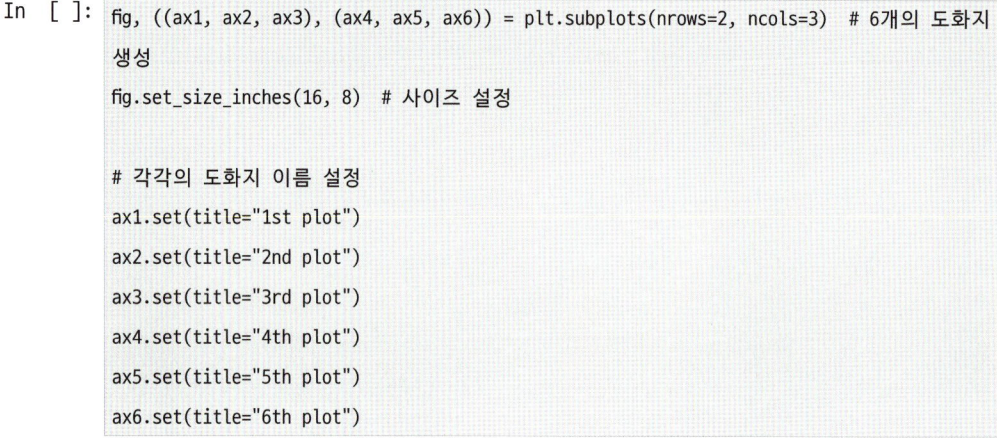

② 특정 서브플롯에 그래프 추가

다음 코드는 6개의 도화지를 만든 다음, 마지막 도화지(ax6)에만 실제 그래프를 그린다. ax6.set(xlabel='month', ylabel='cost', title="6th plot")은 여섯 번째 도화지의 x축 이름을 'month', y축 이름을 'cost', 제목을 "6th plot"으로 설정한다. ax6.bar(x, y)는 여섯 번째 도화지에 막대그래프를 그리는 명령이다. 나머지 다섯 개의 도화지는 제목만 있고 그래프는 비어있는 상태가 된다.

```
In [ ]: fig, ((ax1, ax2, ax3), (ax4, ax5, ax6)) = plt.subplots(nrows=2, ncols=3)
        fig.set_size_inches(16, 8)

        ax1.set(title="1st plot")
        ax2.set(title="2nd plot")
        ax3.set(title="3rd plot")
        ax4.set(title="4th plot")
        ax5.set(title="5th plot")
        ax6.set(xlabel='month', ylabel='cost', title="6th plot")
        ax6.bar(x, y)   # 마지막 도화지에 막대그래프 추가
```

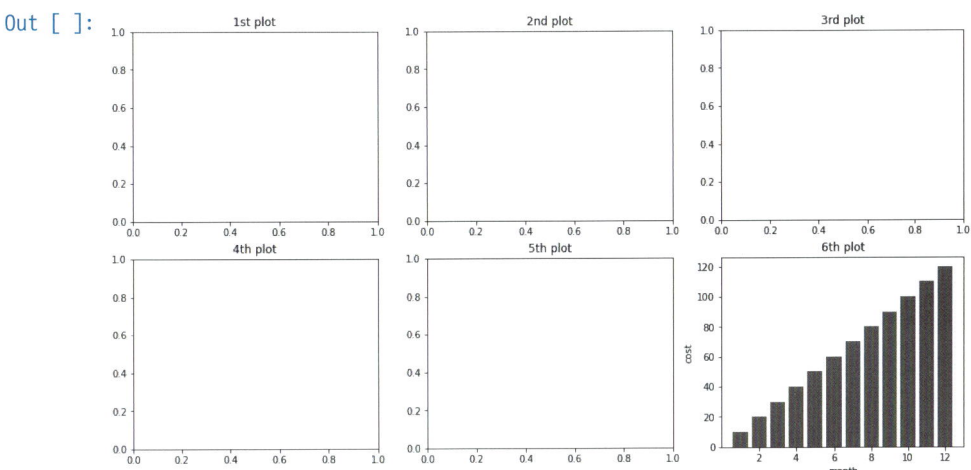

서브플롯 추가 활용법

서브플롯을 더 효과적으로 사용하는 방법들을 알아보자. 여러 그래프를 한 번에 그릴 때 유용한 기능들이다.

① 축 공유 설정

여러 그래프가 같은 범위를 사용할 때 축을 공유하면 비교하기 쉬워진다.

```
In [ ]: # x축 공유
        fig, (ax1, ax2) = plt.subplots(nrows=2, ncols=1, sharex=True)
        # y축 공유
        fig, (ax1, ax2) = plt.subplots(nrows=1, ncols=2, sharey=True)
        # 두 축 모두 공유
        fig, axes = plt.subplots(nrows=2, ncols=2, sharex=True, sharey=True)
```

첫 번째 코드는 위아래로 놓인 두 그래프가 같은 x축 범위를 사용한다는 뜻이다. 두 번째 코드는 좌우로 놓인 두 그래프가 같은 y축 범위를 사용한다. 세 번째 코드는 2×2로 배치된 네 개 그래프가 모두 같은 x축과 y축 범위를 사용한다.

② 서브플롯 간격 조정

그래프들 사이의 간격을 조정하여 보기 좋게 만들 수 있다.

```
In [ ]: fig, axes = plt.subplots(nrows=2, ncols=2, figsize=(10, 8))
        # 서브플롯 간격 자동 조정
        plt.tight_layout( )
        # 수동 간격 조정
        plt.subplots_adjust(left=0.1, bottom=0.1, right=0.9, top=0.9, wspace=0.4, hspace=0.4)
```

tight_layout( )은 컴퓨터가 자동으로 적당한 간격을 만들어준다. subplots_adjust( )는 우리가 직접 간격을 정할 수 있다. wspace는 좌우 간격을, hspace는 위아래 간격을 조정한다.

③ 불규칙한 서브플롯 생성

모든 그래프가 같은 크기일 필요는 없다. 그래프마다 다른 크기와 위치를 정할 수 있다.

```
In [ ]: # GridSpec을 사용한 복잡한 레이아웃
        import matplotlib.gridspec as gridspec
        fig = plt.figure(figsize=(12, 8))
        gs = gridspec.GridSpec(3, 3)
        ax1 = fig.add_subplot(gs[0, :])      # 첫 번째 행 전체
        ax2 = fig.add_subplot(gs[1, :-1])    # 두 번째 행 앞 두 열
        ax3 = fig.add_subplot(gs[1:, -1])    # 마지막 열 아래 두 행
        ax4 = fig.add_subplot(gs[-1, 0])     # 마지막 행 첫 번째 열
        ax5 = fig.add_subplot(gs[-1, -2])    # 마지막 행 두 번째 열
```

gridSpec은 화면을 격자무늬로 나눈 다음, 각 그래프가 몇 개의 칸을 차지할지 정하는 방법이다. gs[0, :]는 첫 번째 행 전체를 사용한다는 뜻이고, gs[1, :-1]는 두 번째 행에서 마지막 열을 제외한 부분을 사용한다는 뜻이다. 이렇게 하면 크기가 다른 여러 그래프를 자유롭게 배치할 수 있다.

4.3.3 자주 마주하는 문제

한글 깨짐 문제

그래프의 제목이나 축 설정 시 한글로 작성하면 제대로 표시되지 않는 문제가 발생한다. 이는 matplotlib의 pyplot 패키지가 기본으로 설정한 폰트가 한글을 지원하지 않기 때문이다. 다음 코드를 보자.

In [ ]:
```
x = [1, 2, 3, 4, 5, 6, 7, 8, 9, 10, 11, 12]
y = [10, 20, 30, 40, 50, 60, 70, 80, 90, 100, 110, 120]
fig = plt.figure(figsize=(6.4, 4.8))
plt.bar(x, y)
plt.title('월별 지출')
plt.xlabel('월')
plt.ylabel('비용')
plt.show( )
```

Out [ ]:

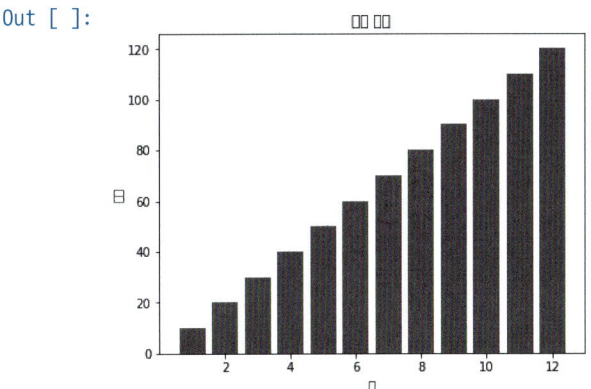

(해결방법) 정상적으로 한글을 표시하기 위해서는 한글을 지원하는 폰트로 설정해야 한다. 나눔고딕(NanumGothic)을 기본 폰트로 설정한다.

In [ ]:
```
import matplotlib.pyplot as plt
# 한글 폰트(나눔고딕)을 기본 폰트로 사용하도록 설정
plt.rcParams["font.family"] = 'NanumGothic'
x = [1, 2, 3, 4, 5, 6, 7, 8, 9, 10, 11, 12]
y = [10, 20, 30, 40, 50, 60, 70, 80, 90, 100, 110, 120]
fig = plt.figure(figsize=(6.4, 4.8))
plt.bar(x, y)
plt.title('월별 지출')
```

```
In [ ]:  plt.xlabel('월')
         plt.ylabel('비용')
         plt.show( )
```

Out [ ]:

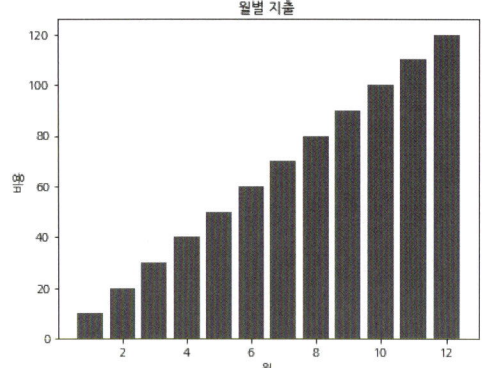

참고: 한글 폰트 옵션

- Windows 환경
  - 맑은고딕: plt.rcParams["font.family"] = 'Malgun Gothic'
  - 굴림: plt.rcParams["font.family"] = 'Gulim'
- macOS 환경
  - 애플고딕: plt.rcParams["font.family"] = 'AppleGothic'
- Linux 환경

```
In [ ]:  # 시스템에 설치된 한글 폰트 확인
         import matplotlib.font_manager as fm
         font_list = [f.name for f in fm.fontManager.ttflist if 'Gothic' in f.name or
         'Nanum' in f.name]
         print(font_list)
```

마이너스 기호 표시 문제

한글뿐 아니라 x-y축에 음수가 포함된 경우, 마이너스 기호를 정상적으로 표시하지 않는 문제가 발생한다. 이 문제는 matplotlib이 유니코드 마이너스 기호(U+2212)를 사용하려고 하지만, 설정된 폰트가 해당 문자를 지원하지 않을 때 발생한다. 다음 코드를 보자.

```
In [ ]:  import matplotlib.pyplot as plt
         x = ['2019', '2020', '2021']
         y = [-100, -200, -300]
         plt.bar(x, y)
         plt.show( )
```

Out [ ]:
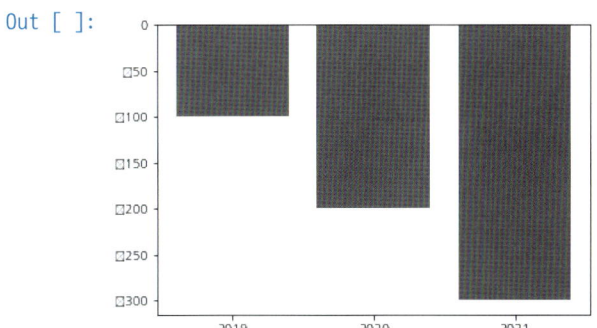

(해결방법) 마이너스 기호를 지원하도록 rcParams의 설정값을 변경한다. unicode_minus=False 설정으로 일반 하이픈(-)을 사용하게 된다.

```
In [ ]:  import matplotlib as mpl
         import matplotlib.pyplot as plt
         # 그래프에서 마이너스 폰트 깨지는 문제 해결
         mpl.rcParams['axes.unicode_minus'] = False
         x = ['2019', '2020', '2021']
         y = [-100, -200, -300]
         plt.bar(x, y)
         plt.show( )
```

Out [ ]:
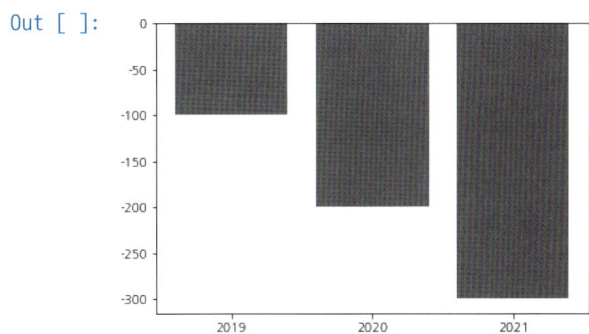

x축 겹침 문제

x축 또는 y축에 표시해야 할 값이 많은 경우, 각각의 값이 겹쳐서 표시되어 가독성이 떨어지는 문제가 발생한다. figsize를 크게 설정해도 해결되지 않는 경우가 있다. 이 경우, 축에 표시되는 값을 기울여서 표시하면 글자의 겹침 없이 값을 표시할 수 있다.

```python
import matplotlib.pyplot as plt
import numpy as np
x = np.arange(2015, 2021)
y = np.arange(len(x))
plt.bar(x, y)
plt.xticks(rotation=45)
plt.show( )
```

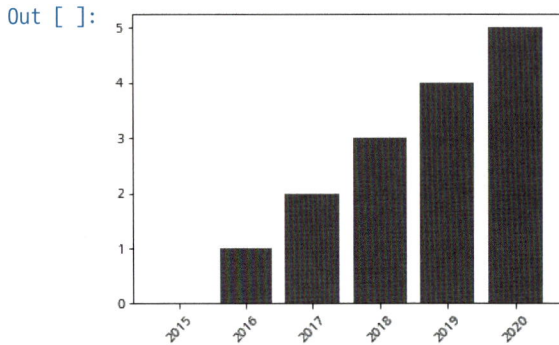

 **참고:** x축 정렬 옵션

- 정렬 방식 조절

```python
plt.xticks(rotation=45, ha='right')    # 우측 정렬
plt.xticks(rotation=45, ha='center')   # 중앙 정렬
plt.xticks(rotation=45, ha='left')     # 좌측 정렬
```

- 레이아웃 자동 조정

```python
plt.tight_layout( )  # 잘린 라벨 방지
```

4.4 plotly

이것만은 기억하세요
- ✓ plotly의 주요 특징 및 인터랙티브 그래프에 대한 이해
- ✓ plotly 기반 선 그래프, 막대 그래프, 산점도부터 주가 차트와 지도까지 다양한 그래프 유형 생성하기
- ✓ 드롭다운 메뉴, 슬라이더, 애니메이션으로 사용자가 직접 조작할 수 있는 대시보드 만들기

들어가면서

데이터 시각화 능력은 이제 선택이 아닌 필수다. 포트폴리오를 만들 때 엑셀로 만든 정적인 차트와 plotly로 만든 인터랙티브 차트 중 어느 것이 더 인상적일까? 마우스 클릭 한 번으로 데이터를 탐색하고 다양한 관점에서 분석 결과를 확인할 수 있다면 분명 기억에 남을 것이다. 예를 들어, 대학생이 아르바이트 매출 분석 프로젝트를 한다고 가정해보자. 일반적인 그래프는 "3월 매출이 200만원이었습니다"라고 보여주는 것이 전부다. 하지만 plotly로 만든 그래프는 직접 3월 부분을 클릭해서 상세 정보를 보고, 다른 달과 비교하고, 심지어 시간별 매출까지 확인할 수 있다. 이는 단순히 결과를 보여주는 것을 넘어 분석 과정 자체를 체험하게 해준다.

지금부터 plotly를 활용한 동적인 그래프 생성 방법에 대해서 알아보자.

4.4.1 인터랙티브 그래프

plotly와 plotly express

앞서 살펴본 matplotlib과 seaborn은 정적 그래프로 데이터를 시각화하지만 plotly는 인터랙티브한 방법으로 시각화한다. plotly는 인터랙티브한 웹 기반 데이터 시각화를 위한 오픈소스 라이브러리다.

plotly 생태계는 여러 구성 요소로 이루어져 있다. 핵심인 plotly.graph_objects는 모든 그래프 요소를 세밀하게 제어할 수 있는 저수준 인터페이스를 제공한다. 반면 plotly express는 고수준 인터페이스로, 간단한 함수 호출만으로 복잡한 시각화를 생성할 수 있다.

```
In [ ]:  import plotly.express as px
         import plotly.graph_objects as go
```

초보자에게는 plotly express가 더 적합하다. 일반적으로 px라는 별칭으로 사용하며, 대부분의 일반적인 그래프를 쉽게 만들 수 있다. 더 복잡한 커스터마이징이 필요할 때는 graph_objects를 사용한다.

인터랙티브 시각화의 장점

인터랙티브 시각화는 사용자가 그래프와 직접 상호작용할 수 있는 시각화 방식이다. 전통적인 정적 그래프와 달리 확대, 축소, 필터링, 호버 등의 기능을 제공한다.

인터랙티브 시각화의 주요 장점은 다음과 같다. 첫째, 사용자가 데이터를 능동적으로 탐색할 수 있다. 마우스를 올리면 상세한 정보가 표시되고, 특정 영역을 확대하여 세부 사항을 확인할 수 있다. 둘째, 하나의 그래프로 다차원 데이터를 효과적으로 표현할 수 있다. 색상, 크기, 애니메이션 등을 활용하여 여러 변수를 동시에 시각화할 수 있다. 셋째, 웹 브라우저에서 바로 실행되므로 별도의 소프트웨어 설치 없이 공유할 수 있다. 분석 결과를 HTML 파일로 저장하면 누구나 웹 브라우저에서 인터랙티브하게 확인할 수 있다. 예를 들어, 시계열 데이터를 시각화할 때 사용자가 직접 기간을 선택하고 특정 시점의 값을 확인할 수 있다. 이러한 작업은 정적 그래프로는 불가능하다.

plotly 설치 및 사용

plotly를 설치하는 가장 간단한 방법은 pip를 사용하는 것이다.

```
In [ ]:  pip install plotly
```

설치 확인은 다음과 같이 한다.

```
In [ ]:  import plotly
         print(plotly.__version__)
```

Plotly는 별도의 복잡한 설정 없이 바로 사용할 수 있다. 기본적인 임포트 구문은 다음과 같다.

```
In [ ]:  import plotly.express as px
         import plotly.graph_objects as go
         import pandas as pd
```

첫 번째 그래프 미리보기

간단한 예제로 plotly의 기본 사용법을 확인해보자.

```
In [ ]: import plotly.express as px

# 간단한 데이터 생성
data = {'x': [1, 2, 3, 4], 'y': [10, 11, 12, 13]}

# 선 그래프 생성
fig = px.line(data, x='x', y='y', title='첫 번째 Plotly 그래프')
fig.show( )
```

이 코드를 실행하면 인터랙티브한 선 그래프가 생성된다. 마우스로 확대, 축소가 가능하고 특정 점에 마우스를 올리면 값이 표시된다.

4.4.2 기본 그래프 유형

선 그래프(line plot)

선 그래프는 연속적인 데이터의 변화를 시각화하는 데 가장 적합한 그래프 유형이다. 시계열 데이터나 순서가 있는 데이터의 트렌드를 파악할 때 주로 사용한다.

첨부 코드에서 사용된 plotly 주요 함수와 파라미터를 표로 살펴보자.

표 4-2 px.line( )

파라미터	설명	예시
data_frame	데이터프레임	time_series
x	X축 컬럼명	날짜
y	Y축 컬럼명	주가
color	그룹별 색상 구분	회사
title	그래프 제목	일별 주가 변동
markers	마커 표시 여부	True
line_dash	선 스타일 구분	회사

① 기본 선 그래프

In [ ]:
```python
import plotly.express as px
import pandas as pd
import numpy as np

# 시계열 데이터 생성
dates = pd.date_range('2024-01-01', periods=30, freq='D')
values = np.cumsum(np.random.randn(30)) + 100

time_series = pd.DataFrame({
    '날짜': dates,
    '주가': values
})

fig = px.line(time_series, x='날짜', y='주가',
              title='일별 주가 변동',
              markers=True)
fig.show( )
```

Out [ ]: 일별 주가 변동

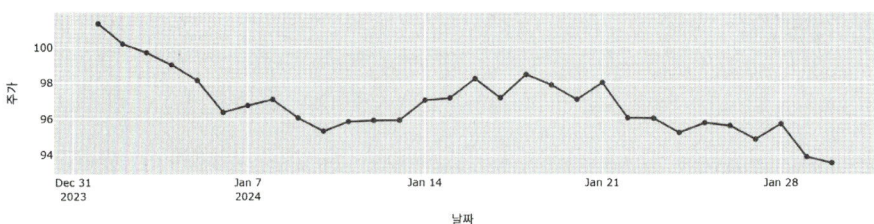

② 다중 선 그래프

In [ ]:
```python
# 여러 회사의 주가 비교
companies = ['삼성전자', 'LG전자', 'SK하이닉스']
stock_data = []

for company in companies:
    for i, date in enumerate(dates):
        price = 100 + np.cumsum(np.random.randn(1))[0] * (i + 1) / 10
        stock_data.append({'날짜': date, '회사': company, '주가': price})

df_stocks = pd.DataFrame(stock_data)
```

```
fig = px.line(df_stocks, x='날짜', y='주가',
              color='회사',
              title='회사별 주가 비교',
              line_dash='회사')  # 선 스타일을 다르게 설정
fig.show( )
```

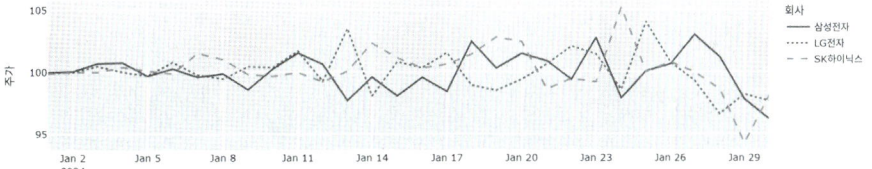

산점도(scatter plot)

산점도는 두 연속 변수 간의 관계를 시각화하는 데 사용한다. 상관관계나 분포 패턴을 파악하기에 적합하다.

표 4-3 px.scatter( )

파라미터	설명	예시
data_frame	데이터프레임	df_body
x	X축 컬럼명	키
y	Y축 컬럼명	몸무게
color	그룹별 색상 구분	성별
size	버블 크기	GDP
hover_name	호버 시 표시할 이름	국가
title	그래프 제목	키와 몸무게의 관계
size_max	최대 마커 크기	60

① 기본 산점도

```
# 키와 몸무게 데이터
height_weight = {
    '키': [160, 165, 170, 175, 180, 162, 168, 172, 178, 185],
    '몸무게': [55, 60, 65, 70, 75, 58, 63, 68, 73, 80],
    '성별': ['여성', '여성', '여성', '남성', '남성',
```

In [ ]:
```
             '여성', '여성', '남성', '남성', '남성']
}

df_body = pd.DataFrame(height_weight)

fig = px.scatter(df_body, x='키', y='몸무게',
                 title='키와 몸무게의 관계')
fig.show( )
```

Out [ ]:   키와 몸무게의 관계

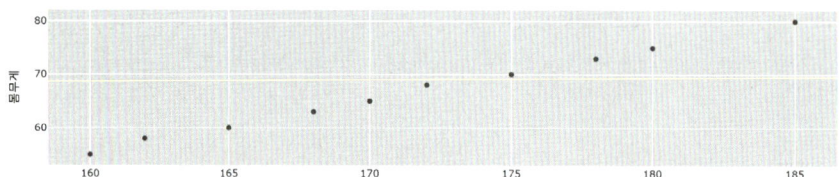

② 그룹별 산점도

In [ ]:
```
# 성별로 구분한 산점도
fig = px.scatter(df_body, x='키', y='몸무게',
                 color='성별',
                 title='성별에 따른 키와 몸무게 관계',
                 size_max=15)

# 회귀선 추가
fig.update_layout(
    xaxis_title="키 (cm)",
    yaxis_title="몸무게 (kg)"
)

fig.show( )
```

Out [ ]:   성별에 따른 키와 몸무게 관계

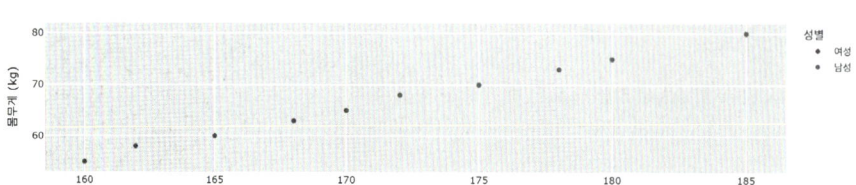

③ 버블 차트

```
In [ ]:  # 크기까지 고려한 버블 차트
         countries = {
             '국가': ['한국', '일본', '중국', '미국', '독일'],
             'GDP': [1800, 4200, 14000, 21000, 3800],
             '인구': [51, 126, 1400, 330, 83],
             '대륙': ['아시아', '아시아', '아시아', '북미', '유럽']
         }

         df_countries = pd.DataFrame(countries)

         fig = px.scatter(df_countries, x='GDP', y='인구',
                          size='GDP', color='대륙',
                          hover_name='국가',
                          title='국가별 GDP와 인구 관계',
                          size_max=60)

         fig.update_layout(
             xaxis_title="GDP (억 달러)",
             yaxis_title="인구 (백만명)"
         )

         fig.show( )
```

Out [ ]:

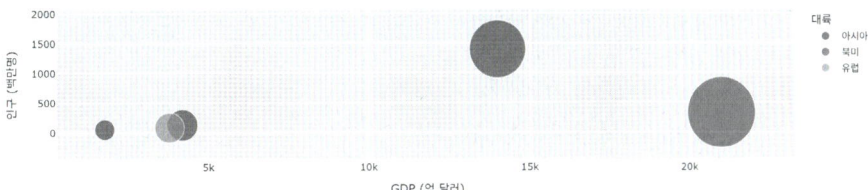

국가별 GDP와 인구 관계

막대 그래프(bar chart)

막대 그래프는 범주형 데이터의 값을 비교하는 데 사용한다. 각 범주별 수량이나 비율을 명확하게 보여준다.

표 4-4 px.scatter( )

파라미터	설명	예시
data_frame	데이터프레임	df_scores
x	X축 컬럼명	과목
y	Y축 컬럼명	점수
color	색상 기준 컬럼	점수
title	그래프 제목	과목별 점수
orientation	막대 방향	h (가로)
barmode	막대 배치 방식	group
color_continuous_scale	연속 색상 스케일	Blues, Viridis

① 세로 막대 그래프

```
In [ ]:  # 과목별 점수 데이터
         subjects = {
             '과목': ['수학', '영어', '국어', '과학', '사회'],
             '점수': [85, 92, 78, 88, 82]
         }

         df_scores = pd.DataFrame(subjects)

         fig = px.bar(df_scores, x='과목', y='점수',
                      title='과목별 점수',
                      color='점수',
                      color_continuous_scale='Blues')
         fig.show( )
```

Out [ ]:   과목별 점수

② 가로 막대 그래프

```
# 가로 막대 그래프로 표시
fig = px.bar(df_scores, x='점수', y='과목',
             title='과목별 점수 (가로형)',
             orientation='h',
             color='점수',
             color_continuous_scale='Viridis')
fig.show( )
```

Out [ ]:

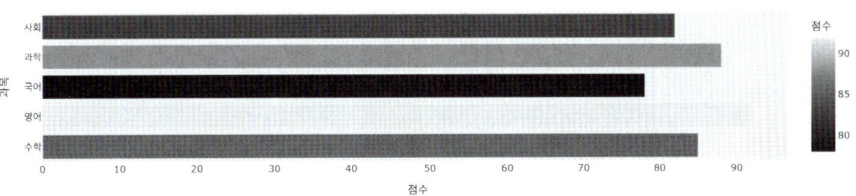

과목별 점수 (가로형)

③ 그룹 막대 그래프

```
# 학급별 과목 점수 비교
class_scores = {
    '과목': ['수학', '영어', '국어', '과학'] * 3,
    '점수': [85, 92, 78, 88, 82, 88, 75, 90, 80, 85, 82, 86],
    '학급': ['1반'] * 4 + ['2반'] * 4 + ['3반'] * 4
}

df_class = pd.DataFrame(class_scores)

fig = px.bar(df_class, x='과목', y='점수',
             color='학급',
             title='학급별 과목 점수 비교',
             barmode='group')  # 'stack'으로 변경하면 누적 막대

fig.update_layout(
    xaxis_title="과목",
    yaxis_title="점수"
)

fig.show( )
```

Out [ ]: 학급별 과목 점수 비교

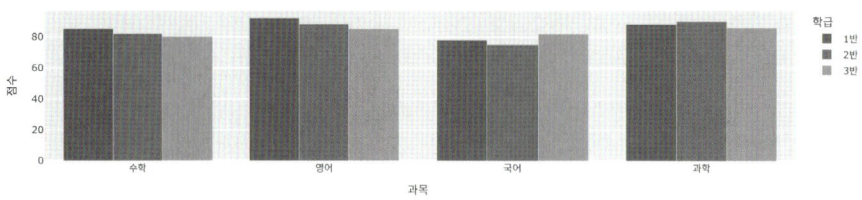

히스토그램(histogram)

히스토그램은 연속 데이터의 분포를 시각화하는 데 사용한다. 데이터의 빈도와 분포 패턴을 파악할 수 있다.

표 4-5 px.histogram( )

파라미터	설명	예시
data_frame	데이터프레임	df_hist
x	X축 컬럼명	점수
y	Y축 컬럼명	빈도
color	그룹별 색상 구분	성별
title	그래프 제목	시험 점수 분포
nbins	구간 수	20
marginal	추가 통계 차트	'rug', 'box'
opacity	투명도	0.7
barmode	막대 배치 방식	overlay

① 기본 히스토그램

```
In [ ]: # 시험 점수 분포 데이터
        np.random.seed(42)
        scores = np.random.normal(75, 15, 1000)  # 평균 75, 표준편차 15
        scores = np.clip(scores, 0, 100)  # 0-100 사이로 제한

        df_hist = pd.DataFrame({'점수': scores})

        fig = px.histogram(df_hist, x='점수',
                           title='시험 점수 분포',
                           nbins=20,  # 구간 수
```

In [ ]:
```
                    marginal='rug')  # 개별 데이터 포인트 표시

fig.update_layout(
    xaxis_title="점수",
    yaxis_title="빈도"
)

fig.show( )
```

Out [ ]: 시험 점수 분포

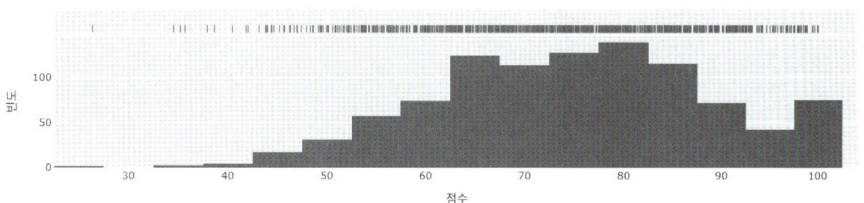

② 그룹별 히스토그램

In [ ]:
```
# 성별 키 분포 비교
height_data = []
np.random.seed(42)

# 남성 키 데이터 (평균 175cm)
male_heights = np.random.normal(175, 6, 500)
for height in male_heights:
    height_data.append({'키': height, '성별': '남성'})

# 여성 키 데이터 (평균 162cm)
female_heights = np.random.normal(162, 5, 500)
for height in female_heights:
    height_data.append({'키': height, '성별': '여성'})

df_heights = pd.DataFrame(height_data)

fig = px.histogram(df_heights, x='키',
                   color='성별',
                   title='성별 키 분포 비교',
                   marginal='box',  # 박스플롯 추가
                   opacity=0.7,
```

```
In [ ]:                       barmode='overlay')

        fig.update_layout(
            xaxis_title="키 (cm)",
            yaxis_title="빈도"
        )

        fig.show( )
```

Out [ ]: 성별 키 분포 비교

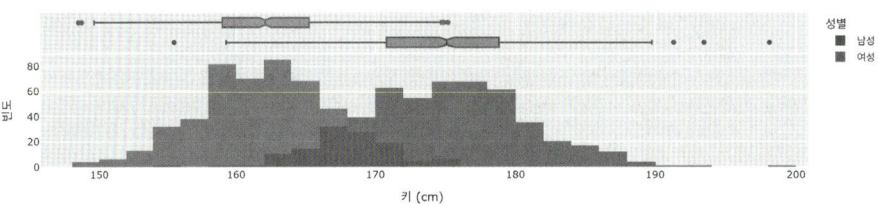

캔들스틱 차트(주가 데이터용)

캔들스틱 차트는 주식이나 암호화폐 등의 금융 데이터를 시각화하는 데 특화된 차트다. 시가, 고가, 저가, 종가(OHLC)를 하나의 캔들로 표현한다.

표 4-6 go.Candlestick( )

파라미터	설명	예시
x	X축 데이터(날짜)	df_ohlc['날짜']
open	시가 데이터	df_ohlc['시가']
high	고가 데이터	df_ohlc['고가']
low	저가 데이터	df_ohlc['저가']
close	종가 데이터	df_ohlc['종가']
name	트레이스 이름	주가

① 기본 캔들스틱 차트

```
In [ ]: import plotly.graph_objects as go
        from datetime import datetime, timedelta

        # 주가 데이터 생성
        dates = [datetime.now() - timedelta(days=x) for x in range(30, 0, -1)]
        np.random.seed(42)
```

In [ ]:
```python
ohlc_data = []
price = 100

for date in dates:
    open_price = price
    high_price = open_price + np.random.uniform(0, 5)
    low_price = open_price - np.random.uniform(0, 5)
    close_price = open_price + np.random.uniform(-3, 3)
    
    ohlc_data.append({
        '날짜': date,
        '시가': open_price,
        '고가': high_price,
        '저가': low_price,
        '종가': close_price
    })
    
    price = close_price

df_ohlc = pd.DataFrame(ohlc_data)

# 캔들스틱 차트 생성
fig = go.Figure(data=go.Candlestick(
    x=df_ohlc['날짜'],
    open=df_ohlc['시가'],
    high=df_ohlc['고가'],
    low=df_ohlc['저가'],
    close=df_ohlc['종가'],
    name='주가'
))

fig.update_layout(
    title='일별 주가 캔들스틱 차트',
    xaxis_title='날짜',
    yaxis_title='가격',
    xaxis_rangeslider_visible=False  # 하단 범위 슬라이더 제거
)

fig.show( )
```

Out [ ]:　일별 주가 캔들스틱 차트

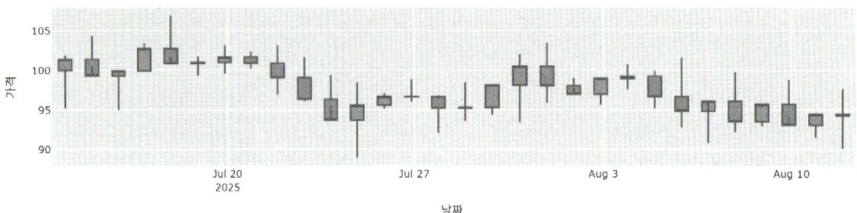

② 거래량과 함께 표시

In [ ]:
```
# 거래량 데이터 추가
df_ohlc['거래량'] = np.random.randint(1000, 10000, len(df_ohlc))

# 서브플롯 생성
from plotly.subplots import make_subplots

fig = make_subplots(
    rows=2, cols=1,
    shared_xaxes=True,
    vertical_spacing=0.03,
    subplot_titles=('주가', '거래량'),
    row_width=[0.2, 0.7]
)

# 캔들스틱 차트
fig.add_trace(
    go.Candlestick(
        x=df_ohlc['날짜'],
        open=df_ohlc['시가'],
        high=df_ohlc['고가'],
        low=df_ohlc['저가'],
        close=df_ohlc['종가'],
        name='주가'
    ),
    row=1, col=1
)

# 거래량 막대 차트
fig.add_trace(
```

```
In [ ]:    go.Bar(
               x=df_ohlc['날짜'],
               y=df_ohlc['거래량'],
               name='거래량',
               marker_color='rgba(158,202,225,0.8)'
           ),
           row=2, col=1
       )

       fig.update_layout(
           title='주가와 거래량',
           xaxis_rangeslider_visible=False
       )

       fig.show( )
```

Out [ ]: 주가와 거래량

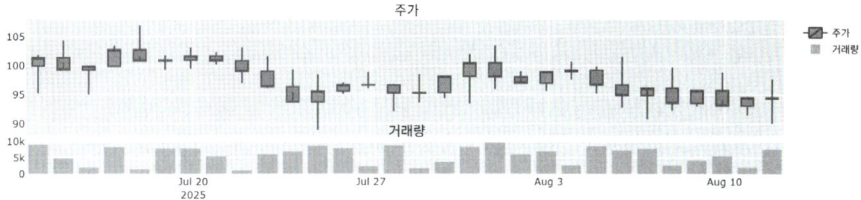

지도 시각화(choropleth map)

지도 시각화는 지리적 데이터를 색상으로 표현하여 지역별 차이를 한눈에 파악할 수 있게 해준다.

표 4-7 px.choropleth( )

파라미터	설명	예시
data_frame	데이터프레임	df_world
locations	위치 코드 컬럼	국가코드
color	색상 기준 컬럼	GDP
hover_name	호버 시 표시할 이름	국가
title	그래프 제목	국가별 GDP 분포
color_continuous_scale	연속 색상 스케일	Blues
labels	라벨 딕셔너리	{'GDP': 'GDP (조 달러)'}

표 4-8 px.scatter_geo( )

파라미터	설명	예시
data_frame	데이터프레임	df_cities
lat	위도 컬럼	위도
lon	경도 컬럼	경도
size	마커 크기	인구
color	색상 기준 컬럼	인구
hover_name	호버 시 표시할 이름	도시
title	그래프 제목	한국 주요 도시 인구 분포
projection	지도 투영법	natural earth

① 기본 지역 지도

```python
In [ ]: # 한국 시도별 인구 데이터 (예시)
        korea_population = {
            '시도': ['서울', '부산', '대구', '인천', '광주', '대전', '울산', '경기', '강원'],
            '인구': [9720, 3413, 2438, 2947, 1441, 1475, 1136, 13427, 1536],
            '코드': ['KR-11', 'KR-26', 'KR-27', 'KR-28', 'KR-29', 'KR-30', 'KR-31', 'KR-41',
                   'KR-42']
        }

        df_population = pd.DataFrame(korea_population)

        # 세계 지도 예시 (국가별 데이터)
        world_data = {
            '국가': ['USA', 'CHN', 'JPN', 'DEU', 'GBR', 'FRA', 'ITA', 'BRA', 'CAN', 'RUS'],
            'GDP': [21427, 14342, 5082, 3846, 2827, 2716, 2001, 1869, 1736, 1483],
            '국가코드': ['USA', 'CHN', 'JPN', 'DEU', 'GBR', 'FRA', 'ITA', 'BRA', 'CAN', 'RUS']
        }

        df_world = pd.DataFrame(world_data)

        fig = px.choropleth(
            df_world,
            locations='국가코드',
            color='GDP',
            hover_name='국가',
```

```
    title='국가별 GDP 분포',
    color_continuous_scale='Blues',
    labels={'GDP': 'GDP (조 달러)'}
)

fig.update_layout(
    geo=dict(
        showframe=False,
        showcoastlines=True,
        projection_type='equirectangular'
    )
)

fig.show( )
```

Out [ ]: 국가별 GDP 분포

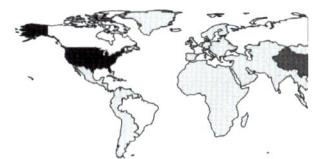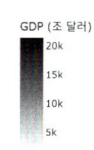

② 산점도 지도

```
# 도시별 인구와 위치
cities = {
    '도시': ['서울', '부산', '대구', '인천', '광주'],
    '위도': [37.5665, 35.1796, 35.8714, 37.4563, 35.1595],
    '경도': [126.9780, 129.0756, 128.6014, 126.7052, 126.8526],
    '인구': [972, 341, 244, 295, 144]
}

df_cities = pd.DataFrame(cities)

fig = px.scatter_geo(
    df_cities,
    lat='위도',
    lon='경도',
    size='인구',
    color='인구',
```

In [ ]:
```
        hover_name='도시',
        title='한국 주요 도시 인구 분포',
        projection='natural earth'
)

fig.update_geos(
    resolution=50,
    showland=True,
    landcolor='lightgray'
)

fig.show( )
```

Out [ ]: 한국 주요 도시 인구 분포

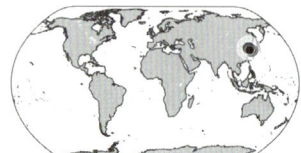 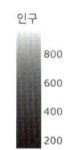

4.5 데이터 시각화 실습

이것만은 기억하세요
- ✓ 공공 데이터를 시각화하여 데이터의 분포를 이해합니다.
- ✓ 데이터 시각화를 통해 데이터를 이해하고, 전처리가 필요한 변수를 확인합니다.
- ✓ 데이터 탐색과정을 통해 데이터를 이해하고 데이터 분석을 위한 방향을 설계할 수 있습니다.

들어가면서

사람의 시각으로 인지한 것이 다른 자극보다 더 강하게 기억을 한다고 한다. 그래서인지 보기 좋은 떡이 맛도 좋고, 예쁘고 잘생긴 사람이 착하기도 하다(?)고 하듯 데이터 분야 역시도 데이터 시각화는 데이터를 이해하고 분석하는데 매우 중요한 역할을 한다.

분석할 데이터를 이해하기 위해 다양한 통계지표도 살펴보고, 분포를 확인하면서 데이터 분석 방향을 잡아가는 과정을 탐색적 데이터 분석(EDA, Exploratory Data Analysis)이라고 한다. 데이터 시각화는 탐색적 데이터 분석에 있어서 가장 중요한 역할을 하기도 한다. 뿐만 아니라 데이터 시각화는 데이터 분석을 마친 후, 분석 결과를 가장 효과적으로 표현하고 메시지를 전달할 수 있는 방법이기도 하다.

지금까지 살펴본 다양한 시각화 기능을 사용하여 실제 데이터를 시각화해보도록 하자.

4.5.1 건강검진정보 데이터 시각화

데이터 준비 및 전처리

데이터 전처리와 데이터 시각화를 하기 위한 주요 라이브러리를 임포트하고, 국민건강보험공단 건강검진정보가 저장되어 있는 데이터를 다운로드받아서 데이터프레임 형태로 읽어들인다. 한글이 깨지는 것을 방지하기 위해 인코딩을 euc-kr로 설정한다.

```
In [ ]: import pandas as pd
        import matplotlib.pyplot as plt
        import seaborn as sns
        plt.rcParams["font.family"] = 'NanumGothic'

        df = pd.read_csv("국민건강보험공단_건강검진정보_20191231.csv", encoding='euc-kr')

        # df.head( )
        # df.describe( )
        # df.info( )
```

데이터프레임의 describe( ), info( )를 확인하여 어떠한 데이터가 포함되어 있는지, 결측치 정보는 어떠한지 등을 확인한다.

① 불필요한 컬럼 제거 및 컬럼명 변경

기준년도는 모두 2019년이고, 가입자 일련번호는 순차적으로 증가하는 인덱스 형태를 가지는 값이므로 데이터 분석 시 불필요한 값으로 보인다. 이밖에 동일한 값으로 채워져 있거나 데이터 분석에 불필요한 값이 포함된 컬럼은 삭제하고, 컬럼명을 코드 작성에 용이하도록 간단하게 변경한다.

```
In [ ]: df.drop(['기준년도', '가입자 일련번호', '결손치 유무', '치아마모증유무',
                '제3대구치(사랑니) 이상', '데이터 공개일자'], inplace=True, axis=1)

        df.rename(columns={'연령대 코드(5세단위)': '연령코드',
                          '신장(5Cm단위)': '신장',
                          '체중(5Kg 단위)': '체중',
                          '식전혈당(공복혈당)': '혈당'}, inplace=True)

        df = df.dropna( )
```

결측치 처리는 데이터 비율에 따라 다르게 처리하는 것이 원칙이나, 여기에서는 결측치가 포함된 로우는 모두 제거하여 전처리를 진행한다.

전체 데이터 분포 시각화

간단하게 전처리가 완료된 데이터를 시각화를 통해 어떠한 형태로 데이터가 분포되어 있는지 확인한다. 25개의 컬럼 데이터를 각각 순차적으로 5×5 서브플롯으로 구성한 도화지에 시각화한다.

In [ ]:
```python
fig, axs = plt.subplots(5, 5)
fig.set_size_inches(20, 24)

for i in range(5):
    for j in range(5):
        attr = i * 5 + j + 1
        if df[df.columns[attr]].nunique() < 30:
            sns.countplot(x=df.columns[attr], data=df, ax=axs[i][j])
        else:
            sns.histplot(x=df.columns[attr], data=df, kde=True, ax=axs[i][j])
```

Out [ ]:

각 컬럼의 속성값이 30종류보다 작은 경우에는 countplot을 그리고, 그 외의 경우에는 히스토그램을 사용하여 시각화를 진행한다.

데이터 분포 분석 결과를 보면 각 데이터 컬럼별 데이터 분포를 확인할 수 있다.

- 청력(좌), 청력(우)는 대부분 1.0을 가진다.
- 연령코드는 9에 해당하는 값이 많이 포함되어 있다(40대를 나타내는 값으로 추정됨).
- 수축기 혈압과 이완기 혈압은 크기는 차이가 있지만 비슷한 형태의 그래프가 그려졌다.

특정 컬럼 세부 분석

음주여부 컬럼의 데이터는 대부분 1.0인 것 같은데, 정확한 수치를 확인해본다.

```
In [ ]: df['음주여부'].value_counts( )
```

```
Out [ ]: 1.0    78481
        0.0        4
        Name: 음주여부, dtype: int64
```

음주여부가 0.0인 경우는 4건밖에 존재하지 않아 그래프에는 잘 보이지 않았다.

상관관계 분석

① 혈압 데이터 상관관계

수축기 혈압과 이완기 혈압의 상관관계가 있는지 살펴보고, 흡연상태에 따라 값이 어떤 차이가 있는지 확인하기 위해 산점도를 그려본다.

```
In [ ]: sns.scatterplot(x=df['수축기 혈압'], y=df['이완기 혈압'], hue=df['흡연상태'])
```

Out [ ]:

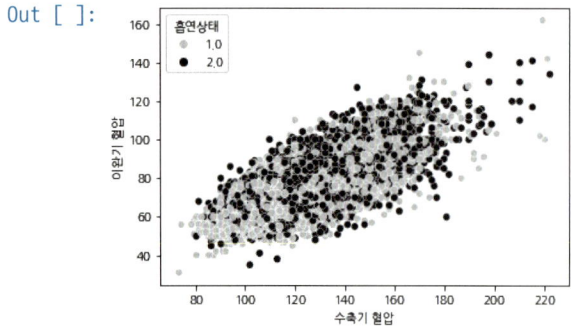

수축기 혈압과 이완기 혈압은 양의 상관관계가 있고, 흡연 상태에 따라 데이터의 분포가 크게 다르지는 않아 보인다.

② 신장과 체중 상관관계

신장과 체중, 그리고 성별코드를 산점도를 통해 값의 분포를 확인한다.

In [ ]: `sns.scatterplot(x=df['신장'], y=df['체중'], hue=df['성별코드'])`

Out [ ]:
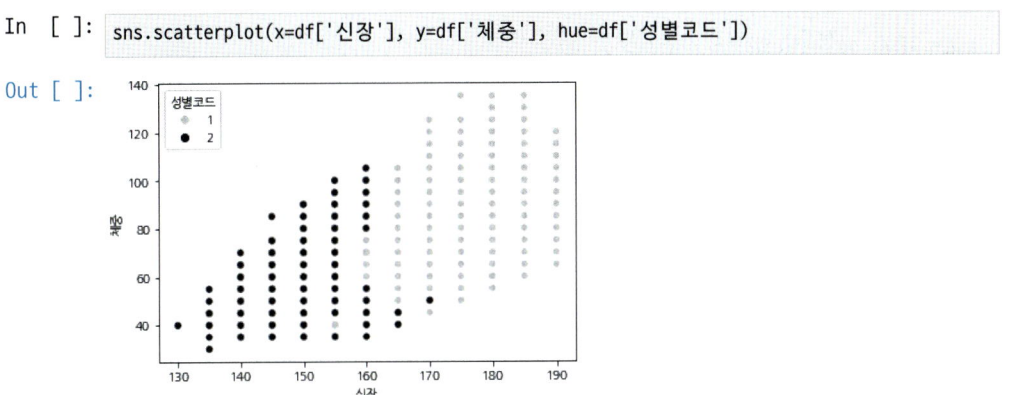

성별코드 1이 남성, 2가 여성인 것으로 보인다. 건강검진 조사 대상의 키는 여성은 130~170cm, 남성은 155~190cm로 분포되어 있고, 신장과 체중은 양의 상관관계가 있다.

③ 혈당과 총 콜레스테롤 상관관계

혈당이 높은 사람이 총 콜레스테롤 수치가 높은지 산점도를 통해서 확인한다.

In [ ]: `sns.scatterplot(x=df['혈당'], y=df['총 콜레스테롤'], hue=df['성별코드'])`

Out [ ]:
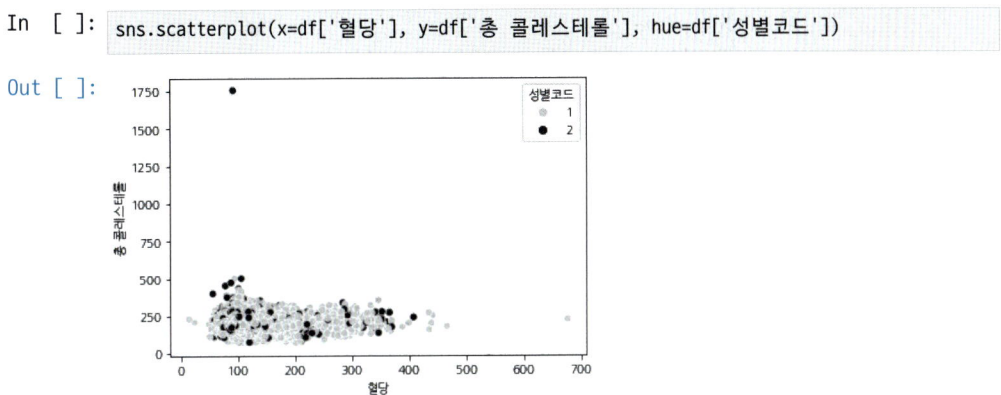

전체 데이터셋 중 특정 값이 일반적인 데이터 분포에서 벗어나 있어서 상관관계를 파악하기 어렵다. 총콜레스테롤이 750을 넘는 데이터와 혈당이 500을 넘는 데이터는 이상치로 간주하고 값을 제거하여

확인하는 것이 필요해 보인다.

연령별 분석

① 나이에 따른 총 콜레스테롤 추이

나이에 따른 총 콜레스테롤 추이를 확인하기 위해 선 그래프를 그린다.

In [ ]: `sns.lineplot(x=df['연령코드'], y=df['총 콜레스테롤'])`

Out [ ]:

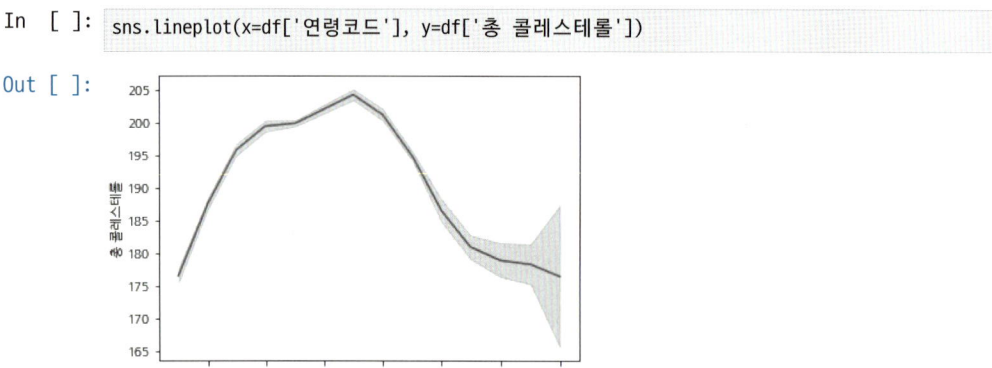

50대까지는 나이가 많을수록 총 콜레스테롤 수치도 증가하는 경향성을 보인다. 80대 이후에는 같은 연령대이더라도 총 콜레스테롤 수치의 편차가 크게 나는 것을 확인할 수 있다.

② 연령에 따른 혈색소 수치 분포

연령에 따른 혈색소 수치의 분포를 확인하기 위해 박스플롯을 그려본다.

In [ ]:
```
fig = plt.figure(figsize=(10, 5))
sns.boxplot(x=df['연령코드'], y=df['혈색소'])
```

Out [ ]:

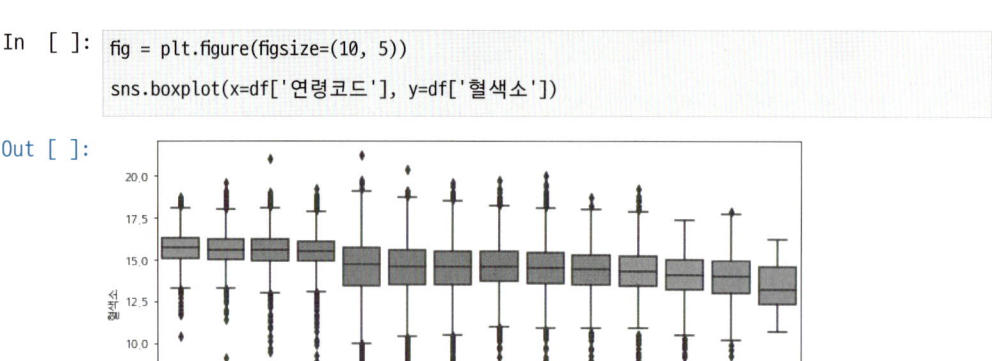

연령에 따른 혈색소 수치의 중앙값은 거의 비슷한 값을 보이지만, 최댓값과 최솟값의 편차가 크게 나타난다.

성별 및 연령별 비교 분석

① 연령과 성별에 따른 혈당 분석

연령에 따른 혈당값과 성별에 따른 차이를 확인한다.

```
In [ ]: fig = plt.figure(figsize=(12, 5))
        sns.barplot(x=df['연령코드'], y=df['혈당'], hue=df['성별코드'])
```

Out [ ]:
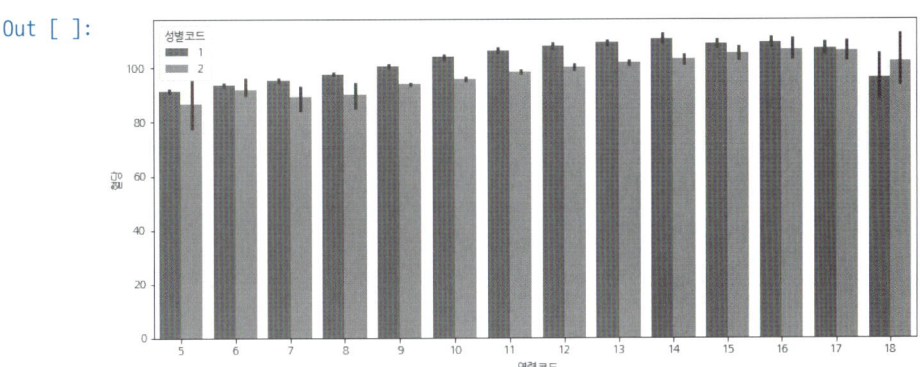

남성이 여성에 비해 대부분 연령에서 평균 혈당수치가 더 높은 것으로 조사되었다. 여성의 경우, 연령코드 5, 18에서 막대그래프의 검은색 중심선이 다른 연령에 비해 길게 그려졌다. 즉, 조사 대상 중 젊은 여성과 나이든 여성의 혈당수치의 편차가 상대적으로 큰 것으로 이해할 수 있다.

② 나이에 따른 허리둘레 분포

바이올린플롯으로 연령코드별 허리둘레의 분포를 시각화한다.

```
In [ ]: fig = plt.figure(figsize=(12, 5))
        sns.violinplot(x=df['연령코드'], y=df['허리둘레'], hue=df['성별코드'])
```

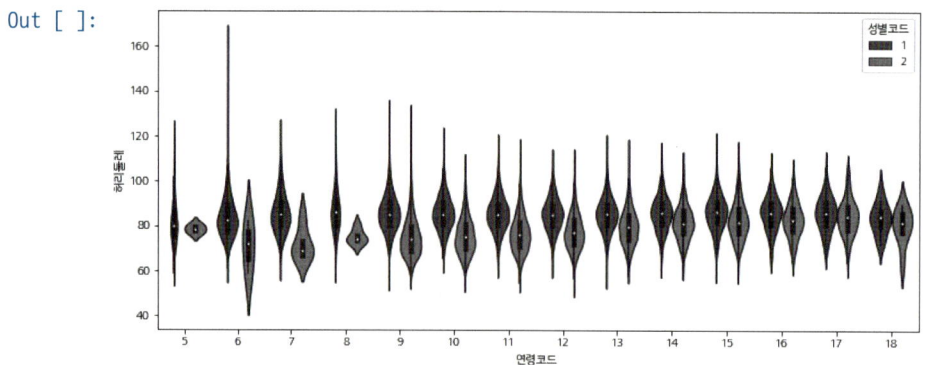

연령코드가 6인 남성의 경우, 허리둘레의 최댓값과 최솟값의 차이가 굉장히 크게 나타나는 것을 확인할 수 있다. 아마 30대 남성 수검자 중 허리둘레가 평균 대비 큰 값을 가진 분이 있었던 것 같다.

지역별 분석

① 지역과 연령에 따른 혈당 수치 히트맵

지역과 연령에 따라 혈당 수치의 분포를 확인하기 위해 히트맵을 그린다.

```
In [ ]:  pivot_df = df.pivot_table("혈당", "시도코드", "연령코드")
         sns.heatmap(pivot_df)
```

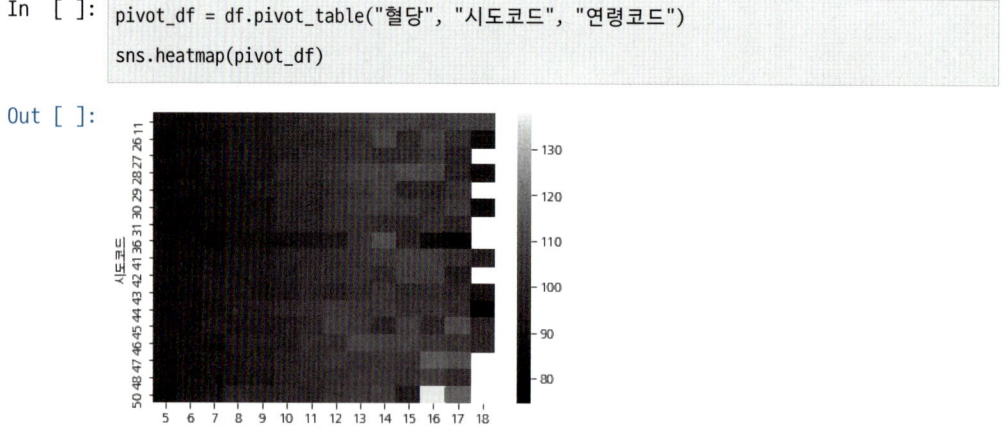

색상이 밝아질수록 큰 값을 가지고, NA값이 포함된 경우 흰색으로 표시된다. 지역에 상관없이 나이가 많을수록(연령코드가 큰 값을 가질수록) 혈당 수치가 높아지는 것을 확인할 수 있다.

분석 결과 요약

이 건강검진 데이터 분석을 통해 다음과 같은 주요 인사이트를 얻을 수 있다.

- 성별 차이: 남성이 여성보다 평균 혈당수치가 높다.
- 연령 효과: 나이가 증가할수록 총 콜레스테롤과 혈당 수치가 증가하는 경향이 있다.
- 신체 측정치 상관관계: 신장과 체중, 수축기 혈압과 이완기 혈압 간에 양의 상관관계가 존재한다.
- 지역별 차이: 지역에 상관없이 연령 증가에 따른 혈당 수치 증가 패턴이 일관되게 나타난다.
- 이상치 존재: 일부 극값들이 전체 분포 분석을 방해하므로 추가적인 데이터 정제가 필요하다.

요약
- 파이썬의 데이터 시각화 패키지는 matplotlib, seaborn, plotly가 있다.
- seaborn은 matplotlib을 기반으로한 고수준(high-level)의 인터페이스로 산점도, 막대그래프, 히스토그램 등을 쉽게 그릴 수 있다.
- matplotlib은 데이터 시각화를 위한 가장 기본적인 기능을 제공하며, 그래프 뿐만 아니라 사이즈 조절, 서브플롯, x-y축 설정, 범례 지정 등을 할 수 있는 기능을 제공한다.
- plotly는 인터랙티브한 시각화를 위한 기능을 제공하며, 기본적인 그래프 뿐만 아니라 지도 시각화, 주가 데이터 시각화를 위한 다양한 플롯 기능을 제공한다.

---

1 다음 중 seaborn에서 제공하는 기능으로 올바르지 않은 것은?

① 데이터셋 제공
② scatterplot
③ lineplot
④ 데이터 수치 연산
⑤ 히트맵

답 : ④ seaborn은 데이터 시각화를 위한 기능을 제공하는 패키지다.

2 다음 중 boxplot에서 확인할 수 있는 값이 아닌 것은?

① 이상치
② 결측치
③ 중앙값
④ 1사분위수
⑤ 3사분위수

답 : ② boxplot은 데이터의 주요 평균지표와 이상치를 확인할 수 있다.

3 다음 코드를 잘못 설명한 것은?

```
x = [1, 2, 3, 4, 5, 6, 7, 8, 9, 10, 11, 12]
y = [10, 20, 30, 40, 50, 60, 70, 80, 90, 100, 110, 120]
```

① `fig = plt.figure(figsize=(10,5))`
② `plt.bar(x, y)`
③ `plt.title('Monthly expenses')`
④ `plt.xlabel('Month')`
   `plt.ylabel('Cost($)')`
⑤ `plt.grid(True, axis='y')`
   `plt.show( )`

① 그래프를 나타낼 figure 사이즈를 지정
② 막대그래프 그림
③ 그래프의 제목을 지정
④ 그래프의 x축을 지정
⑤ 그래프의 범례를 지정

답 : ⑤ grid 옵션은 그래프의 눈금을 표시할 때 사용한다.

Chapter 5

데이터 분석 대시보드

Streamlit을 활용해 대화형 웹 애플리케이션을 구축하는 방법에 대해 살펴본다. 웹 기반 대시보드와 데이터 분석 플랫폼은 복잡한 데이터를 직관적으로 전달하고 사용자 참여를 극대화하는 가장 효과적인 방법이다.

이 장에서는 무엇을 배우나요?

- 직관적인 UI/UX를 제공하는 Streamlit 프레임워크의 핵심 기능을 배운다.
- 대화형 대시보드와 웹페이지를 통한 데이터 분석 서비스 구축 방법을 배운다.
- 사용자 맞춤형 데이터 시각화와 실시간 분석 도구 개발 기법을 알아본다.

가벼운 마음으로 시작해보세요

넷플릭스나 유튜브, 온라인 쇼핑몰에 접속하면 나를 위한 추천 목록이 보여지는데 이것이 바로 데이터의 힘이라 할 수 있다. 개인의 사용 패턴, 특성 등을 분석해서 취향에 맞는 콘텐츠를 골라줄 수 있는 것이다.

'오늘 어떤 음료가 가장 많이 팔렸지?', '비 오는 날엔 뭘 많이 주문하지?', '이번 달 매출이 지난달보다 좋아졌나?' 같은 카페 사장님의 궁금증도 예전 같으면 장부를 한 페이지씩 넘겨가며 계산기를 두드려야 했겠지만, 이제는 다르다.

특히나 웹 대시보드가 있다면? 핸드폰으로 접속해서 클릭 몇 번이면 끝이다. 실시간으로 매출 그래프가 올라가는 걸 보고, 인기 메뉴를 한눈에 확인하고, 심지어 '내일은 아메리카노 원두를 얼마나 준비해야 할지' 예측까지 가능하다.

이런 마법 같은 일이 가능한 이유는 복잡한 데이터를 누구나 쉽게 볼 수 있는 웹페이지로 만들어주는 도구들이 생겼기 때문이다. Streamlit이 바로 그런 도구 중 하나입니다. 어려운 웹 개발을 몰라도, Python만 조금 안다면 멋진 데이터 분석 홈페이지를 뚝딱 만들 수 있다.

여러분도 곧 친구들에게 "내가 만든 웹사이트 한번 봐봐!"라고 자랑할 순간을 기대하며 시작해보자.

5.1 Streamlit

이것만은 기억하세요

✔ Streamlit의 주요 특징 및 웹 페이지의 이해

✔ Streamlit 기반 텍스트 박스, 버튼, 다양한 그래프 등 UI 컴포넌트 생성하기

✔ UI 컴포넌트를 원하는 페이지에 배치하고 사용자가 직접 조작할 수 있는 웹 페이지 만들기

들어가면서

Streamlit은 파이썬으로 웹 애플리케이션을 만들 수 있는 도구다. 기존에는 웹사이트를 만들려면 HTML, CSS, JavaScript 같은 복잡한 언어들을 배워야 했다. 하지만 Streamlit을 사용하면 파이썬 코드만으로도 멋진 웹 애플리케이션을 만들 수 있다.

마치 레고 블록을 조립하듯이, 간단한 파이썬 코드 몇 줄만 작성하면 그래프, 표, 버튼 같은 요소들이 웹페이지에 나타난다. 데이터 분석 결과를 다른 사람들과 쉽게 공유하고 싶을 때 매우 유용하다.

지금부터 Streamlit를 활용한 동적인 그래프 생성 방법에 대해서 알아보자.

5.1.1 Streamlit이란?

Streamlit의 가장 큰 장점은 단순함이다. 복잡한 설정이나 어려운 개념을 배울 필요가 없다. 파이썬으로 데이터를 분석하는 것처럼 자연스럽게 웹 애플리케이션을 만들 수 있다.

Streamlit에서 코드를 수정하면 웹페이지가 별도의 배포없이도 수정한 사항이 자동으로 업데이트된다. 마치 워드 문서를 편집할 때처럼 실시간으로 변화를 확인할 수 있다. 이러한 특징 때문에 데이터 분석가들이 분석 내용을 표시하는 웹 대시보드 형태로 자주 사용한다.

또한 Streamlit으로는 다양한 종류의 애플리케이션을 만들 수 있다. 주식 가격을 보여주는 대시보드, 날씨 정보를 분석하는 도구, 또는 간단한 계산기까지 가능하다. 특히 데이터를 시각화하고 분석 결과를 보여주는 데 뛰어나다.

주피터 노트북에서 Streamlit 사용하기

주피터 노트북은 데이터 분석에 널리 사용되는 환경이다. 이곳에서 Streamlit을 사용하면 데이터 분석과 웹 애플리케이션 개발을 한 번에 할 수 있다.

먼저 Streamlit을 설치해야 한다. 주피터 노트북의 새로운 셀에서 다음 명령어를 실행한다.

```
In [ ]: !pip install streamlit
```

```
[1]: !pip install yfinance streamlit
    Requirement already satisfied: yfinance in c:\users\zhini\miniconda3\envs\data_env\lib\site-packages (0.2.65)
    Collecting streamlit
      Downloading streamlit-1.48.0-py3-none-any.whl.metadata (9.5 kB)
    Requirement already satisfied: pandas>=1.3.0 in c:\users\zhini\miniconda3\envs\data_env\lib\site-packages (from yfinance) (2.3.0)
    Requirement already satisfied: numpy>=1.16.5 in c:\users\zhini\miniconda3\envs\data_env\lib\site-packages (from yfinance) (1.23.5)
    Requirement already satisfied: requests>=2.31 in c:\users\zhini\miniconda3\envs\data_env\lib\site-packages (from yfinance) (2.32.3)
    Requirement already satisfied: multitasking>=0.0.7 in c:\users\zhini\miniconda3\envs\data_env\lib\site-packages (from yfinance) (0.0.12)
```

그림 5-1

설치가 완료되면 Streamlit을 사용할 준비가 끝난다. 느낌표가 앞에 붙는 이유는 주피터 노트북에서 시스템 명령어를 실행할 때 사용하는 방법이다.

첫 번째 Streamlit 애플리케이션 만들기

설치가 끝났다면 간단한 애플리케이션을 만들어보자. 주피터 노트북에서는 파일을 따로 만들어야 한다.

```
In [ ]: %%writefile my_first_app.py
        import streamlit as st

        st.title('안녕하세요 Streamlit!')
        st.write('이것은 나의 첫 번째 Streamlit 애플리케이션입니다.')
```

이 코드는 my_first_app.py라는 파일을 만들고 그 안에 Streamlit 코드를 작성한다. %%writefile은 주피터 노트북에서 파일을 만들 때 사용하는 특별한 명령어다.

파일을 만들었다면 이제 실행해보자. 다음 명령어를 새로운 셀에서 실행한다.

```
In [ ]: !streamlit run my_first_app.py
```

Out [ ]: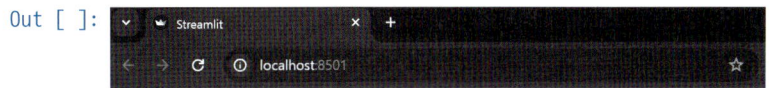

안녕하세요 Streamlit!

이것은 나의 첫 번째 Streamlit 애플리케이션입니다.

명령어를 실행하면 웹 브라우저가 자동으로 열리고 애플리케이션이 나타난다. 만약 자동으로 열리지 않는다면 터미널에 표시되는 주소를 복사해서 브라우저에 직접 입력하면 된다.

5.1.2 기본 UI 컴포넌트

텍스트 출력 컴포넌트

Out [ ]:

이것은 큰 헤더입니다

이것은 작은 헤더입니다

이것은 일반적인 텍스트입니다

여러 줄로 텍스트를 작성할 수도 있습니다

이것은 굵은 글씨입니다

이것은 기울어진 글씨입니다

이것은 `코드` 처럼 보이는 글씨입니다

안녕하세요!

```
123
```

```
▼ [
    0 : 1
    1 : 2
    2 : 3
    3 : 4
    4 : 5
  ]
```

① 제목과 헤더 만들기

웹페이지에서 가장 중요한 것 중 하나는 제목이다. Streamlit에서는 여러 종류의 제목을 만들 수 있다. 가장 큰 제목부터 작은 제목까지 다양하게 사용할 수 있다.

In [ ]:
```
%%writefile text_components.py
import streamlit as st

st.title('이것은 가장 큰 제목입니다')
st.header('이것은 큰 헤더입니다')
st.subheader('이것은 작은 헤더입니다')
```

st.title( )은 페이지의 가장 중요한 제목을 만들 때 사용한다. 주식 분석 애플리케이션에서 "주식 분석 대시보드"처럼 전체 애플리케이션의 이름을 보여줄 때 쓴다.

st.header( )와 st.subheader( )는 내용을 구분할 때 사용한다. 주식 분석에서 주가 차트, 거래량 같은 섹션을 나눌 때 유용하다.

② 일반 텍스트 표시하기

제목 외에도 설명이나 안내문을 보여줄 때는 st.text( )를 사용한다.

In [ ]:
```
st.text('이것은 일반적인 텍스트입니다')
st.text('여러 줄로 텍스트를 작성할 수도 있습니다')
```

st.text( )는 입력한 그대로 화면에 표시한다. 글자 크기나 스타일을 바꾸지 않고 단순하게 텍스트를 보여준다.

③ 마크다운으로 꾸미기

더 예쁘게 텍스트를 꾸미고 싶다면 st.markdown( )을 사용한다. 마크다운은 간단한 기호로 텍스트를 꾸밀 수 있는 방법이다.

In [ ]:
```
st.markdown('**이것은 굵은 글씨입니다**')
st.markdown('*이것은 기울어진 글씨입니다*')
st.markdown('이것은 `코드`처럼 보이는 글씨입니다')
```

별표 두 개로 감싸면 굵은 글씨가 되고, 별표 하나로 감싸면 기울어진 글씨가 된다. 백틱(`)으로 감싸면 코드처럼 보이는 글씨가 된다.

④ 만능 출력 함수

st.write( )는 가장 편리한 함수다. 텍스트, 숫자, 표 등 거의 모든 것을 화면에 보여줄 수 있다.

```
In [ ]: st.write('안녕하세요!')
        st.write(123)
        st.write([1, 2, 3, 4, 5])
```

무엇을 입력하든 적절한 형태로 화면에 표시해준다. 처음 Streamlit을 배울 때는 st.write( )를 가장 많이 사용하게 된다.

입력 컴포넌트

① 선택 상자 만들기

사용자가 여러 선택지 중에서 하나를 고를 수 있게 해주는 것이 선택 상자다.

```
In [ ]: %%writefile input_components.py
        import streamlit as st

        # 좋아하는 과일 선택
        fruit = st.selectbox(
            '좋아하는 과일을 선택하세요',
            ['사과', '바나나', '오렌지', '포도']
        )

        st.write(f'당신이 선택한 과일은 {fruit}입니다')
```

st.selectbox( )는 드롭다운 메뉴를 만든다. 첫 번째 인자는 사용자에게 보여줄 설명이고, 두 번째 인자는 선택할 수 있는 항목들의 목록이다.

Out [ ]:

② 텍스트 입력받기

사용자가 직접 글자나 숫자를 입력할 수 있게 해주는 입력 상자도 만들 수 있다.

```
In [ ]:   name = st.text_input('이름을 입력하세요')
          age = st.number_input('나이를 입력하세요', min_value=0, max_value=120)

          if name and age:
              st.write(f'{name}님은 {age}살입니다')
```

st.text_input( )은 글자를 입력받고, st.number_input( )은 숫자를 입력받는다. min_value와 max_value로 입력할 수 있는 숫자의 범위를 정할 수 있다.

Out [ ]: 이름을 입력하세요

홍길동

나이를 입력하세요

50   − +

홍길동님은 50살입니다

③ 슬라이더로 값 조정하기

슬라이더는 마우스로 끌어서 값을 조정할 수 있는 도구다. 숫자 범위를 쉽게 선택할 때 편리하다.

```
In [ ]:   temperature = st.slider('온도를 선택하세요', 0, 40, 25)
          st.write(f'선택한 온도는 {temperature}도입니다')
```

첫 번째 숫자는 최솟값, 두 번째 숫자는 최댓값, 세 번째 숫자는 기본값이다. 사용자는 마우스로 슬라이더를 움직여서 원하는 값을 선택할 수 있다.

Out [ ]:

④ 라디오 버튼과 체크박스

여러 선택지 중에서 하나만 고를 때는 라디오 버튼을 사용한다.

In [ ]:
```
color = st.radio(
    '좋아하는 색깔을 선택하세요',
    ['빨강', '파랑', '초록']
)
```

예 또는 아니오처럼 간단한 선택을 할 때는 체크박스를 사용한다.

In [ ]:
```
agree = st.checkbox('이용약관에 동의합니다')

if agree:
    st.write('동의해주셔서 감사합니다!')
```

Out [ ]:
좋아하는 색깔을 선택하세요
- ● 빨강
- ○ 파랑
- ○ 초록

☐ 이용약관에 동의합니다

⑤ 여러 개 선택하기

여러 항목을 동시에 선택할 수 있게 해주는 st.multiselect( )도 있다.

In [ ]:
```
hobbies = st.multiselect(
    '취미를 선택하세요 (여러 개 선택 가능)',
    ['독서', '영화감상', '운동', '여행', '음악감상']
)

if hobbies:
    st.write('선택한 취미:', hobbies)
```

Out [ ]:
취미를 선택하세요 (여러 개 선택 가능)

[영화감상 ×] [여행 ×]

독서
운동
음악감상

사용자는 여러 개의 취미를 동시에 선택할 수 있고, 선택한 항목들이 목록으로 저장된다.

⑥ 날짜와 시간 입력

날짜나 시간을 입력받을 때는 전용 컴포넌트를 사용한다.

In [ ]:
```
from datetime import datetime

today = st.date_input('날짜를 선택하세요')
current_time = st.time_input('시간을 선택하세요')

st.write(f'선택한 날짜: {today}')
st.write(f'선택한 시간: {current_time}')
```

달력이나 시계 형태의 인터페이스가 나타나서 사용자가 쉽게 날짜와 시간을 선택할 수 있다.

Out [ ]:
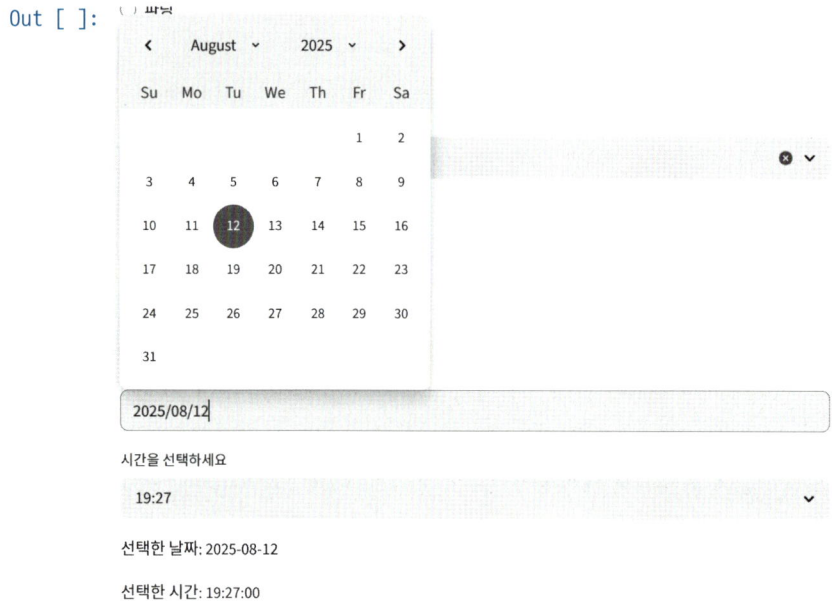

미디어 컴포넌트

① 이미지 표시하기

웹 애플리케이션에서 이미지를 보여주는 것은 매우 중요하다. Streamlit에서는 st.image( )를 사용해서 쉽게 이미지를 표시할 수 있다.

```
In [ ]: %%writefile media_components.py
        import streamlit as st

        # 인터넷 이미지 표시
        st.image('https://storage.googleapis.com/s4a-prod-share-preview/default/st_app_screenshot_image/ba819fd9-0cbb-401a-9136-9fe3fcb23111/Home_Page.png', caption='예시 이미지')

        # 로컬 이미지 파일 표시 (파일이 있는 경우)
        # st.image('my_image.jpg', caption='내 이미지')
```

이미지의 주소나 파일 경로를 입력하면 웹페이지에 이미지가 나타난다. caption을 사용하면 이미지 아래에 설명을 추가할 수 있다.

② 오디오와 비디오

음악이나 동영상도 웹페이지에 넣을 수 있다.

```
In [ ]: # 오디오 파일 재생
        # st.audio('my_audio.mp3')

        # 비디오 파일 재생
        # st.video('my_video.mp4')

        # 유튜브 비디오 표시
        st.video('https://www.youtube.com/watch?v=dQw4w9WgXcQ')
```

파일이 있다면 직접 업로드해서 재생할 수 있고, 유튜브 링크를 사용해서 온라인 비디오를 표시할 수도 있다.

5.1.3 페이지 설정과 레이아웃

페이지 설정

웹 애플리케이션을 만들 때 가장 먼저 해야 할 일은 페이지의 기본 설정을 정하는 것이다. 마치 그림을 그리기 전에 캔버스의 크기와 색깔을 정하는 것과 같다.

```
In [ ]: %%writefile page_config.py
import streamlit as st

st.set_page_config(
    page_title="학생 성적 관리",
    page_icon="📚",
    layout="wide"
)

st.title('페이지 설정이 완료된 애플리케이션')
st.write('이제 더 넓은 화면에서 볼 수 있습니다!')
```

st.set_page_config( )는 반드시 다른 Streamlit 코드보다 먼저 작성해야 한다. 이 함수는 페이지의 전체적인 모습을 결정한다.

Out [ ]:

페이지 설정이 완료된 애플리케이션
이제 더 넓은 화면에서 볼 수 있습니다!

page_title은 브라우저 탭에 표시되는 제목이다. 사용자가 여러 탭을 열어놓았을 때 어떤 페이지인지 구분할 수 있게 도와준다. 학생 성적 관리 애플리케이션이라면 "학생 성적 관리"나 "Grade Manager" 같은 제목을 사용할 수 있다.

page_icon은 브라우저 탭에 표시되는 작은 아이콘이다. 이모지를 사용할 수 있어서 애플리케이션의 성격을 한눈에 보여줄 수 있다. 교육 관련 애플리케이션이라면 📚, 🎓, 📝 같은 이모지가 적합하다.

layout 설정은 페이지가 화면을 어떻게 사용할지 결정한다. 두 가지 옵션이 있다.

기본 설정인 centered는 내용을 화면 가운데에 모아서 보여준다. 글을 읽기에는 편하지만 넓은 화면을 모두 활용하지는 못한다. wide 설정은 화면 전체를 사용한다. 차트나 표를 크게 보여줘야 하는 데이터 분석 애플리케이션에서는 이 설정이 더 유용하다.

레이아웃 컴포넌트

① 열로 나누어 배치하기

화면을 여러 개의 열로 나누어서 내용을 배치할 수 있다. 이것은 여러 정보를 한 줄에 나란히 보여줄 때 매우 유용하다.

```
%%writefile columns_layout.py
import streamlit as st

st.title('학생 정보 관리 시스템')

# 4개의 열 나누기
col1, col2, col3, col4 = st.columns(4)

with col1:
    st.metric("전체 학생 수", "245명")

with col2:
    st.metric("평균 점수", "82.5점")

with col3:
    st.metric("출석률", "94.2%")

with col4:
    st.metric("과제 제출률", "87.8%")
```

학생 정보 관리 시스템

전체 학생 수	평균 점수	출석률	과제 제출률
245명	82.5점	94.2%	87.8%

st.columns(4)는 화면을 4개의 동일한 크기 열로 나눈다. 각 열에는 with col1: 형태로 내용을 넣을 수 있다. 주식 분석 프로젝트에서는 현재가, 시가총액, PER, 배당수익률 같은 주요 지표를 한 줄에 보여주기 위해 이 방법을 사용한다.

② 열의 크기 조정하기

모든 열을 같은 크기로 만들 필요는 없다. 중요한 내용이 들어갈 열은 더 크게 만들 수 있다.

In [ ]:
```python
# 첫 번째 열을 다른 열보다 2배 크게 만들기
col1, col2, col3 = st.columns([2, 1, 1])

with col1:
    st.write('메인 콘텐츠 영역 - 이 열이 가장 넓습니다')

with col2:
    st.write('통계 정보')

with col3:
    st.write('빠른 메뉴')
```

대괄호 안의 숫자가 각 열의 상대적 크기를 나타낸다. [2, 1, 1]은 첫 번째 열이 나머지 두 열보다 2배 넓다는 의미다.

Out [ ]: 메인 콘텐츠 영역 - 이 열이 가장 넓습니다   통계 정보   빠른 메뉴

③ 컨테이너로 묶기

관련된 내용들을 하나로 묶어서 보여주고 싶을 때는 컨테이너를 사용한다.

In [ ]:
```python
with st.container( ):
    st.subheader('이번 달 도서관 현황')
    st.write('이 영역에는 도서관의 주요 통계가 표시됩니다')
    st.metric("대출 도서 수", "1,245권")
    st.metric("신규 회원", "+23명")
```

컨테이너는 내용을 논리적으로 구분해주고, 나중에 스타일을 적용할 때도 유용하다.

Out [ ]: **이번 달 도서관 현황**

이 영역에는 도서관의 주요 통계가 표시됩니다

대출 도서 수
1,245권

신규 회원
+23명

④ 확장 가능한 섹션

내용이 많을 때는 접었다 펼 수 있는 섹션을 만들 수 있다.

In [ ]:
```
with st.expander("상세 통계 정보"):
    st.write("여기에는 자세한 분석 결과가 들어갑니다")
    st.write("평소에는 숨겨져 있다가 필요할 때만 펼쳐볼 수 있습니다")
```

Out [ ]:
```
∨ 상세 통계 정보

여기에는 자세한 분석 결과가 들어갑니다

평소에는 숨겨져 있다가 필요할 때만 펼쳐볼 수 있습니다
```

사용자가 제목을 클릭하면 내용이 펼쳐지고, 다시 클릭하면 접힌다. 선택적으로 보여줄 정보나 상세한 설명을 넣을 때 좋다.

정보 표시 컴포넌트

① 지표 카드 만들기

st.metric( )은 숫자와 변화량을 예쁘게 보여주는 카드를 만든다. 다양한 지표를 표시할 때 매우 유용하다.

In [ ]:
```
%%writefile metrics_demo.py
import streamlit as st

st.title('카페 매출 대시보드')

# 기본 지표
st.metric("오늘 매출", "450,000원")

# 변화량과 함께 표시
st.metric(
    label="일일 방문객",
    value="127명",
    delta="+23명"
)

# 음수 변화량 (빨간색으로 표시됨)
```

```
In [ ]:  st.metric(
             label="재고 수량",
             value="85개",
             delta="-15개"
         )
```

label은 지표의 이름이고, value는 현재 값이다. delta는 변화량인데, 양수면 초록색으로, 음수면 빨간색으로 표시된다.

Out [ ]: **카페 매출 대시보드**

오늘 매출
450,000원

일일 방문객
127명
↑ +23명

재고 수량
85개
↓ -15개

② 상태 메시지 표시하기

사용자에게 중요한 정보를 전달할 때는 색깔이 있는 메시지 박스를 사용한다.

```
In [ ]:  # 정보 메시지 (파란색)
         st.info('시스템 점검이 예정되어 있습니다')

         # 성공 메시지 (초록색)
         st.success('데이터 백업이 완료되었습니다!')

         # 경고 메시지 (노란색)
         st.warning('일부 기능이 제한될 수 있습니다')

         # 오류 메시지 (빨간색)
         st.error('서버 연결에 실패했습니다')
```

각각 다른 색깔과 아이콘으로 표시되어 사용자가 메시지의 중요도를 쉽게 파악할 수 있다. 주식 분석 프로젝트에서는 데이터 로딩 실패시 st.error( )를 사용해서 오류를 알려준다.

Out [ ]:
시스템 점검이 예정되어 있습니다

데이터 백업이 완료되었습니다!

일부 기능이 제한될 수 있습니다

서버 연결에 실패했습니다

③ 로딩 표시하기

데이터를 불러오거나 계산하는 동안 사용자에게 진행 상황을 보여주는 것이 좋다.

```
In [ ]: import time

with st.spinner('학생 데이터를 처리하는 중 ... '):
    # 실제로는 데이터를 불러오는 코드가 들어감
    time.sleep(3)   # 3초 대기 (예시)

st.success('처리 완료!')
```

st.spinner( )는 회전하는 아이콘과 함께 메시지를 보여준다. 사용자는 애플리케이션이 멈춘 것이 아니라 열심히 작업 중이라는 것을 알 수 있다.

Out [ ]:   ○ 학생 데이터를 처리하는 중...

Out [ ]:
처리 완료!

④ 빈 공간 관리하기

때로는 화면에 빈 공간을 만들어놓고 나중에 내용을 채워야 할 때가 있다.

In [ ]:
```
# 빈 공간 만들기
placeholder = st.empty( )

# 나중에 내용 채우기
import time
time.sleep(2)
placeholder.text('검색 결과가 나타났습니다!')

# 내용 교체하기
time.sleep(2)
placeholder.success('검색이 완료되었습니다!')
```

st.empty( )로 만든 공간에는 나중에 어떤 내용이든 넣을 수 있고, 내용을 바꿀 수도 있다.

Out [ ]: 검색 결과가 나타났습니다!

Out [ ]:
  검색이 완료되었습니다!

5.1.4 데이터 표시와 시각화

데이터프레임과 테이블 표시

① 데이터를 표로 보여주기

데이터 분석에서 가장 기본이 되는 것은 데이터를 표 형태로 보여주는 것이다. Streamlit에서는 Pandas 데이터프레임을 매우 쉽게 화면에 표시할 수 있다.

In [ ]:
```
%%writefile dataframe_demo.py
import streamlit as st
import pandas as pd

# 학생 성적 데이터 만들기
data = {
    '이름': ['김철수', '이영희', '박민수', '최지연'],
    '수학': [85, 92, 78, 96],
```

```
In [ ]:      '영어': [88, 85, 90, 93],
             '과학': [90, 88, 85, 89]
         }

         df = pd.DataFrame(data)

         st.title('학생 성적 데이터 표시하기')
         st.dataframe(df)
```

st.dataframe( )은 Pandas 데이터프레임을 인터랙티브한 표로 만들어준다. 사용자는 열 제목을 클릭해서 정렬할 수 있고, 내용이 많으면 스크롤도 할 수 있다.

Out [ ]: **학생 성적 데이터 표시하기**

	이름	수학	영어	과학
0	김철수	85	88	90
1	이영희	92	85	88
2	박민수	78	90	85
3	최지연	96	93	89

② 표 스타일링하기

표를 더 예쁘고 읽기 쉽게 만들 수 있다. 특히 성적 데이터에서는 점수에 따라 색깔로 구분해서 보여주는 것이 좋다.

```
In [ ]:  import streamlit as st
         import pandas as pd

         # 온라인 쇼핑몰 판매 데이터
         sales_data = {
             '상품명': ['노트북', '마우스', '키보드', '모니터', '헤드셋'],
             '가격': [1200000, 25000, 80000, 350000, 150000],
             '판매량': [15, 120, 85, 30, 45],
             '평점': [4.5, 4.2, 4.7, 4.1, 4.6]
         }

         df = pd.DataFrame(sales_data)

         # 평점에 따라 색깔 적용
         def color_rating(val):
```

```
In [ ]:        if val >= 4.5:
                   color = 'green'
               elif val >= 4.0:
                   color = 'orange'
               else:
                   color = 'red'
               return f'color: {color}'


           # 스타일 적용해서 표시
           styled_df = df.style.format({
               '가격': '{:,}원',
               '판매량': '{:,}개',
               '평점': '{:.1f}점'
           }).applymap(color_rating, subset=['평점'])

           st.dataframe(styled_df)
```

style.format( )으로 숫자 형식을 지정하고, applymap( )으로 색깔을 적용할 수 있다. 주식 분석 프로젝트에서는 이런 방식으로 상승주는 초록색, 하락주는 빨간색으로 보여준다.

Out [ ]:

	상품명	가격	판매량	평점
0	노트북	1,200,000원	15개	4.5점
1	마우스	25,000원	120개	4.2점
2	키보드	80,000원	85개	4.7점
3	모니터	350,000원	30개	4.1점
4	헤드셋	150,000원	45개	4.6점

③ 정적 테이블 만들기

때로는 스크롤이나 정렬 기능 없이 단순한 표만 필요할 때가 있다.

```
In [ ]:    # 날씨 정보 표시용 정적 테이블
           weather_data = {
               '항목': ['최고 기온', '최저 기온', '습도', '강수 확률'],
               '값': ['28°C', '18°C', '65%', '30%']
           }

           weather_df = pd.DataFrame(weather_data)
           st.table(weather_df)
```

st.table( )은 고정된 크기의 단순한 표를 만든다. 데이터가 많지 않고 모든 내용을 한 번에 보여주고 싶을 때 적합하다.

Out [ ]:

	항목	값
0	최고 기온	28°C
1	최저 기온	18°C
2	습도	65%
3	강수 확률	30%

기본 차트 컴포넌트

① 선 그래프로 추세 보기

시간에 따른 변화를 가장 직관적으로 보여주는 방법은 선 그래프다. Streamlit에서는 매우 간단하게 만들 수 있다.

In [ ]:
```python
%%writefile basic_charts.py
import streamlit as st
import pandas as pd
import numpy as np
from datetime import datetime, timedelta

# 웹사이트 방문자 수 데이터 만들기
dates = [datetime.now( ) - timedelta(days=x) for x in range(30, 0, -1)]
visitors = np.random.randint(100, 500, 30)

visitor_df = pd.DataFrame({
    'Date': dates,
    'Visitors': visitors
})

st.title('기본 차트 예시')
st.subheader('웹사이트 일일 방문자 수')
st.line_chart(visitor_df.set_index('Date')['Visitors'])
```

st.line_chart( )는 시간에 따른 변화를 보여주는 선 그래프를 만든다. 웹사이트 트래픽처럼 시간 순서가 중요한 데이터에 적합하다.

Out [ ]:

기본 차트 예시

웹사이트 일일 방문자 수

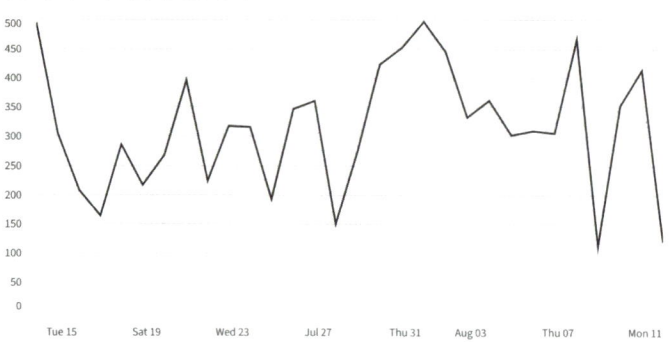

② 막대 그래프로 비교하기

여러 카테고리의 값을 비교할 때는 막대 그래프가 좋다.

In [ ]:
```python
# 도시별 인구 비교
population_data = {
    '서울': 9720000,
    '부산': 3390000,
    '인천': 2950000,
    '대구': 2410000,
    '대전': 1490000
}

population_df = pd.DataFrame(list(population_data.items( )), columns=['도시', '인구수'])
st.subheader('주요 도시 인구 비교')
st.bar_chart(population_df.set_index('도시')['인구수'])
```

막대의 높이로 값의 크기를 직관적으로 비교할 수 있다. 도시별 인구수처럼 카테고리 간 비교에 효과적이다.

Out [ ]: **주요 도시 인구 비교**

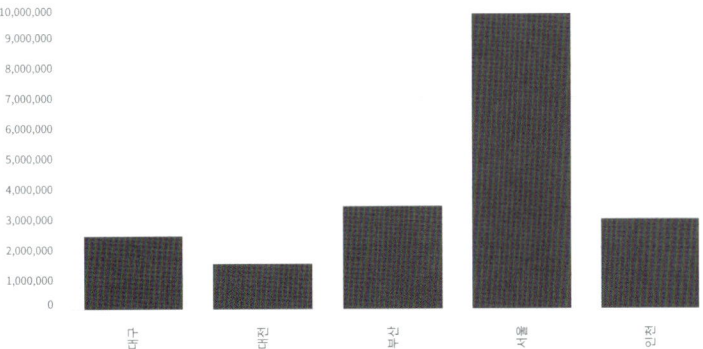

③ 영역 차트로 누적 보기

시간에 따른 여러 요소의 변화를 함께 보여줄 때는 영역 차트를 사용한다.

```
In [ ]: # 월별 매출 구성 비교
monthly_data = pd.DataFrame({
    'Date': dates,
    '온라인_매출': np.random.randint(50, 150, 30),
    '오프라인_매출': np.random.randint(80, 200, 30),
    '모바일_매출': np.random.randint(30, 100, 30)
})

st.subheader('채널별 매출 구성 변화')
st.area_chart(monthly_data.set_index('Date'))
```

각 영역의 두께로 해당 채널의 매출 비중을 확인할 수 있고, 전체적인 변화 추세도 파악할 수 있다.

Out [ ]: **채널별 매출 구성 변화**

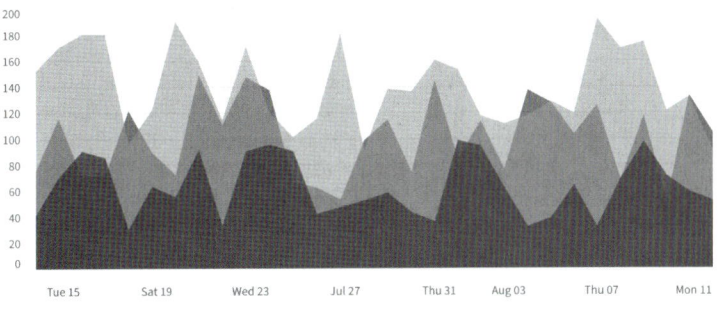

plotly 차트 통합

① 인터랙티브 차트의 장점

기본 차트들은 간단하지만, 더 자세한 정보를 보여주거나 사용자가 차트와 상호작용할 수 있게 하려면 plotly를 사용해야 한다.

In [ ]:
```python
%%writefile plotly_integration.py
import streamlit as st
import plotly.graph_objects as go
import pandas as pd
import numpy as np
from datetime import datetime, timedelta


st.title('Plotly 차트 통합')

# 제품 판매량 데이터 생성
dates = [datetime.now() - timedelta(days=x) for x in range(100, 0, -1)]
np.random.seed(42)
sales = np.random.randint(50, 200, 100)

# Plotly 선 그래프
fig = go.Figure()
fig.add_trace(go.Scatter(
    x=dates,
    y=sales,
    mode='lines',
    name='일일 판매량',
    line=dict(color='blue', width=2)
))

fig.update_layout(
    title='인터랙티브 판매량 차트',
    xaxis_title='날짜',
    yaxis_title='판매량 (개)',
    height=400
)

st.plotly_chart(fig, use_container_width=True)
```

plotly 차트는 마우스를 올리면 정확한 값을 보여주고, 확대하거나 이동할 수 있다. use_container_width=True를 사용하면 화면 크기에 맞춰서 차트가 조정된다.

Out [ ]:

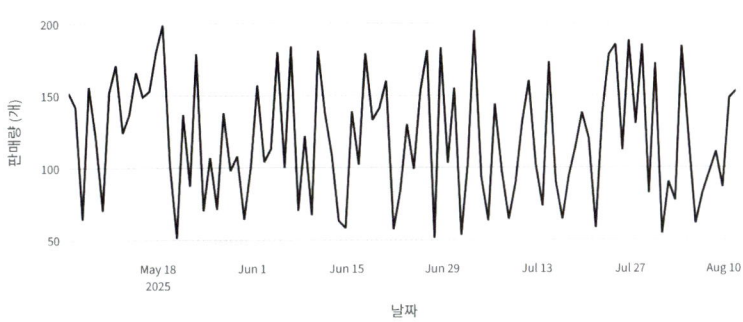

② 산점도 차트 만들기

두 변수 간의 관계를 보여주는 산점도도 자주 사용된다.

In [ ]:
```python
# 광고비와 매출의 관계
np.random.seed(42)
ad_spend = np.random.randint(10, 100, 50)
revenue = ad_spend * 2.5 + np.random.normal(0, 20, 50)

scatter_fig = go.Figure( )
scatter_fig.add_trace(go.Scatter(
    x=ad_spend,
    y=revenue,
    mode='markers',
    name='데이터 포인트',
    marker=dict(
        size=8,
        color='lightblue',
        line=dict(width=1, color='navy')
    )
))

scatter_fig.update_layout(
```

```
In [ ]:    title='광고비 vs 매출 관계',
           xaxis_title='광고비 (만원)',
           yaxis_title='매출 (만원)',
           height=400
       )

       st.subheader('산점도 차트')
       st.plotly_chart(scatter_fig, use_container_width=True)
```

산점도는 두 변수 간의 상관관계를 시각적으로 파악할 때 유용하다.

Out [ ]: **산점도 차트**

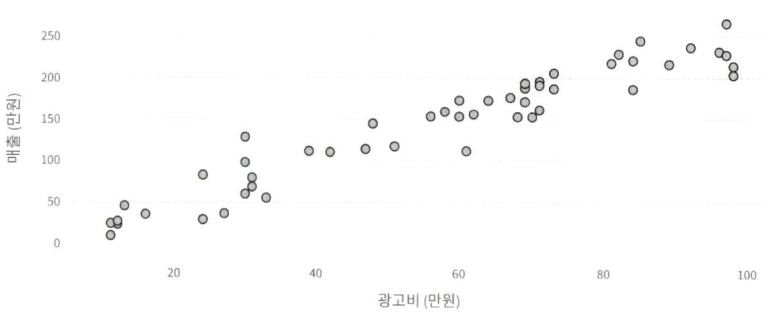

③ 파이 차트로 비율 보기

전체에서 각 부분이 차지하는 비율을 보여줄 때는 파이 차트를 사용한다.

```
In [ ]:   # 설문조사 결과
          survey_data = {
              '매우 만족': 25,
              '만족': 40,
              '보통': 20,
              '불만족': 10,
              '매우 불만족': 5
          }

          pie_fig = go.Figure(data=go.Pie(
              labels=list(survey_data.keys()),
```

```
In [ ]:         values=list(survey_data.values( )),
                hole=0.3
        ))

        pie_fig.update_layout(
            title='고객 만족도 설문 결과',
            height=400
        )

        st.subheader('만족도 분포')
        st.plotly_chart(pie_fig, use_container_width=True)
```

파이 차트는 전체 100%에서 각 항목이 차지하는 비율을 직관적으로 보여준다.

Out [ ]: **만족도 분포**

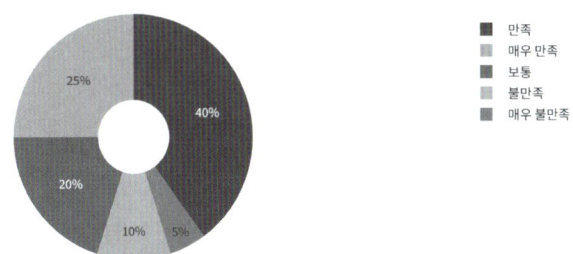

④ 히스토그램으로 분포 보기

데이터의 분포를 확인할 때는 히스토그램을 사용한다.

```
In [ ]:  # 학생들의 키 분포
         np.random.seed(42)
         heights = np.random.normal(170, 10, 200)

         hist_fig = go.Figure( )
         hist_fig.add_trace(go.Histogram(
             x=heights,
             nbinsx=20,
             name='키 분포',
```

```
In [ ]:      marker_color='lightgreen'
    ))

    hist_fig.update_layout(
        title='학생 키 분포',
        xaxis_title='키 (cm)',
        yaxis_title='학생 수',
        height=400
    )

    st.subheader('키 분포 히스토그램')
    st.plotly_chart(hist_fig, use_container_width=True)
```

히스토그램은 데이터가 어떤 구간에 얼마나 많이 분포하는지 보여준다.

Out [ ]: **키 분포 히스토그램**

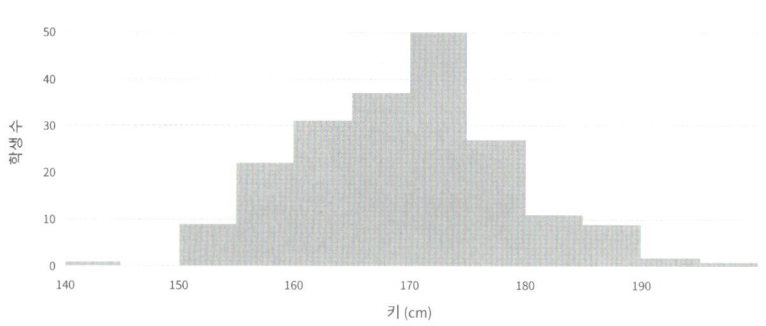

⑤ 캐싱으로 성능 개선하기

데이터를 생성하거나 불러오는 작업은 시간이 오래 걸릴 수 있다. @st.cache_data 데코레이터를 사용하면 한 번 계산한 결과를 저장해두고 다시 사용할 수 있다.

```
In [ ]:  @st.cache_data
    def load_stock_data(symbol):
        # 실제로는 API에서 데이터를 가져오는 코드
        # 시간이 오래 걸리는 작업
        return data
```

같은 종목을 다시 선택하면 이전에 계산한 결과를 바로 사용해서 빠르게 화면에 표시할 수 있다.

⑥ 반응형 레이아웃

use_container_width=True를 사용하면 차트가 화면 크기에 맞춰서 자동으로 조정된다. 모바일에서 볼 때도 적절한 크기로 표시된다.

5.2 주식 분석 대시보드

이것만은 기억하세요
- ✓ 함수 분할: 복잡한 프로그램을 작은 기능별 함수로 나누는 방법
- ✓ 데이터 처리: Pandas를 활용한 금융 데이터 처리
- ✓ 시각화: Plotly를 이용한 인터랙티브 차트 생성
- ✓ 웹 앱: Streamlit을 활용한 웹 대시보드 구축
- ✓ 에러 처리: try-except를 통한 안정적인 프로그램 작성

들어가면서

이번 절에서는 프로젝트를 진행한다. 지금까지 학습한 것을 최대한 적용해보자.

[프로젝트 목표]
개별 종목의 주가 데이터를 분석하고 시각화하는 웹 대시보드를 만든다.

[환경 설정]
프로젝트를 위해 필요한 라이브러리를 설치한다. 앞의 내용을 모두 수행했다면 패키지 설치는 생략 가능하다.

In [ ]:
```
pip install streamlit yfinance pandas plotly numpy
```

[프로젝트 구조]
프로젝트는 다음의 7단계를 순차적으로 완성하면서 진행한다.

stock_analyzer.py
  └ 1. 라이브러리 import
  └ 2. 주식 데이터 가져오기 함수
  └ 3. 기업 정보 표시 함수
  └ 4. 주가 차트 생성 함수

┗, 5. 거래량 차트 생성 함수

┗, 6. 기술적 지표 계산 함수

┗, 7. 메인 앱 실행 함수

[완성된 전체 코드]

이후의 단계를 진행하면 다음과 같은 완성된 코드가 된다.

```python
%%writefile stock_analyzer.py
import streamlit as st
import yfinance as yf
import pandas as pd
import plotly.graph_objects as go
import numpy as np

st.set_page_config(
    page_title="주식 분석기",
    page_icon="📈",
    layout="wide"
)

STOCKS = {
    'AAPL': 'Apple Inc.',
    'MSFT': 'Microsoft Corp.',
    'GOOGL': 'Alphabet Inc.',
    'TSLA': 'Tesla Inc.',
    'NVDA': 'NVIDIA Corp.'
}

def get_stock_data(symbol, period="1y"):
    # 구현된 함수들 …

def display_company_info(company_info, current_price):
    # 구현된 함수들 …

def create_price_chart(hist_data, symbol):
    # 구현된 함수들 …

def create_volume_chart(hist_data, symbol):
```

```
In [ ]:      # 구현된 함수들 ...

        def calculate_technical_indicators(hist_data):
            # 구현된 함수들 ...

        def main( ):
            # 구현된 메인 함수 ...

        if __name__ == "__main__":
            main( )
```

[실행 방법]

다음 명령어로 앱을 실행한다.

```
In [ ]:  !streamlit run stock_analyzer.py
```

[실행 화면 미리 보기]

그림 5-31

그림 5-32

5.2.1 기본 설정 및 라이브러리 import

필요한 라이브러리를 import하고 streamlit 페이지를 설정하시오.

알아야 할 문법
- import: 외부 라이브러리 가져오기
- as: 라이브러리 별칭 설정
- 딕셔너리 자료형: {key: value} 형태

```
In [ ]: # 여기에 라이브러리를 import 하세요
        # Streamlit을 st로, yfinance를 yf로, pandas를 pd로 import
        # plotly.graph_objects를 go로, numpy를 np로 import

        # streamlit 페이지 설정
        st.set_page_config(
            page_title="주식 분석기",
            page_icon="📈",
            layout="wide"
        )
```

In [ ]:
```
)

# 미국 주요 종목 딕셔너리 (심볼: 회사명)
STOCKS = {
    'AAPL': 'Apple Inc.',
    'MSFT': 'Microsoft Corp.',
    'GOOGL': 'Alphabet Inc.',
    'TSLA': 'Tesla Inc.',
    'NVDA': 'NVIDIA Corp.'
}
```

정답

In [ ]:
```
import streamlit as st
import yfinance as yf
import pandas as pd
import plotly.graph_objects as go
import numpy as np
```

5.2.2 주식 데이터 가져오기

선택한 종목의 주식 데이터를 가져오는 함수를 완성하시오.

> **알아야 할 문법**
> - 함수 정의: def function_name(parameter)
> - try-except: 예외 처리
> - 조건문: if-else
> - 메서드 체이닝: object.method1().method2()

In [ ]:
```
def get_stock_data(symbol, period="1y"):
    """
    주식 데이터를 가져오는 함수
    
    Parameters:
    symbol (str): 주식 심볼 (예: 'AAPL')
```

In [ ]:
```
        period (str): 데이터 기간 (예: '1y', '6mo', '3mo')

    Returns:
    tuple: (역사적 데이터, 기업 정보) 또는 (None, None)
    """
    try:
        # yfinance Ticker 객체 생성
        ticker = _____(symbol)  # 빈칸을 채우세요

        # 역사적 데이터 가져오기
        hist_data = ticker._____(period=period)  # 빈칸을 채우세요

        # 기업 정보 가져오기
        company_info = ticker.____  # 빈칸을 채우세요

        # 데이터가 비어있지 않으면 반환
        if not hist_data.empty:
            return hist_data, company_info
        else:
            return None, None

    except Exception as e:
        st.error(f"데이터를 가져오는 중 오류 발생: {e}")
        return None, None
```

정답

In [ ]:
```
def get_stock_data(symbol, period="1y"):
    try:
        ticker = yf.Ticker(symbol)
        hist_data = ticker.history(period=period)
        company_info = ticker.info

        if not hist_data.empty:
            return hist_data, company_info
        else:
            return None, None

    except Exception as e:
        st.error(f"데이터를 가져오는 중 오류 발생: {e}")
        return None, None
```

5.2.3 기업 정보 표시 함수

기업의 기본 정보를 보여주는 함수를 완성하시오.

> **알아야 할 문법**
> - 딕셔너리 메서드: .get(key, default_value)
> - f-string 포맷팅: f"문자열 {변수}"
> - Streamlit 컴포넌트: st.columns( ), st.metric( )

In [ ]:
```python
def display_company_info(company_info, current_price):
    """
    기업 기본 정보를 표시하는 함수

    Parameters:
    company_info (dict): 기업 정보 딕셔너리
    current_price (float): 현재 주가
    """
    # 4개의 열로 나누기
    col1, col2, col3, col4 = st._____(4)  # 빈칸을 채우세요

    with col1:
        st.metric("현재가", f"${current_price:.2f}")

    with col2:
        # 시가총액 가져오기 (없으면 0)
        market_cap = company_info.____('marketCap', 0)  # 빈칸을 채우세요
        st.metric("시가총액", f"${market_cap:,.0f}")

    with col3:
        # PER 가져오기 (없으면 0)
        pe_ratio = company_info.get('_____', 0)  # 빈칸을 채우세요 (hint: trailing + PE)
        st.metric("PER", f"{pe_ratio:.2f}" if pe_ratio else "N/A")

    with col4:
        # 배당수익률 가져오기
        dividend_yield = company_info.get('dividendYield', 0)
```

```
In [ ]:          if dividend_yield:
                     st.metric("배당수익률", f"{dividend_yield*100:.2f}%")
                 else:
                     st.metric("배당수익률", "N/A")
```

정답

```
In [ ]:  def display_company_info(company_info, current_price):
             col1, col2, col3, col4 = st.columns(4)

             with col1:
                 st.metric("현재가", f"${current_price:.2f}")

             with col2:
                 market_cap = company_info.get('marketCap', 0)
                 st.metric("시가총액", f"${market_cap:,.0f}")

             with col3:
                 pe_ratio = company_info.get('trailingPE', 0)
                 st.metric("PER", f"{pe_ratio:.2f}" if pe_ratio else "N/A")

             with col4:
                 dividend_yield = company_info.get('dividendYield', 0)
                 if dividend_yield:
                     st.metric("배당수익률", f"{dividend_yield*100:.2f}%")
                 else:
                     st.metric("배당수익률", "N/A")
```

5.2.4 주가 차트 생성 함수

 문제 5-4

캔들스틱 차트와 이동평균선을 그리는 함수를 완성하시오.

알아야 할 문법
- pandas 메서드: .rolling( ), .mean( )
- 조건문: if len(data) >= 조건:
- plotly 차트: go.Figure( ), add_trace( ), update_layout( )

```python
In [ ]: def create_price_chart(hist_data, symbol):
    """
    주가 캔들스틱 차트를 생성하는 함수
    
    Parameters:
    hist_data (DataFrame): 주식 역사적 데이터
    symbol (str): 주식 심볼
    
    Returns:
    plotly.graph_objects.Figure: 차트 객체
    """
    # 빈 Figure 객체 생성
    fig = go._____( )  # 빈칸을 채우세요
    
    # 캔들스틱 차트 추가
    fig.add_trace(go.Candlestick(
        x=hist_data.index,
        open=hist_data['_____'],   # 빈칸을 채우세요 (시가)
        high=hist_data['_____'],   # 빈칸을 채우세요 (고가)
        low=hist_data['_____'],    # 빈칸을 채우세요 (저가)
        close=hist_data['_____'],  # 빈칸을 채우세요 (종가)
        name=symbol
    ))
    
    # 20일 이동평균선 추가 (데이터가 20일 이상일 때)
    if len(hist_data) >= 20:
        ma20 = hist_data['Close']._____(window=20)._____( )  # 빈칸 2개를 채우세요
        fig.add_trace(go.Scatter(
            x=hist_data.index,
            y=ma20,
            mode='lines',
            name='MA20',
            line=dict(color='orange', width=1)
        ))
    
    # 차트 레이아웃 설정
    fig._____(  # 빈칸을 채우세요
        title=f"{symbol} 주가 차트",
        yaxis_title="가격 ($)",
```

In [ ]:
```
        xaxis_title="날짜",
        height=500
    )
    
    return fig
```

정답

In [ ]:
```python
def create_price_chart(hist_data, symbol):
    fig = go.Figure()
    
    fig.add_trace(go.Candlestick(
        x=hist_data.index,
        open=hist_data['Open'],
        high=hist_data['High'],
        low=hist_data['Low'],
        close=hist_data['Close'],
        name=symbol
    ))
    
    if len(hist_data) >= 20:
        ma20 = hist_data['Close'].rolling(window=20).mean()
        fig.add_trace(go.Scatter(
            x=hist_data.index,
            y=ma20,
            mode='lines',
            name='MA20',
            line=dict(color='orange', width=1)
        ))
    
    fig.update_layout(
        title=f"{symbol} 주가 차트",
        yaxis_title="가격 ($)",
        xaxis_title="날짜",
        height=500
    )
    
    return fig
```

5.2.5 거래량 차트 생성 함수

거래량 막대 차트를 생성하는 함수를 완성하시오.

> **알아야 할 문법**
> - plotly 바 차트: go.Bar( )
> - 딕셔너리 형태의 레이아웃 설정

In [ ]:
```python
def create_volume_chart(hist_data, symbol):
    """
    거래량 차트를 생성하는 함수
    
    Parameters:
    hist_data (DataFrame): 주식 역사적 데이터
    symbol (str): 주식 심볼
    
    Returns:
    plotly.graph_objects.Figure: 차트 객체
    """
    fig = go.Figure( )
    
    # 거래량 막대 차트 추가
    fig.add_trace(go._____(  # 빈칸을 채우세요 (Bar 차트)
        x=hist_data.index,
        y=hist_data['_____'],  # 빈칸을 채우세요 (거래량 컬럼)
        name='거래량',
        marker_color='lightblue'
    ))
    
    # 차트 레이아웃 설정
    fig.update_layout(
        title=f"{symbol} 거래량",
        xaxis_title="날짜",
        yaxis_title="거래량",
        height=300
    )
```

```
In [ ]:
    return fig
```

정답

```
In [ ]: def create_volume_chart(hist_data, symbol):
    fig = go.Figure( )

    fig.add_trace(go.Bar(
        x=hist_data.index,
        y=hist_data['Volume'],
        name='거래량',
        marker_color='lightblue'
    ))

    fig.update_layout(
        title=f"{symbol} 거래량",
        xaxis_title="날짜",
        yaxis_title="거래량",
        height=300
    )

    return fig
```

5.2.6 기술적 지표 계산 함수

주식의 기술적 지표를 계산하는 함수를 완성하시오.

알아야 할 문법
- pandas 메서드: .pct_change( ), .dropna( ), .std( ), .mean( )
- numpy 함수: np.sqrt( )
- 리스트 인덱싱: data.iloc[0], data.iloc[-1]

```python
In [ ]: def calculate_technical_indicators(hist_data):
    """
    기술적 지표를 계산하는 함수
    
    Parameters:
    hist_data (DataFrame): 주식 역사적 데이터
    
    Returns:
    dict: 계산된 지표들의 딕셔너리
    """
    # 일일 수익률 계산 (전일 대비 변화율)
    returns = hist_data['Close']._____( )._____( )  # 빈칸 2개를 채우세요
    
    # 기간 수익률 계산 (전체 기간)
    total_return = ((hist_data['Close'].iloc[___] / hist_data['Close'].iloc[___]) - 1) * 100  # 빈칸 2개
    
    # 일일 평균 수익률
    avg_daily_return = returns._____( ) * 100  # 빈칸을 채우세요
    
    # 연간 변동성 (일일 변동성 × √252)
    volatility = returns._____( ) * np.sqrt(252) * 100  # 빈칸을 채우세요
    
    # 최대 손실폭 (MDD) 계산
    cummax = hist_data['Close']._____( )  # 빈칸을 채우세요 (누적 최대값)
    drawdown = (cummax - hist_data['Close']) / cummax
    max_drawdown = drawdown.max( ) * 100
    
    # 샤프 비율 (위험 대비 수익률)
    sharpe_ratio = (avg_daily_return / returns.std( ) * np.sqrt(252)) if returns.std( ) > 0 else 0
    
    return {
        'total_return': total_return,
        'avg_daily_return': avg_daily_return,
        'volatility': volatility,
        'max_drawdown': max_drawdown,
        'sharpe_ratio': sharpe_ratio
    }
```

정답

```
In [ ]: def calculate_technical_indicators(hist_data):
    returns = hist_data['Close'].pct_change( ).dropna( )

    total_return = ((hist_data['Close'].iloc[-1] / hist_data['Close'].iloc[0]) - 1) * 100

    avg_daily_return = returns.mean( ) * 100

    volatility = returns.std( ) * np.sqrt(252) * 100

    cummax = hist_data['Close'].cummax( )
    drawdown = (cummax - hist_data['Close']) / cummax
    max_drawdown = drawdown.max( ) * 100

    sharpe_ratio = (avg_daily_return / returns.std( ) * np.sqrt(252)) if returns.std( ) > 0 else 0

    return {
        'total_return': total_return,
        'avg_daily_return': avg_daily_return,
        'volatility': volatility,
        'max_drawdown': max_drawdown,
        'sharpe_ratio': sharpe_ratio
    }
```

5.2.7 메인 애플리케이션 함수

모든 함수를 조합하여 메인 앱을 완성하시오.

알아야 할 문법
- 함수 호출과 반환값 활용
- 조건문을 통한 에러 처리
- streamlit 컴포넌트들의 조합

```python
def main():
    """메인 애플리케이션 함수"""
    
    # 앱 제목
    st.title("📈 주식 분석 대시보드")
    
    # 종목 선택
    selected_symbol = st.selectbox(
        "분석할 종목을 선택하세요:",
        list(STOCKS.keys()),
        format_func=lambda x: f"{x} - {STOCKS[x]}"
    )
    
    # 기간 선택
    period_options = {
        "3개월": "3mo",
        "6개월": "6mo",
        "1년": "1y",
        "2년": "2y"
    }
    
    selected_period = st.selectbox("분석 기간:", list(period_options.keys()))
    period_code = period_options[selected_period]
    
    # 데이터 로딩
    with st.spinner("데이터를 가져오는 중..."):
        hist_data, company_info = _____(selected_symbol, period_code)  # 빈칸을 채우세요
    
    # 데이터가 없으면 종료
    if hist_data is None:
        st.error("데이터를 가져올 수 없습니다.")
        return
    
    # 현재가 계산
    current_price = hist_data['Close'].iloc[-1]
    
    # 1. 기업 정보 표시
    _____(company_info, current_price)  # 빈칸을 채우세요
```

```python
# 2. 주가 차트 표시
st.subheader("📈 주가 차트")
price_chart = _____(hist_data, selected_symbol)  # 빈칸을 채우세요
st.plotly_chart(price_chart, use_container_width=True)

# 3. 거래량 차트 표시
st.subheader("📊 거래량")
volume_chart = _____(hist_data, selected_symbol)  # 빈칸을 채우세요
st.plotly_chart(volume_chart, use_container_width=True)

# 4. 기술적 지표 표시
st.subheader("📊 기술적 지표")
indicators = _____(hist_data)  # 빈칸을 채우세요

# 지표를 데이터프레임으로 만들어 표시
metrics_df = pd.DataFrame({
    "지표": ["총 수익률", "일일 평균 수익률", "연간 변동성", "최대 손실폭", "샤프 비율"],
    "값": [
        f"{indicators['total_return']:.2f}%",
        f"{indicators['avg_daily_return']:.3f}%",
        f"{indicators['volatility']:.2f}%",
        f"{indicators['max_drawdown']:.2f}%",
        f"{indicators['sharpe_ratio']:.2f}"
    ]
})

st.dataframe(metrics_df, use_container_width=True)

# 앱 실행
if __name__ == "__main__":
    main()
```

정답

```python
def main():
    st.title("📈 주식 분석 대시보드")

    selected_symbol = st.selectbox(
        "분석할 종목을 선택하세요:",
        list(STOCKS.keys()),
```

```python
        format_func=lambda x: f"{x} - {STOCKS[x]}"
    )

    period_options = {
        "3개월": "3mo",
        "6개월": "6mo",
        "1년": "1y",
        "2년": "2y"
    }

    selected_period = st.selectbox("분석 기간:", list(period_options.keys()))
    period_code = period_options[selected_period]

    with st.spinner("데이터를 가져오는 중..."):
        hist_data, company_info = get_stock_data(selected_symbol, period_code)

    if hist_data is None:
        st.error("데이터를 가져올 수 없습니다.")
        return

    current_price = hist_data['Close'].iloc[-1]

    display_company_info(company_info, current_price)

    st.subheader(" 주가 차트")
    price_chart = create_price_chart(hist_data, selected_symbol)
    st.plotly_chart(price_chart, use_container_width=True)

    st.subheader(" 거래량")
    volume_chart = create_volume_chart(hist_data, selected_symbol)
    st.plotly_chart(volume_chart, use_container_width=True)

    st.subheader(" 기술적 지표")
    indicators = calculate_technical_indicators(hist_data)

    metrics_df = pd.DataFrame({
        "지표": ["총 수익률", "일일 평균 수익률", "연간 변동성", "최대 손실폭", "샤프 비율"],
        "값": [
            f"{indicators['total_return']:.2f}%",
```

```
In [ ]:                f"{indicators['avg_daily_return']:.3f}%",
                f"{indicators['volatility']:.2f}%",
                f"{indicators['max_drawdown']:.2f}%",
                f"{indicators['sharpe_ratio']:.2f}"
            ]
        })
        
        st.dataframe(metrics_df, use_container_width=True)

if __name__ == "__main__":
    main()
```

요약

▶ Streamlit은 HTML, CSS, JavaScript 없이 순수 Python 스크립트로 인터랙티브한 웹 애플리케이션을 즉시 생성할 수 있다.

▶ 코드를 수정하면 브라우저가 자동으로 새로고침되어 변경사항이 즉시 반영된다.

▶ 슬라이더, 버튼, 텍스트 입력, 파일 업로드, 차트 등 데이터 분석에 필요한 UI 컴포넌트를 간단한 함수 호출로 사용할 수 있다.

▶ Streamlit 주요 문법 정리

① 기본 텍스트 출력 컴포넌트

함수	설명	사용 예시
st.title( )	가장 큰 제목 표시	st.title('메인 제목')
st.header( )	큰 헤더 표시	st.header('섹션 제목')
st.subheader( )	작은 헤더 표시	st.subheader('하위 제목')
st.text( )	일반 텍스트 표시	st.text('평문 텍스트')
st.markdown( )	마크다운 형식 텍스트	st.markdown('**굵은글씨**')
st.write( )	만능 출력 함수	st.write('텍스트', 123, [1,2,3])

② 입력 컴포넌트

함수	설명	사용 예시
st.text_input()	텍스트 입력창	name = st.text_input('이름 입력')
st.number_input( )	숫자 입력창	age = st.number_input('나이', min_value=0)
st.selectbox( )	드롭다운 선택	fruit = st.selectbox('과일', ['사과', '바나나'])
st.multiselect( )	다중 선택	hobbies = st.multiselect('취미', ['독서', '영화'])
st.radio( )	라디오 버튼	color = st.radio('색상', ['빨강', '파랑'])
st.checkbox( )	체크박스	agree = st.checkbox('동의합니다')
st.slider( )	슬라이더	temp = st.slider('온도', 0, 40, 25)
st.date_input( )	날짜 입력	today = st.date_input('날짜 선택')
st.time_input( )	시간 입력	time = st.time_input('시간 선택')

③ 페이지 설정 및 레이아웃

함수	설명	사용 예시
st.set_page_config( )	페이지 설정	st.set_page_config(page_title="제목", layout="wide")
st.columns( )	열 나누기	col1, col2 = st.columns(2)
st.container( )	컨테이너 생성	with st.container():
st.expander( )	확장 가능한 영역	with st.expander("제목"):

④ 데이터 표시

함수	설명	사용 예시
st.dataframe( )	대화형 데이터프레임	st.dataframe(df)
st.table( )	정적 테이블	st.table(df)

⑤ 차트 및 시각화

함수	설명	사용 예시
st.line_chart( )	선 그래프	st.line_chart(df)
st.bar_chart( )	막대 그래프	st.bar_chart(df)
st.area_chart( )	영역 그래프	st.area_chart(df)
st.plotly_chart( )	Plotly 차트	st.plotly_chart(fig, use_container_width=True)

⑥ 미디어 컴포넌트

함수	설명	사용 예시
st.image( )	이미지 표시	st.image('이미지.jpg', caption='설명')
st.video( )	동영상 재생	st.video('동영상.mp4')
st.audio( )	오디오 재생	st.audio('음성.mp3')

⑦ 상태 및 정보 표시

함수	설명	사용 예시
st.metric( )	지표 카드	st.metric("매출", "450만원", delta="+10%")
st.success( )	성공 메시지 (초록색)	st.success('성공했습니다!')
st.info( )	정보 메시지 (파란색)	st.info('알림 메시지')
st.warning( )	경고 메시지 (노란색)	st.warning('주의하세요')
st.error( )	오류 메시지 (빨간색)	st.error('오류 발생')
st.spinner( )	로딩 표시	with st.spinner('처리 중...'):
st.empty( )	빈 공간 생성	placeholder = st.empty( )

1 다음 중 Streamlit에서 가장 큰 제목을 표시하는 함수는?

① st.header( )

② st.subheader( )

③ st.title( )

④ st.text( )

⑤ st.markdown( )

답 : ③ st.title( )은 페이지에서 가장 큰 크기의 제목을 표시하는 함수다. st.header( )와 st.subheader( )는 상대적으로 작은 헤더를 표시한다.

2 Streamlit에서 페이지 설정을 위한 st.set_page_config( ) 함수의 올바른 위치는?

① 파일의 아무 곳이나

② import 문 다음 어느 곳이나

③ 파일의 맨 마지막

④ 파일의 맨 처음(import 문 이후 첫 번째)

⑤ st.title( ) 함수 이후

답 : ④ st.set_page_config( )는 반드시 다른 streamlit 함수들보다 먼저 호출되어야 하므로 import 문 이후 파일의 맨 처음에 위치해야 한다.

3 데이터프레임을 대화형 테이블로 표시하는 함수는?

① st.table( )

② st.dataframe( )

③ st.write( )

④ st.text( )

⑤ st.markdown( )

답 : ② st.dataframe( )은 팬더스 데이터프레임을 정렬, 필터링 등이 가능한 대화형 테이블로 표시한다. st.table( )은 정적인 테이블을 생성한다.

4 Streamlit에서 성공 메시지를 초록색으로 표시하는 함수는?

① st.info( )

② st.warning( )

③ st.error( )

④ st.success( )

⑤ st.metric( )

답 : ④ st.success( )는 성공 메시지를 초록색으로 표시합니다. st.info( )는 파란색, st.warning( )은 노란색, st.error( )는 빨간색으로 표시된다.

5 지표와 변화량을 카드 형태로 표시하는 함수는?

① st.write( )

② st.text( )

③ st.metric( )

④ st.info( )

⑤ st.success( )

답 : ③ st.metric( )은 주요 지표값과 변화량(delta)을 시각적으로 보기 좋은 카드 형태로 표시한다.

에필로그

저는 휴대폰 개발자로 회사 생활을 시작했습니다. 그 시절 휴대폰의 주요 기능은 전화와 문자였고, 신용카드 크기만 한 작고 흐릿한 사진을 전송하는 기술이 막 도입되던 때였습니다. 어설픈 코딩 실력으로 대학을 갓 졸업한 저에게 방대한 소스코드와 낯선 개발 환경은 압도적이었습니다.

3년 정도 지나자 그 모든 것이 일상이 되었습니다. 그때를 기다렸다는 듯 스마트폰이라는 거대한 변화가 찾아왔습니다. 이전의 작은 기술 변화와는 차원이 달랐습니다. 조직 구조부터 개발 도구, 방법론, 소스코드까지 모든 것이 새로워졌습니다. 선배도 후배도 모두 초보자가 되어 함께 학습하고 성장해야 했습니다.

그 후로도 웨어러블 디바이스, 5G 통신, 클라우드 컴퓨팅 등 계속해서 패러다임 변화가 있었습니다. 그리고 지금, 생성형 AI가 또 다른 혁명을 이끌고 있습니다.

• 생성형 AI 시대의 새로운 도전

2021년 초판을 출간한 이후 세상은 다시 한번 크게 변했습니다. ChatGPT와 같은 생성형 AI의 등장으로 코딩은 더 이상 소수만의 전유물이 아니게 되었습니다. AI가 코드를 작성해주는 시대가 되었지만, 역설적으로 데이터를 올바르게 이해하고 해석하는 능력은 더욱 중요해졌습니다.

AI가 아무리 완벽한 코드를 작성해도 무엇을 분석할지, 결과를 어떻게 해석할지, 어떤 의사결정을 내릴지는 여전히 사람의 몫입니다. 오히려 AI 시대에는 데이터의 본질을 이해하는 능력이 더욱 핵심 경쟁력이 되었습니다.

• 진화하는 학습의 의미

리처드 도킨스의 『이기적 유전자』에서 '진화란 안정된 상태를 찾아가는 과정이며, 오류가 또 다른 개량을 불러온다'고 했습니다. 완벽한 준비보다는 시도와 오류 해결 과정에서 진화가 일어난다는 것입니다.

이번 개정판 역시 같은 철학을 담고 있습니다. 독자가 최대한 빠르게 데이터 분석을 시작할 수 있도록 기본기를 다지고, 실전에서 만나는 다양한 문제를 해결하며 성장할 수 있도록 구성했습니다.

• **풀스택 시대의 요구사항**

최근 기업들은 단순히 분석만 하는 인재가 아닌, 분석 결과를 직접 대시보드로 구현하고 서비스화할 수 있는 풀스택 역량을 요구합니다. 이에 따라 Streamlit을 통한 대시보드 개발을 새롭게 추가했습니다. 이제 여러분은 데이터를 분석할 뿐만 아니라 그 결과를 직관적으로 시각화하고 공유할 수 있게 될 것입니다.

• **마치며**

이 개정판을 완성하면서도 여전히 고민이 많습니다. 초보자에게 충분히 친절했는지, 실무에 필요한 내용을 빠뜨리지 않았는지 끊임없이 자문하고 있습니다.

하지만 이 책의 목표는 분명합니다. 독자가 데이터 분석의 첫걸음을 떼고, 스스로 문제를 해결해 나가며 성장할 수 있는 토대를 마련하는 것입니다. 지금 당장 시작하고 싶은 분들에게는 든든한 출발점이 될 것이고, 깊이 있는 학습을 원하는 분들에게는 다음 단계로 나아갈 수 있는 디딤돌이 될 것입니다.

생성형 AI 시대에도 변하지 않는 것이 있습니다. 바로 데이터를 통해 세상을 이해하려는 호기심과 끊임없이 시도하며 성장하려는 의지입니다. 이 책을 읽는 모든 독자가 데이터 분석을 통해 더 나은 의사결정을 내리고, 각자의 분야에서 혁신을 만들어가기를 진심으로 기대합니다.

2025. 9. 강지영